小德川流 大德敦化

佛秀芳 —— 著

民族地区特色文化
助推乡村振兴研究

天津出版传媒集团

天津人民出版社

图书在版编目(CIP)数据

小德川流　大德敦化：民族地区特色文化助推乡村
振兴研究 / 佛秀芳著． -- 天津：天津人民出版社，
2024.11
　　ISBN 978-7-201-20170-2

　　Ⅰ．①小… Ⅱ．①佛… Ⅲ．①民族地区－文化事业－
建设－研究－青海 Ⅳ．①G127.44

中国国家版本馆CIP数据核字(2024)第035599号

小德川流　大德敦化：民族地区特色文化助推乡村振兴研究
XIAO DE CHUAN LIU　DA DE DUN HUA：MINZU DIQU TESE WENHUA
ZHUTUI XIANGCUN ZHENXING YANJIU

出　　　版　天津人民出版社
出 版 人　刘锦泉
地　　　址　天津市和平区西康路35号康岳大厦
邮政编码　300051
邮购电话　(022)23332469
电子信箱　reader@tjrmcbs.com

策划编辑　王　玚
责任编辑　李佩俊
封面设计　汤　磊

印　　　刷　天津新华印务有限公司
经　　　销　新华书店
开　　　本　710毫米×1000毫米 1/16
印　　　张　15.75
字　　　数　230千字
版次印次　2024年11月第1版　　2024年11月第1次印刷
定　　　价　98.00元

序

　　夏秋之交,收到自青海省黄南藏族自治州(简称"黄南州")寄来的书稿,原来是黄南州委党校佛秀芳同志踏遍州县、深入乡村开展工作调查研究的部分成果即将结集出版,一股高原的清新气息扑面而来。欣喜之余,青海黄南地区绝美壮丽的风景和多姿多彩的民族风情浮现脑际,连同记忆中佛秀芳同志自大学学习时给人留下的孜孜求学、严谨探究的印象,也悠然跃出,愈发鲜活起来、灵动起来。她嘱盼为其书稿作序,便欣然答应,权作是对在青海黄南州勤勤恳恳工作的佛秀芳同志及党校工作者表达致敬,对她热爱黄南州、热爱党校事业并围绕当地政治稳定、经济发展、民族团结、文化繁荣和社会治理等问题展开实地教学及科研演进的一次追溯学习和成果互鉴交流。

　　佛秀芳同志在黄南州委党校工作30多年,她亲自见证了在党中央亲切关怀和青海省委、省政府坚强领导下,黄南州委州政府带领全州各族干部群众团结奋斗,推进黄南州经济社会繁荣发展的伟大历程,以及城乡面貌天翻地覆的巨变及其发展成果和社会成就。作为党校教师,她恪尽职守,兢兢业业,不仅扎扎实实做好教学工作,在党校事业和党员干部教育工作中专注而低调地发挥着骨干作用,奉献着每一份光和热,而且以党校科研人员和学者的使命感,积极投身黄南州党的建设、经济工作、文化建设、社会管理、生态文明建设等重大问题的政策调查、对策研究中,融入到黄南州推进党的建设的伟大工程之中,积极参与各种社会调查,或带领团队、或组织专题,走遍一市三县广大地区深入开展工作研究,汇集群众智慧,相应撰写了一批调研报告或研究文章,为黄南州的发展献计献策。书稿中收录的如青海涉藏地区特色文化助推乡村振兴战略研究、黄南州脱贫攻坚冲刺清零奔小康研究、着力推动黄南州村集体经济高质量发展等文章,都是作为党校学者发扬理论联系实际作风,在实践一线研究实际问题的优秀成果呈现。全书所涉问题,都贯穿了立足黄南州现实,以问题为导向开展现实课题研究的基调。结合党校教学,这无疑对党校学员、对党员干部强化调查研究意识,引导形成调查研究工作习惯,产生强烈的引领示范作用;在强化党校政治功能及其与学员互动中发挥教师主导作用方面,也不失为推动党校教学与科研工作融合的有益探索和积极尝试。

佛秀芳同志是在青海的土地滋养下成长起来的,富有深厚人文情怀的党校教学骨干和理论工作者。她从湟水河畔大通走来,来到青甘川三省交界的黄河上游第一湾的南部地区,满腔热情地投身到有汉、藏、土、蒙古、回、撒拉等15个世居民族共融聚居的黄南州这片她钟情热爱的土地,沐浴着多民族团结共荣的阳光,受益于精美的热贡艺术的熏染、淳朴的尖扎黄河民俗风情的浸润,以及博大精深的泽库草原游牧文化和河南蒙元文化的陶冶,培养出她那敏锐的文化触觉,体察各民族群众的喜乐冷暖,科学地观照和把握黄南州社会发展的脉动与态势,以严谨的态度将她踏访黄南州的观察与思考成果,转换成沉甸甸的文字成果与工作建议。

本书编选的文稿分为求真篇、求是篇、求实篇,虽分别侧重理论阐发、专题调研、具体工作对策研究,却都是坚持循着黄南州民族地区、民族文化和独有的州情、县情等现实发展状况与工作实际展开的,尤其是她以严谨的学风,以文化社会学视角,有机结合党校教学与科研工作实际,审慎地组织专题研究或课题调研,由此形成了一批有重要理论价值、文化意义和具有工作指导作用的文章及成果。如青海热贡地区古村落古城堡保护问题,热贡文化资源的保护与开发问题,热贡非物质文化遗产保护与传承问题等,系统展开专题调研,并提供了有价值的对策建议;又如加强传统村落保护、助力乡村文化繁荣发展,黄南州中藏医药事业发展,以及同仁市宣传思想文化工作个案研究,等等,都敢于直面问题、解决问题,着力寻找工作思路与解决问题的方案和办法。其中,研究黄南州脱贫攻坚典型案例分析及经验启示,在实际工作中发挥了重要的政策解疑与工作分类引导作用,极有工作指导价值。

佛秀芳同志正是坚守"为党育才，为党献策"的党校初心，才如此坚定地埋头做实做细教学和科研工作，由此取得了诸多公认的工作成果，获得了多方肯定。她成为青海省党建研究会特邀研究员，获得"青海省高原先锋师资库"入库资格，2015年被评为青海省"四个一批"优秀人才，2016年入列青海省专家名录，2020年被评为青海省黄南州"十佳优秀人才"，2021年入选青海省"昆仑英才·教学名师"，这无疑是对她勤奋工作、勤于治学的最佳鼓励和特别肯定。

仔细浏览和细读案头这叠文稿，透过山川河流阻隔的时空，透过书稿的文字，让我依稀感到，有一种直击我内心的信仰力量，一股真实而质朴的忠诚党校事业的奋斗热情。诚然，佛秀芳同志汇集成书的文稿所涉课题研究还须进一步深入，且党校的教学、科研工作具有开放性，也不断扩展延伸出新的实践平台与课题，教学探索和科研无止境，但我仍然坚定地相信，佛秀芳同志定会凭借初心，不懈追求，不断激发求真、求是、求实的力量毅然前行，学习不止，研究不止，探求不止！

在青海省黄南州设州70周年之际，幸有这本小书出版，可巧是黄南州委党校科研工作奉上的一份文化厚礼，是黄南州民族文化研究新增的一笔华彩，也为青海党校工作、民族文化研究开展交流提供了新素材。循着这本书和佛秀芳同志的研究视野，或许会牵动一缕缕关注黄南、热爱黄南的情愫，促成一次次纵览黄南发展天空的文化观顾……

是为序。

罗川山
（曾执教于青海民族大学，曾任广东惠州学院副院长、党委副书记、纪委书记、省监委驻惠州学院监察专员）
2024年9月写于广东惠州"吉之岛"

目　录

求

真

篇

"两个结合"实现了马克思主义与
中华优秀传统文化辩证关系的重大突破

从习近平总书记在庆祝中国共产党成立100周年大会上的讲话中首次提出，到第三个历史决议再次强调，再到党的二十大报告重点诠释，"两个结合"（即把马克思主义基本原理同中国具体实际相结合、同中华优秀传统文化相结合）是中国共产党关于马克思主义中国化时代化的重大论断，是新时代理论创新的根本途径。特别是第二个结合，更凸显了背负光荣使命的中国共产党人高度的理论自信和文化自信，实现了马克思主义与中华优秀传统文化辩证关系的重大突破。回溯党的百年奋斗历程，在坚持和发展马克思主义真理的基础上，中国共产党始终是古代中华文化的扬弃者、中华优秀传统文化的继承者和当代中华文明的塑造者、传播者。在关于马克思主义与传统文化的关系认识上，大体上经过了一个从新旧对立、破旧立新到以新带旧、新旧并举，最后到贯通融通、推陈出新的渐变演化过程。

一、新旧对立、破旧立新：缘于特定历史阶段的对立性关系

建党初期和革命时期，对于传统文化的认识总体上持批判性继承的态度。这一认识是基于当时的时代背景和中国共产党的现实任务所决定的。

鸦片战争以后，在腐败的清王朝统治下，近代中国迅速沦落，陷入落后挨打局面。在西方列强的入侵下，不仅传承两千多年的封建社会经济基础（小农经济、自然经济）迅速走向瓦解，作为政治上层建筑和思想上层

3

建筑的封建礼教、儒家文化也走向末路。同时,伴随着西方文化传入中国,其现代先进理念对追求进步的部分国人产生了巨大冲击。这一时期,传统思想的顽固性和外来思想的进步性激烈交锋、缠斗不已,各种政治思潮纷纷涌现,各种政治势力轮番登台,古老的中国在黑暗的夜幕中寻找光明的前途。在这种背景下,轰轰烈烈的新文化运动由此发生。

受近代以来清王朝及之后的北洋军阀、国民党政府腐朽统治影响,以及古老中华文明迅速衰落的冲击,中国共产党的主要创始人,如陈独秀、李大钊、毛泽东等人,大都受过新式教育,甚至有的出过国、留过洋,大多是新文化运动的重要领导人或积极参与者、响应者,对民主、共和、科学、自由等新文化大力传播。在接受马克思主义学说并成为中国共产党人后,早期的共产党员大多对封建专制、封建礼教持负面态度。早期的共产党员,许多都有反抗包办婚姻、倡导婚姻自由、实行男女平等的人生经历。当然,中国共产党的早期领导人并非全盘西化派,更不是全盘否定传统文化中的积极因素和曾经的积极作用。如陈独秀就曾经说过他反对孔教,并不是反对孔子个人,也不是说其没有古代社会价值,而是因为中国近现代革命形势的任务要求,不得不在新旧思想中做出唯一选择。"新旧之间,绝无调和两存之余地。吾人只得任取其一。"[1]或许在今天看来,这一态度失之偏颇,但其实就当时来说,这一认识其实具有相当重要的意义。旧中国的积贫积弱,历时两千多年的传统封建文化是其主因之一。不破除这些陈旧的思想文化痼疾,马克思主义根本无法传入中国,中国革命的局面就根本无法打开,而这正是1915年新文化运动的重要时代价值。正如毛泽东所言:"不把这种东西打倒,什么新文化都是建立不起来的……它们之间的斗争是生死斗争。"[2]。从根本上说,中国共产党领导的新民主主义革命,正是从人们的思想革命肇始的,而这种思想革命,首先起源于对传统文化的现代化批判。

---

① 陈独秀:《答佩剑青年(孔教)》,《独秀文存》,安徽人民出版社,1996年,第660页。

② 《毛泽东选集》(第二卷),人民出版社,1991年,第695页。

这一时期,中国共产党逐渐认识到,马克思主义反映了自然界和人类社会发展的普遍规律,是能够解决中国问题的科学真理和革命理论,是我们立党兴党的根本指导思想。马克思主义才是中国共产党和中华民族要牢牢树立的新文化。而一切封建思想糟粕是与马克思主义格格不入的旧文化。在以毛泽东同志为核心的党的第一代中央领导集体正确领导下,我们坚持思想建党原则和政治建军原则,把一支由农民作为主要成分的党员队伍,迅速发展壮大为在先进无产阶级思想武装下的具有强大凝聚力战斗力的马克思主义政党,创立了马克思主义中国化第一个成果:毛泽东思想。在先进思想武装下,党不断消除腐朽落后的封建文化影响,在全国建立民主政权,实现人民当家作主,实行干群平等、官兵平等、男女平等,倡导婚姻自由,破除封建迷信,党和军队所到之处,人们思想迅速转变,社会风气焕然一新。

二、以新带旧、新旧并举:在较长历史时期的同一性关系

在领导中国革命特别是成为执政党领导社会主义建设过程中,在对封建腐朽思想进行彻底斗争并取得压倒性胜利后,中国共产党更加客观正确地认识和对待传统文化,更加注重其中的积极因素和精华部分,开始发挥优秀传统文化对党的建设和国家治理的积极作用。这一过程,伴随着马克思主义中国化的提出和发展而逐步深化,以马克思主义基本立场观点方法否定传统文化其反面(腐朽糟粕)、肯定其正面(优秀精华),呈现中华优秀传统文化与马克思主义先进文化并行不悖且联系加深的趋势。就中国共产党认识和对待传统文化整体来看,也经历了一个逐渐反转的长期过程。从新民主主义革命时期和新中国成立后的三十年间,中国共产党对传统文化还是以批判否定封建糟粕为主,以继承发扬优秀文化为辅;而改革开放后三十年则以继承发扬优秀文化为主,以批判否定封建糟粕为辅。

在党的历史上,毛泽东首次提出"马克思主义中国化"重要论断,为正确认识和处理马克思主义与传统文化的辩证关系做出了巨大贡献。在新

民主主义革命时期,他就指出"马克思主义必须和我国的具体特点相结合"①,他强调"从孔夫子到孙中山,我们应当给以总结,承继这一份珍贵的遗产"②,要建设"民族的科学的大众的文化"③,并对理论风格提出了"中国作风和中国气派的要求"。新中国成立后,在坚决破除封建思想糟粕的基础上,毛泽东十分注重运用中华优秀传统文化治国理政,他曾经引用古人"礼义廉耻,国之四维;四维不张,国将不国"的主张加强管党治吏,向党的高级干部推荐阅读《三国志》《红楼梦》等古典中文著作。

改革开放后,以邓小平、江泽民、胡锦涛为主要代表的中国共产党人,立足提升国家文化软实力,坚持"两个文明"一起抓、"两手都要硬",提出了"中国特色社会主义文化建设"这个重大命题,强调党要始终代表中国先进文化前进方向,注重加强中华优秀传统文化继承与发展,培育和践行社会主义核心价值体系,大力发展文化事业和文化产业,初步奠定了马克思主义中国化的民族文化根基。改革开放之初,党和国家面对的主要问题是西方资本主义文化的入侵和腐蚀,各种西化思想大行其道,特别是全盘西化论和拜金主义猖獗一时。为此,我们加强意识形态领域建设,综合运用包括传统文化增强文化竞争力,提出"三个面向",建设与发展民族的科学的大众的社会主义文化,传承发扬中华优秀传统文化,坚决反对资产阶级自由化,坚决防止社会主义阵营塌陷的"多米诺骨牌"效应在中国出现。以孔子学院为代表的中华文化开始走向世界、扩大影响。以此为背景,中国共产党不断推进马克思主义中国化时代化,形成了中国特色社会主义理论体系,使党的理论创新顺利进入21世纪。

三、贯通融通、推陈出新:在新时代的统一性关系

习近平总书记在庆祝中国共产党成立100周年大会上的讲话中,第

---

① 《毛泽东选集》(第二卷),人民出版社,1991年,第534页。
② 《毛泽东选集》(第二卷),人民出版社,1991年,第534页。
③ 《毛泽东选集》(第二卷),人民出版社,1991年,第706页。

一次提出"两个结合"①;在党的十九届六中全会通过的历史决议中再次重申"两个结合"②;党的二十大报告系统阐释了"两个结合"的科学内涵,并写入新的党章修正案。那么为什么要把马克思主义基本原理同中华优秀传统文化相结合呢?

首先,这是党的百年奋斗得出的宝贵经验。马克思主义诞生于西方,壮大于东方,绝不是历史的偶然,而是历史的必然。一方面,马克思主义是放之四海的科学真理,但真理力量的发挥必须依赖于特定的条件才能实现。另一方面,古老的中华文明面临历史挑战,亟须科学的指导思想指明前途命运。尤为关键的是,科学社会主义的主张与中华优秀传统文化具有高度的契合性,古老的中国提供了马克思主义成长壮大的天然文化"土壤"。正是在这个"土壤"里,马克思主义"真理之花"灿烂绽放,指引中国革命建设不断谱写盛世华章。党的二十大报告的"两个行",既彰显了马克思主义真理绝对性,又揭示了"两化"真理相对性。

其次,这是实现中华民族伟大复兴宏伟目标的必然要求。实现民族复兴是中国共产党的神圣责任和光荣使命,必须立足我国国情和文化传统,走出一条中国式现代化发展道路。中国式现代化既需要强大物质基础,也需要强大精神力量,既需要道路和制度自信,也需要理论和文化自信。坚守马克思主义科学真理,坚信中华优秀传统文化是民族之根与血脉,并在继承、弘扬优秀传统文化中不断推进马克思主义中国化时代化,既是党的理论创新之路,也是增强民族文化自信之路。正如习近平总书记在党的二十大闭幕后考察殷墟博物馆时所强调的:"中华优秀传统文化是我们党创新理论的'根',我们推进马克思主义中国化时代化的根本途径是'两个结合'。"③

① 习近平:《在庆祝中国共产党成立100周年大会上的讲话》,人民出版社,2021年,第13页。
②《党的十九届六中全会〈决议〉学习辅导百问》,党建读物出版社、学习出版社,2021年,第30页。
③《学习进行时丨习近平总书记说:"殷墟我向往已久"》,半月谈,2022年10月30日,http://www.banyuetan.org/dyp/detail/20221031/10002000331352316671797224583529411_1.html。

最后,这是回答和解决现实问题矛盾的客观需要。新时代我们面临的民族复兴之目标宏伟性,高质量发展之任务艰巨性,外部风险挑战之复杂性,都是史所罕见、世所罕见。面对一系列问题难题,如何防范和化解风险挑战?自信自强、守正创新,是我们的基本立场,莫向外求、敢于斗争,是我们的不二选择。守正,守的是马克思主义基本原理,守的是中华文化之精粹精华;创新就是要把基本原理运用于具体实际,从中华优秀传统文化中汲取营养,既从科学真理中发现答案,也从老祖宗那里寻求智慧,不断推进马克思主义中国化时代化,才能正确回答时代和实践提出的重大问题。

同时,党的二十大报告还阐释了怎样结合的重大问题。首先,要找准二者的结合点。党的二十大报告指出中华优秀传统文化"蕴含的天下为公、民为邦本、为政以德……同科学社会主义价值观主张具有高度契合性"[1]。这里面就以枚举的方式不完全地列举了中华优秀传统文化中的宇宙观、天下观、社会观、道德观等思想,与马克思主义之间具有高度契合性,是二者之间的有机结合点。其次,要善于运用结合的方式方法。党的二十大报告指出要"把马克思主义思想精髓同中华优秀传统文化精华贯通起来、同人民群众日用而不觉的共同价值观念融通起来"[2]。这里就告诉了我们要有对中华文明悠久历史的自信和五千年灿烂文化自信的态度,要有辩证认识和对待传统文化的原则,要有思想精髓和文化精华层面相"贯通"、和价值层面相"融通"的方法。在这方面,习近平总书记就是极好的典范。他的每篇文章、每次讲话,都体现着中华文化和中国精神,蕴含着特定的传统文化元素和符号,这些元素和符号又精确、恰当地论证或体现着其中的马克思主义基本观点。习近平新时代中国特色社会主义思想,承继五千年中华文明之精粹,蕴含当代马克思主义之精华,是不同时空两种文化贯通融通的理论结晶。

---

①《党的二十大文件汇编》,党建读物出版社,2022年,第14页。
②《党的二十大文件汇编》,党建读物出版社,2022年,第14页。

总之,"两个结合"实现了近现代以来东西方文化的有机融合,彰显了中国共产党既是科学真理的信仰者,又是传统文化的守护者。在党的百年奋斗历程中,马克思主义与传统文化经历了从新旧对立、破旧立新到以新带旧、新旧并举,再到贯通融通、推陈出新的发展过程,二者关系也经历了从对立性到同一性,再到统一性的历史演变,实现了辩证关系的重大突破。在推进中华民族伟大复兴的关键进程中,它赋予了我们强大的历史自信和文化自信。如同党的二十大报告所指出的:"只有植根本国、本民族历史文化沃土,马克思主义真理之树才能根深叶茂。"[1]

---

[1]《党的二十大文件汇编》,党建读物出版社,2022年,第14页。

坚定文化自信　助力伟大复兴

　　坚定文化自信，是事关国运兴衰、事关文化安全、事关民族精神独立性的大问题。习近平总书记指出："一个国家、一个民族的强盛，总是以文化兴盛为支撑的，中华民族伟大复兴需要以中华文化发展繁荣为条件。"[①]"我们说要坚定中国特色社会主义道路自信、理论自信、制度自信，说到底是要坚定文化自信。"[②]坚定文化自信，是推进"四个全面"战略布局的精神支撑，是坚定道路自信、理论自信、制度自信的重要基础，是实现中华民族伟大复兴的内在要求，是文化交流中讲好中国故事的重要保证。

一、文化自信的基础和源泉

　　文化自信是一个国家、一个民族对自身文化具有引导和帮助自己应对各种时代挑战、全球思想撞击、文化冲突和文化对话，并走向富有希望的明天的强大能力的深度信念；也是在此基础上对自己国家和民族文化的意义、价值和情感的自觉认同、自觉弘扬、自觉守护、自觉归依。我们文化自信的基础和源泉主要来自以下几个方面：

（一）优秀深厚的传统文化是文化自信的历史根基

　　中华民族有着五千多年的悠久历史，创造了灿若星河的人类文明，留

---

① 中共中央文献研究室编：《习近平关于社会主义文化建设论述摘编》，中央文献出版社，2017年，第3—4页。

② 习近平：《在哲学社会科学工作座谈会上的讲话》，人民出版社，2016年，第17页。

下了丰厚的优秀传统文化。习近平总书记在文化传承发展座谈会上的讲话中强调:"中华优秀传统文化有很多重要元素,比如,天下为公、天下大同的社会理想,民为邦本、为政以德的治理思想,九州共贯、多元一体的大一统传统,修齐治平、兴亡有责的家国情怀,厚德载物、明德弘道的精神追求,富民厚生、义利兼顾的经济伦理,天人合一、万物并育的生态理念,实事求是、知行合一的哲学思想,执两用中、守中致和的思维方法,讲信修睦、亲仁善邻的交往之道等,共同塑造出中华文明的突出特性。"①中华优秀传统文化具有崇高的价值追求,蕴含着顽强的奋斗精神,包含着人类社会发展进步的诸多智慧。这是民族的"根"和"魂",是中华民族对人类文明的特有贡献,也是我们民族文化自信的重要依据所在。中华文化必定要走向世界,优秀深厚的传统文化是我们在对外交流中的重要精神资源,也是我们文化自信的底气所在。

(二)文化自信熔铸于党领导人民在革命、建设、改革中创造的革命文化

一部中国共产党领导人民进行革命的历史,就是一部奋斗史,也是不断孕育革命精神,弘扬革命文化的红色历史。在建党初期,党的缔造者们不怕牺牲、不畏艰难,坚定理想信念,孕育了党的红船精神。随后在土地革命时期,形成了"坚定信念、艰苦奋斗,实事求是、敢闯新路,依靠群众、勇于胜利"的井冈山精神。以及"人民利益至上,坚定理想信念,不怕牺牲,独立自主,实事求是,顾全大局,严守纪律,紧密团结,依靠人民,艰苦奋斗"的长征精神。在抗日战争时期形成的延安精神,是党坚定信仰、富于理性、充满激情革命精神的集中表达,内涵丰富。正是在延安精神的引领下,党赢得了人心,获取了文化领导权。在解放战争时期,形成了应对历史性考试的西柏坡精神。其内涵主要表现为"两个务必",即"务必使同志们继续地保持谦虚、谨慎、不骄、不躁的作风,务必使同志们继续地保持

---

① 习近平:《在文化传承发展座谈会上的讲话》,人民出版社,2023年,第2页。

艰苦奋斗的作风"。这是党在即将取得全国政权时又一次精神洗礼,体现了思想上的深谋远虑。这一文化迸发出生生不竭、代代不息的文化动力,激励着一代又一代的中国共产党人领导中国人民矢志不渝、不断前行。习近平总书记非常重视红色文化。他多次强调,要把红色资源利用好、把红色传统发扬好、把红色基因传承好。可以这样说,在当代,如果不重视红色文化和社会主义先进文化作为中华文化重要构成这一现实,就很难全面理解当代中华文化的底气由何而来。

(三)社会主义先进文化的快速发展是文化自信的现实基础

中国共产党拥有高度的文化自觉,深刻认识到文化建设在一个国家发展中的重要地位,加快推进社会主义先进文化建设,从战略高度和全局视野出发,制定了推动社会主义文化繁荣兴盛的战略方针,出台了许多促进文化繁荣发展的政策措施,社会主义先进文化得到了快速发展。文化事业全面推进,文化产业加速发展。这些表明我国文化软实力不断增强,文化竞争力逐步提升,也是我们文化自信的重要来源。

(四)当代中国发展的巨大成就是文化自信的最大本源

改革开放以来,我国经济社会快速发展,成为世界第二大经济体,综合国力不断增强,国际地位不断上升。当代中国发展的巨大成就,不仅极大增强了中国人的民族自豪感,也坚定了我们的道路自信、理论自信、制度自信和文化自信。虽然与快速提升的硬实力相比,与历史上中华文化在世界上曾经达到的高度、产生的影响相比,当代中国文化建设还有所不足,但当代中国的发展进步为文化的进一步发展提升,积累了强大的物质基础和精神能量,是我们文化自信的最大本源。

二、如何坚定文化自信

文化是一个国家、一个民族的灵魂。坚定文化自信,关键是不忘本来、吸收外来、着眼将来。

(一)坚守自身文化认同,阐释传统文化内涵

不忘历史才能开辟未来。我国有着五千多年辉煌灿烂的中华文明史,有自己从未中断的文化传统,留下了浩如烟海的文化遗产。习近平总书记强调:"中华文明历经数千年而绵延不绝、迭遭忧患而经久不衰,这是人类文明的奇迹,也是我们自信的底气。"①坚定文化自信,首先是坚守对自身文化的认同。我们要珍视中华优秀文化,摈弃民族虚无主义,对传统文化致以礼敬,并以之为自豪,并对中华文化生命力和文化发展前景有坚定执着的信念。坚定文化自信,还要加强对中华优秀传统文化的挖掘和阐发,深度挖掘传统文化内涵和有时代价值的内容,充分展示优秀传统文化的历史渊源、发展轨迹、鲜明特色,准确把握传统文化的思想精髓、价值理念,让人民群众树立文化自信,自觉成为弘扬和传播中华文化的主体。

(二)坚定文化自信,树立正确文化心态

当今,全球经济文化深度融合,坚定文化自信,必须立足世界性的视野,树立正确文化心态,应大力消除文化自卑心理、文化弱势和文化防御心理。这就必须抛弃文化自卑心理,历史上没有任何一个强盛的民族是靠否定自身而崛起的,也没有任何一个国家的崛起是靠虚无主义托起的。其次还必须摒弃文化弱势和文化防御心理。有的人不能正确领会中国文化的价值,认为我们的文化不如别人,固守着文化弱势和文化防御的心态,这些思想和文化心理极其有害。因此,我们既不能封闭保守、墨守成规,奉行文化保守主义,也不能妄自菲薄、崇洋媚外,一味照搬西方模式和文化。在这方面,习近平总书记多次强调文化自信,告诫全党,一定是要秉承中国的文化立场,秉承中国的文化价值观。如果以洋为伟,去中国文化,绝对是不行的。

---

① 习近平:《在文化传承发展座谈会上的讲话》,人民出版社,2023年,第10页。

(三)实施走出去战略,推进文化合作交流

封闭的文化不仅是无声的,也是无力的,培育与坚定文化自信,不能自我封闭,必须实施走出去战略,推进文化的交流合作。一方面,中国文化在走出去的同时,也将从不同文明中寻求智慧,汲取营养。另一方面,中华文化只有通过与其他文化的碰撞、交流和交融,才能显示出我们中华文化的独特魅力。习近平总书记指出,要"增强中华文明传播力影响力。坚守中华文化立场,提炼展示中华文明的精神标识和文化精髓,加快构建中国话语和中国叙事体系,讲好中国故事、传播好中国声音,展现可信、可爱、可敬的中国形象"①。在走向世界的过程中,要敢于和善于把当代中国价值观念传播到世界,特别是要把当代中国发展进步的主流展示出来,把中国人民蓬勃向上的风貌展示出来,全面提升中国文化的国际影响力。只有走出去,在世界文化的舞台上与其他文化相互交流互鉴、创新发展,才能真正实现文化自信。

(四)推进文化改革,增强文化创新创造能力

没有创新,文化就没有生命力。培育和坚定文化自信,既要认同我们深厚悠久的中华优秀传统文化,也要以改革创新的精神,大力推进文化改革,增强文化创新创造能力。要在文化发展过程中始终保持敏锐的创新思维。坚持百家争鸣、百花齐放的方针,大力营造有利于文化创新的优越环境。着力推进文化发展目标、文化价值体系、文化内容构成、文化传播方式等方面的创新,在互联网时代,尤其要注重文化传播平台和传播方式的创新。只要在文化创新的实践中取得真正有历史意义和当代价值的成果,就能增强文化自信。

---

① 习近平:《高举中国特色社会主义伟大旗帜 为全面建设社会主义现代化国家而团结奋斗———在中国共产党第二十次全国代表大会上的报告》,人民出版社,2022年,第45—46页。

14

培育和践行社会主义核心价值观

　　培育和践行社会主义核心价值观,是中国共产党立足推进中国特色社会主义伟大事业、实现中华民族伟大复兴中国梦的全局作出的重大决策,是凝魂聚气、强基固本的基础工程、战略工程,具有重大的现实意义和深远的历史意义。

一、社会主义核心价值观的基本内容

　　习近平总书记在北京大学师生座谈会上的讲话中指出:"人类社会发展的历史表明,对一个民族、一个国家来说,最持久、最深层的力量是全社会共同认可的核心价值观。核心价值观,承载着一个民族、一个国家的精神追求,体现着一个社会评判是非曲直的价值标准。""在当代中国,我们的民族、我们的国家应该坚守什么样核心价值观? 这个问题,是一个理论问题,也是一个实践问题。经过反复征求意见,综合各方面认识,我们提出要倡导富强、民主、文明、和谐,倡导自由、平等、公正、法治,倡导爱国、敬业、诚信、友善,积极培育和践行社会主义核心价值观。富强、民主、文明、和谐是国家层面的价值要求,自由、平等、公正、法治是社会层面的价值要求,爱国、敬业、诚信、友善是公民层面的价值要求。这个概括,实际上回答了我们要建设什么样的国家、建设什么样的社会、培育什么样的公民的重大问题。"[1]习近平总书记的这些重要论述,深刻阐明了中国特色社

---

　　[1]《习近平在北京大学师生座谈会上的讲话(全文)》,中国政府网,2014年5月5日,https://www.gov.cn/xinwen/2014-05/05/content_2671258.htm。

会主义文化建设的一项根本任务,明确了推进社会主义核心价值观建设的重点和着力点。

二、如何培育和践行社会主义核心价值观

习近平总书记在党的十九大报告中明确指出:"要以培养担当民族复兴大任的时代新人为着眼点,强化教育引导、实践养成、制度保障,发挥社会主义核心价值观对国民教育、精神文明创建、精神文化产品创作生产传播的引领作用,把社会主义核心价值观融入社会发展各方面,转化为人们的情感认同和行为习惯。"[①]这一重要论断,与中国特色社会主义进入新时代、开启全面建设社会主义现代化国家新征程相适应,指明了社会主义核心价值观的教育养成和发挥作用的根本目标和实现途径,为培育和践行社会主义核心价值观提供了重要遵循。

(一)深化宣传普及、增强认知认同

社会主义核心价值观的广泛践行贵在知行统一,而知是前提、是基础,内心认同才能自觉践行,春风化雨才能润物无声。培育和践行社会主义核心价值观,一定要在增强认知、认同上下功夫,使其家喻户晓、深入人心。培育和践行社会主义核心价值观,抓好宣传教育始终是一项基础性工作。第一,宣传教育的内容要实,所谓实,主要是说要有针对性。比如说对领导干部,一定要宣传崇高,这是党的宗旨决定的,要求你的价值取向、道德标准要全心全意为人民服务。对一般的群众就可以要求一般的道德价值取向,比如说人人为我,我为人人,等等,所以宣传教育要有针对性地来做。第二,宣传教育的形式要活,形式要多种多样,让人民群众喜闻乐见,要充分发挥现代媒体的宣传作用,同时还要举行各种各样的主题活动,让群众在参与当中受到教育。第三,宣传教育的覆盖面要广,各个

① 习近平:《决胜全面建成小康社会 夺取新时代中国特色社会主义伟大胜利——在中国共产党第十九次全国代表大会上的报告》,人民出版社,2017年,第42页。

领域各个层面都要涉及,而不是说仅针对某一部分人。

(二)从优秀传统文化中汲取营养

习近平总书记在文化传承发展座谈会上从十个方面对中华优秀传统文化的核心思想作了提纲挈领的概括,为人们准确把握中国式现代化的历史文化底蕴指明了方向。[①]通过文化传承来以文化人、以文育人。通过广泛开展中华优秀传统文化的宣传普及活动,深入实施中华文化传承工程,推出一大批弘扬爱国主义、集体主义、社会主义思想和当代中国价值观念的精品力作等,引导人们树立和坚持正确的历史观、民族观、国家观、文化观,增强做中国人的骨气和底气。

(三)加强与社会主义核心价值观相适应的制度建设,形成良好的制度环境

自2013年12月《关于培育和践行社会主义核心价值观的实施意见》印发以来,中央统一部署并推动社会主义核心价值观纳入国民教育体系、融入精神文明创建,入法入规。宪法修正案明确"国家倡导社会主义核心价值观",对于巩固全党全国各族人民团结奋斗的共同思想道德基础,实现法律和道德相辅相成、法治和德治相得益彰,具有重要意义。

另外,在制度建设方面,有两种制度和机制特别重要,第一种就是择优汰劣的选拔用人制度和机制。选拔用人制度不仅是选人的问题,还是评价人的问题,它实际上是一个政治导向。第二种就是要有赏罚分明的激励制度和机制。赏罚分明是治党、治国、治军、执政的一个基本的原则和要求。要在制度设计当中保证好人不能吃亏,老实人不能吃亏,讲道德的人、遵守规则的人不能吃亏,对一些恶者、丑恶的现象,要严惩不贷,这样才有威慑力,我们这个社会才能真正地扬善除恶。

---

① 习近平:《在文化传承发展座谈会上的讲话》,《求是》2023年第17期。

(四)党员干部要以身作则,率先垂范

在社会主义核心价值观的培育和践行过程当中,有两个群体特别关键,一个群体就是青少年。青少年要从现在做起、从自己做起,使社会主义核心价值观成为自己的基本遵循,并身体力行将其推广到全社会去。再有一个群体,就是领导干部,客观地讲,如果领导干部率先垂范,那么整个社会的社会主义核心价值观的培育和践行就不困难,破解中国的一切难题,关键在党,关键在党的领导干部。所以,领导干部在培育和践行社会主义核心价值观当中需起到表率的作用,有重要的意义。

民族地区推进马克思主义大众化的历史逻辑

　　民族地区推进马克思主义大众化，是建设具有强大凝聚力和引领力的社会主义意识形态、推进民族地区高质量发展的一项重要工作，也是党和国家长期以来的重大理论和实践课题。恩格斯说过："一个民族想要站在科学的最高峰，就一刻也不能没有理论思维。"①从历史的角度对民族地区推进马克思主义大众化这个重大课题进行深入思考和研究，对于我们正确认识和把握科学理论武装的重要作用，做好习近平新时代中国特色社会主义思想的学习教育和宣传普及工作具有重要意义。

一、回顾过去：马克思主义在民族地区扎根生芽

　　"大众"一词，自古有之。根据《辞海》解释，《礼记·月令》里面就有"孟春毋聚大众"的记载，原指"大兵大役所会集之农人"，今指"大多数之人民"。②但大众化，作为一个后附加式的合成词，并非我国汉语原有句式，而是由日制汉语（わせいかんご）"XX化"而衍生，实则是一个较为新生的语词。按照这类词语构造，大众化的含义应该是"化大众"，即面向大众、适应大众、满足大众。与之相对的概念是贵族化、精英化。大众化一词，已知最早出现于20世纪二三十年代我国文艺界如太阳社、创造社、左翼作家联盟等开展的爱国文艺运动。1942年5月，毛泽东在《在延安文艺座谈会上的讲话》中指出："许多同志爱说'大众化'，但是什么叫做大众化

---

①《马克思恩格斯全集》（第20卷），人民出版社，1971年，第384页。
②《辞海》，中华书局，1987年，第748页。

呢？就是我们的文艺工作者的思想感情和工农兵大众的思想感情打成一片。而要打成一片，就应当认真学习群众的语言。"①在这里，毛泽东正式提出了"大众化"概念，并指出大众化就是与工农兵大众思想感情打成一片，而一个重要途径就是学习群众语言。虽然这里所说的大众化主要是针对文艺创作而言，但显然同样适用于党的理论，由此而催生马克思主义大众化思想。

中国共产党自成立之日起，就一贯注重加强对人民群众的宣传教育，用马克思主义思想教育群众、改造群众。新民主主义革命时期，党主要利用工会、农会、夜校、报纸、传单、手册等形式，对工人和农民进行马克思主义理论教育。苏区根据地的工农苏维埃政权有专门的宣传部门和工作干事，专门负责理论宣传和发动民众。长征途中，红军既是战斗队，又是宣传队，红军行进到哪里，党的科学理论就宣传到哪里，许多民族地区也因此而接触到马克思主义，并开始为广大民众所接受。

新中国成立后，马克思主义大众化成为中国共产党人的执政自觉，贯穿于我国社会主义革命、建设和改革全过程，并极大地影响和改变了民族地区人们的思想和生活。新政权刚刚成立，以毛泽东同志为主要代表的共产党人高度重视人民群众在国家政治生活中的主体地位，从思想上、精神上极力激发和调动人们的主观能动性。党的理论和政策，无论是语言表达，还是价值取向，都以紧贴广大人民群众为原则，具有鲜明的大众化倾向。各级党委在民族地区建立起了系统完善的干校和党校系统，对少数民族干部群众进行宣传教育。从对外政策"一边倒""美帝国主义是纸老虎"、划分"三个世界"，到对内社会主义改造、人民公社、实现"四个现代化"等，都得到了包括民族地区在内的全国人民上下一致的思想认同和贯彻执行。迄今民族地区不少家庭甚至宗教场所还悬挂着毛主席画像，偶尔也能见到类似标语。毛泽东思想是民族地区人民群众的重要精神食粮，极大地激发了民族地区人民群众的主人翁精神。

---

①《毛泽东选集》(第三卷)，人民出版社，1991年，第851页。

改革开放后，我们把注意力放到现代化建设上来，坚持"两手抓、两手都要硬"，推进马克思主义大众化仍然是党的一项重大任务。邓小平曾经说过："我们讲了一辈子马克思主义，其实马克思主义并不玄奥。马克思主义是很朴实的东西，很朴实的道理。"①邓小平的讲话和文章，很少有长篇大论，也没有华丽辞藻，都是一些广大党员群众都能听懂读懂的"大白话"，像"贫穷不是社会主义""发展是硬道理""白猫、黑猫""不能像小脚女人"等。但正是这些通俗易懂的语言，紧贴群众和实际的讲话，反映了党对中国特色社会主义的崭新认识，极大地解放了人民群众的保守思想。邓小平理论在民族地区被人民群众广泛接受。

在这之后，无论是"三个代表"重要思想、科学发展观，还是习近平新时代中国特色社会主义思想，在理论形成和发展过程中，马克思主义大众化都始终贯穿于党的科学理论发展过程中，贯穿于中国特色社会主义事业的伟大实践中，越发成为党的科学认识和宝贵经验。习近平总书记在党的十九大报告中明确提出："必须推进马克思主义中国化时代化大众化，建设具有强大凝聚力和引领力的社会主义意识形态，使全体人民在理想信念、价值理念、道德观念上紧紧团结在一起。"②以习近平同志为核心的党中央高度重视民族地区经济社会发展，习近平总书记更是走遍了全国所有的连片贫困地区，部署民族地区脱贫攻坚任务，坚决不让一个民族掉队。习近平总书记的很多讲话，尤其是直面群众的讲话，紧贴老百姓生活实际，语言风格朴实直白、通俗易懂，既体现了对人民群众的深厚感情，又为推进马克思主义中国化时代化做出了表率。像"中国梦""鞋子论""扣子论""革命理想高于天""精神之钙""小康不小康，关键看老乡""绿水青山就是金山银山""坚持'老虎''苍蝇'一起打""撸起袖子加油干""幸福都是奋斗出来的"等语句话语，在民族地区老百姓中广为流传。

历史证明，民族地区推进马克思主义大众化，是维护民族团结、发扬

---

① 《邓小平文选》(第三卷)，人民出版社，1993年，第382页。

② 习近平：《决胜全面建成小康社会 夺取新时代中国特色社会主义伟大胜利——在中国共产党第十九次全国代表大会上的报告》，人民出版社，2017年，第41页。

社会主义优势的宝贵经验。中国共产党的理论是为全体中国人民谋幸福的科学理论,正因如此,党的理论深入人心、深得人心,各族人民同心同力、携手前进,才使得各民族地区都发生了历史性巨变,各族人民过上了日益美好的生活。在当代中国,民族地区推进马克思主义大众化,有利于维护民族团结,有利于发挥社会主义制度优势,是被历史所证明了的宝贵经验。

二、立足当前:民族地区马克思主义大众化机遇与挑战并存

党的十八大以来,以习近平同志为核心的党中央高度重视民族地区发展问题,高度重视民族团结和宗教工作,高度重视培育、构建社会主义核心价值观和主流意识形态,马克思主义大众化迎来良好机遇。

(一)各项富民惠民政策深得人心

党的十八大以来,在党中央的高度重视下,民族地区经济社会发展取得了巨大进步,各族人民生活水平有了显著提升。在西部大开发、东西部对口帮扶、打赢脱贫攻坚战等重大国家战略的支持下,民族地区近年来发生了历史性巨变,"十三五"期间实现脱贫人数5575万人,截至2020年底,全国832个贫困县实现全部摘帽脱贫(多数在民族地区),标志着全国各民族都迈上了小康生活的康庄大道。以黄南地区为例,这里历来属于"三区三州"国家级深度贫困地区,但随着近年来全面脱贫攻坚力度不断加大,继2016年黄南州河南蒙古族自治县"脱帽"后,同仁市、尖扎县、泽库县也陆续符合国家贫困县退出标准,2020年上半年全部正式脱贫摘帽。如今的黄南,经济社会越发兴旺发达,思想文化越发开放包容,当地各族群众对习近平总书记、对党中央的感激之情是发自肺腑的。在工作过程中,党的基本理论、基本路线、基本纲领潜移默化,"中国梦""两山论"等重要观点深入人心。

(二)更大力度宣传教育深入人心

党的十八大以来,针对过去重经济发展、轻思想教育现象,民族地区

加大了对党的理论、政策、法治、道德等宣传教育,在全社会造就充满正能量的社会氛围。如黄南州建立了红旗宣讲团,从全州党校教师、党政干部、优秀党员、先进典型中遴选宣讲团成员,每年深入机关、学校、社区、农村牧区开展理论宣讲和思想教育。州里每年定期为全州基层党员干部开展集中培训、冬季轮训,并通过书记讲党课等形式把党的新思想新精神灌输给基层老百姓。全州开展了百名人才下基层"一讲二办三助力"活动,在助力基层脱贫攻坚的同时,带头学习宣讲习近平新时代中国特色社会主义思想和中央、省州委新精神新要求。州里还组织专业性"双语"宣讲队伍,每年在黄南州宗教活动场所开展"百寺千讲"法治宣传教育活动,宣传党的法治政策,进一步提升宗教领域各界人士爱国爱教、守法持戒的思想觉悟。如今,仅黄南地区就有各类宣讲队伍60余支(队/组),宣讲人员达3000多人,超过全州人数的1%,有力地推动了马克思主义大众化工作。

(三)新时代党的建设赢得人心

党的十八大以来,在党中央统一领导下,民族地区全面从严治党工作取得显著成效,逐渐形成了风清气正的政治生态。通过严惩腐败,先后查处了一批本地贪腐官员,既给在职党员干部形成了极大威慑,又给广大老百姓以认真交代;通过狠抓作风,严格按照中央八项规定精神正风肃纪,查办了一批顶风违纪典型案例,使良好党风带动政风、民风明显向好。同时,坚持和加强党的领导,面向农村派驻第一书记,充分发挥"两委"班子和党员先锋模范作用,打造发展经济"领头雁",争当为民服务排头兵。如今的民族地区,以往党员干部公款吃喝旅游、节日吃请送礼现象不见了,反之,给老百姓办好事办实事的党员干部更多了,领导干部对老百姓的态度更好了,党政机关给老百姓办事的效率更高了。自然而然,党的宣传主张、党员干部的言行话语,为老百姓所接受、所认可。

同时也要看到,受民族地区特殊的区域因素、民族因素、宗教因素、人文因素和长期形成的工作惯性、生活惯性、地方习俗等影响,民族地区在

推进马克思主义大众化方面还存在不少困难,面临不少工作的挑战。主要表现在:

一是对理论宣传工作缺乏足够重视。民族地区一些党委部门抓经济、抓民生、抓维稳工作相对较多,而抓党建、抓文化、抓宣传思想工作相对较少。工作上更加注重完成经济发展、民生保障、生态保护等硬性指标任务,而对于开展城乡精神文明建设、做好思想政治工作、提升居民文化素质等软性指标任务,则重视不够、落实不多。对所属党员、群众缺乏主动性理论教育、缺乏工作创新,多以完成上级交办的硬性任务为主,如学习传达会议精神、上党课、开展法治教育等。一些单位把有关要求学习的文件转发下去就万事大吉,或只为完成任务而应付差事,一次学习就几分钟,幻灯片换几个主题等,而不管学习效果和结果如何。上级单位检查下级单位,也多以听取汇报和查看书面材料为主。一些民族地区城市和乡村关于党的理论、政策宣传标语、条幅、栏目不多,氛围不够浓厚。

二是理论宣讲力量相对薄弱。作为党的理论宣讲主渠道主阵地,不少民族地区党校师资力量薄弱,尤以县级党校为甚。很多乡村、社区、牧区的宣讲场所比较简陋,缺乏现代教学设备。由于发展条件相对滞后、地理位置偏僻,民族地区高水平、专业化理论宣讲师资力量稀缺,专职教师数量少,学历层次相对较低,尤其缺乏双语教学的教职人员。以黄南州委党校为例,教师队伍27人,其中研究生学历4人,只有5名教师能够汉、藏双语教学。黄南州泽库县党校编制5个,教师只有2名。黄南州同仁市虽然成立了市委红旗宣讲团和基层宣讲队,但是宣讲团成员都是兼职,特别是基层宣讲队成员未接受过专业培训,理论联系实际能力欠缺,宣讲不接地气。用双语宣讲的人才极为匮乏,很难满足全州藏族人口占72%的市情需求。

三是深入基层不够,学习教育效果不突出。受师资、交通、语言、场地等各种因素影响,民族地区在机关、事业单位的干部和党员中开展理论学习教育较多,在社区、农牧区党员中开展较少,而对于普通群众更是极少。尤其是民族地区广大农村、牧区,地理位置普遍偏远,交通不便,调训和送学难度都很大。除少数学历较高的党员干部外,多数基层党员干部对于党的科学理论缺乏系统认识和把握,只停留在一些基本概念、基本词汇上。很多农牧区群众对于理论认识更是十分欠缺,只能简单表达共产党好、毛主席好、总书记好,对党的理论、政策理解很浅,甚至与其所信仰的宗教教义形成了鲜明对比。

三、展望未来:大力推进习近平新时代中国特色社会主义思想大众化

不断谱写马克思主义中国化时代化新篇章,是当代中国共产党人的庄严历史责任,习近平新时代中国特色社会主义思想是新时代中国共产党重大理论创新成果的集中体现。进入新时代,我国社会主要矛盾发生了重大变化,我国发展呈现一系列新的阶段性特征。在民族地区发展不平衡不充分尤为明显,实现人民对美好生活的向往的任务更加艰巨。推进马克思主义大众化,是解决民族地区各种矛盾、破解民族地区发展难题、共同实现中华民族伟大复兴的迫切需要。结合形势任务要求,并针对前面所述问题,民族地区要深入贯彻落实习近平新时代中国特色社会主义思想,应做好以下工作。

(一)提升重视程度,建立完善考核机制

首先,思想是行动的先导。思想上足够重视,工作才能做好。民族地区推进习近平新时代中国特色社会主义思想大众化,必须把这项工作放在与发展经济、改善民生、保护环境等同的位置上来部署、来落实,而不是放在次要工作位置上,可以缓一缓、放一放。要对比东部发达地区找差距,对比中心工作、重要工作找差距,部署不力抓部署,推动不力抓推动,考核不力抓考核。其次,动员千遍不如问责一次。提高重视程度,提高工作效果,关键在于制度设计和监督考核。要科学设计大众化工作的责任分工和目标考核,把理论宣讲、政策落实、爱国主义教育、社会主义核心价值观培育、法治教育等工作有机整合起来,既立足当前,又着眼长远,数量

质量并重,分类分层推进。要细化考核工作,科学设计指标,统筹做好对领导干部、一般党员、普通群众的测评反馈工作,区分好机关事业单位党员、社区企业党员、农村牧区党员的岗位差别,区分好市民、农民、牧民的群体差异,使考核更加具有科学性、针对性和实用性。

(二)持续提高人们生活水平

物质决定意识。人们的思想归根到底是由物质生产水平和人们的生活方式所决定的。毛泽东曾经强调:"一切空话都是无用的,必须给人民以看得见的物质福利。"[①]习近平总书记也指出:"中华民族是多元一体的伟大民族。全面建成小康社会,一个少数民族也不能少。"[②]并把解决贫困地区群众"两不愁三保障"问题作为脱贫工作的重点任务。在各级党委和政府的努力下,民族地区的贫困群众不愁吃、不愁穿普遍做到了,困扰群众的行路难、吃水难、用电难、通信难、上学难、就医难、住危房等问题在绝大部分地区得到了较好解决。对此,人民群众是知恩感恩的,只要持续不断地提高民族地区人民生活水平,党的理论和思想就会持续不断地在民族地区传播开来,被各民族所认可接受。

(三)大力改善基础设施

经济基础决定上层建筑。民族地区推进理论学习和宣传教育力度不够,一定程度上缘于当地基础设施的相对落后。如今在民族地区,道路交通、信息网络和文化设施,仍然是限制当地居民群众学习理论文化的硬件短板,这一问题在广大农村、牧区尤为突出。民族地区推进马克思主义大众化,仍然需要在大力改善当地基础设施上下功夫,做好脱贫攻坚与乡村振兴有效衔接,继续组织实施村级道路通畅工程、安全饮水工程、电网改造和电信服务,以及美丽乡村建设。巩固和提升"贫困地区民族自治县村

---

① 《毛泽东文集》(第二卷),人民出版社,1993年,第467页。
② 习近平:《决胜全面建成小康社会决战脱贫攻坚,继续建设经济繁荣民族团结环境优美人民富裕的美丽新宁夏》,《人民日报》2020年6月11日。

文化服务中心覆盖工程",不断完善公共文化基础设施。只有保证人员、信息交流畅通,人们的思想观念才能真正"活"起来。

(四)抓住关键群体

抓住主要矛盾带动全局工作,是唯物辩证法的要求,也是中国共产党一贯倡导和坚持的方法。民族地区推进习近平新时代中国特色社会主义思想中国化时代化,不能平均发力、一哄而上,而要学会"十个指头弹钢琴",抓住关键群体,实施重点突破。一是抓宣讲队伍。要从会本民族语言的大中专毕业生中招聘理论宣讲人员,从本民族教师、干部中培养专兼职理论宣讲人员,并切实解决好宣讲经费问题。二是抓党员干部。"没有大量的真正精通马克思列宁主义革命理论的干部,要完成无产阶级革命是不可能的。"①对民族地区的党员干部定期组织学习培训,适时进行监督考核,可以大大加快民族地区习近平新时代中国特色社会主义思想大众化进程。三是抓教师和学生。抓好教师的理论武装和思想教育,可以起到抓一点带一片、抓一时管长远的作用。学生是祖国的未来,正处在世界观人生观价值观萌发形成的重要时期,抓好学生的思想政治教育,对于培养有理想、有追求、有担当,爱国、爱党、爱人民的新时代青少年,具有重大意义。当前,特别要抓好民族学校教师和学生的思想政治教育,拓宽其视野,开阔其格局。四是抓宗教教职人员。民族地区群众普遍信仰宗教,教职人员影响力大。仅黄南地区,就有各类宗教场所112所,各类宗教人员5000多人。抓住这个群体,开展爱国主义教育、法治教育、党的政策教育,事半功倍。

(五)强化教育效果

道一而术万,结果是关键。理论再高深、语言再华丽,群众听不懂、不接受也是白搭。由于历史原因,民族地区不同于其他地区,当地群众文化

---

①《毛泽东年谱(1893—1949)》(中卷),中央文献出版社,1993年,第248页。

素质偏低、信仰宗教普遍、汉语基础较差、居住相对分散。要让相对抽象的科学理论为民族群众所掌握，就要针对当地群众特点开展宣讲教育。一是要在宣讲语言上下功夫。将党的理论、路线、方针、政策内容用尽可能浅显的当地民族语言表达出来，让当地老百姓能够听得懂。像有些地方标语"群众富不富，全看党支部""要想富、先修路"等，老百姓一看就明白。二是要在宣讲方法上下功夫。尽量不用领导干部做报告式的形式和语气开展宣讲，而要把宣讲内容转化成民族群众喜爱的真实案例、宗教典故、寓言故事、民间歌谣等形式进行宣传。三是在宣讲手段上下功夫。对青壮年群体，要充分利用现代科技手段如互联网、PPT、短视频等手段进行宣传教育；对老年人群体，则更多利用讲座报告、宣传画、宣传栏等传统形式。同时，有条件的地方可以组织党员群众外出参观交流，用生动的现场教学影响、触动和改变其思想观念。

（六）促进文化融合

文以化人，文以载道。民族地区推进习近平新时代中国特色社会主义思想大众化，最终是要实现马克思主义与各民族文化的有机融合，增强中国特色社会主义文化自信。中国共产党始终维护各民族文化和文明的多样性。习近平总书记曾经指出："我们应该维护各国各民族文明多样性，加强相互交流、相互学习、相互借鉴，而不应该相互隔膜、相互排斥、相互取代，这样世界文明之园才能生机盎然。"[1]因此，民族地区推进习近平新时代中国特色社会主义思想大众化，与本民族的文化应该是和谐共生、包容并蓄的关系。要认真研究和发掘二者的契合点、实现路径、方式方法，要在传承民族文化过程中融入习近平新时代中国特色社会主义思想，要在推进新思想大众化过程中改造传统民族文化。

---

[1] 习近平：《携手构建合作共赢新伙伴，同心打造人类命运共同体——在第七十届联合国大会一般性辩论时的讲话》，《人民日报》2015年9月29日。

青海涉藏地区特色文化
助推乡村振兴战略研究

　　乡村振兴战略是党的十九大报告提出的关于乡村现代化建设的重要战略部署,以乡村产业振兴、生态建设、乡风文明、基层社会治理和实现人民生活富裕为主要内容,是一个立体化、全方位的战略部署。步入"十四五"之际,乡村振兴战略也正式进入到实施阶段。文化建设是乡村建设的重要内容,在乡村振兴战略部署中得到了高度重视,各地在战略实施过程中纷纷探索适宜地方的发展路径。而在具体的建设过程中,人们也充分认识到,文化建设与乡村振兴战略间关联密切、互为关系。其中,具有地域特色的传统文化成为乡村振兴战略中不可忽视的基础因素,可以说做好乡村振兴战略中的产业发展、生态保护及社会治理工作,都需要以重视和延续特色文化为前提。这也是将乡村振兴战略落在实处,走出特色化发展道路需要遵循的原则。青海涉藏地区的经济社会发展,在历次农村牧区发展战略部署中,始终彰显着自身鲜明的文化特色。独具特色的涉藏地区文化,在青海涉藏地区的乡村振兴战略中也必将发挥重要作用:一方面青海涉藏地区生态保护有赖于地域化的环境保护理念和价值观念;另一方面涉藏地区的特色化发展道路,也需要特色文化资源的挖掘和发展;而涉藏地区基层治理工作也需要注重地方传统秩序和理念的共同参建。基于此,本文探讨了乡村振兴战略背景下,青海涉藏地区特色文化与乡村振兴战略实施间的相互关系,地域文化支持和融入乡村发展的得与失,发掘发展繁荣涉藏地区文化与实现乡村振兴的共赢路径。

一、乡村振兴战略与文化建设互动的相关理论

(一)乡村振兴战略与文化建设的内含和特点

新中国成立以来,从城乡二元化到城乡一体化,从重工轻农到农业优先,从农业扶持工业、农村支持城市到工业反哺农业、城市支持农村,从联产承包到社会主义新农村建设再到乡村振兴,"三农"问题重要性日益凸显,越发成为我国走向现代化、实现中华民族伟大复兴的首要问题。粮食安全是国家安全的基石,农业和农村现代化是建成现代化强国的关键。为此,以习近平同志为核心的党中央确定了农业农村优先发展的总方针和农业农村现代化的总目标,包括经济建设、政治建设、文化建设、社会建设和生态文明建设全面进步的乡村振兴战略大力推进,我国社会必将迎来新一轮的历史性巨变。产业兴旺、生态宜居、乡风文明、治理有效、生活富裕,短短20个字全面概括了乡村振兴战略的总要求。未来的社会主义新农村,就要如习近平总书记所描述的那样:"让居民望得见山、看得见水、记得住乡愁。"①乡风文明,提出了乡村振兴战略中文化建设的重要性,而"乡愁"一词,更反映出乡村振兴战略浓浓的文化韵味。

"文化"一词,最早见于《周易》"观乎人文,以化成天下"。相对于政治、经济而言,它指的是人类全部精神活动及其产品。不同国家、不同民族有着不同的文化,反映着一个国家和民族的特质,其影响力往往代表着国家和民族的软实力。美国实用主义哲学家杜威在《自由与文化》②一书中说:"每一种文化都有它自己的样式,其组织的力量有它自己独特安排。"习近平总书记在党的十九大报告中指出:"文化是一个国家、一个民族的灵魂。文化兴国运兴,文化强民族强。"③当前,有不少学者对"农村

---

① 习近平:《论坚持人与自然和谐共生》,中央文献出版社,2022年,第56页。
② [美]杜威:《自由与文化》,傅统先译,商务印书馆,2013年。
③ 习近平:《决胜全面建成小康社会 夺取新时代中国特色社会主义伟大胜利——在中国共产党第十九次全国代表大会上的报告》,人民出版社,2017年,第40—41页。

文化"给出了自己的看法,其中学者陈俊泉认为文化是一个核心价值体系。我国农村文化是指适合农业生产生活的,以农村地区的基础文化设施为根本,以农民综合素质为基础,包含物质层面、制度层面和精神层面在内的社会主义新型乡村文化。因而,乡村文化建设既要注重农民文化素质提高(包括知识、思想、道德等),也要重视文化"硬件"如文化站、宣传栏、综合性新媒体中心等基础设施建设,传统村落、特色社区建设,还要注重乡规民约、社会治理等制度建设和丰富农民精神文化方面的"软件"建设,从而大幅提升农村文化建设水平,为打造新时代新型农民、助力农业农村现代化而努力。

(二)乡村文化建设之于乡村振兴战略

乡村文化建设是实施乡村振兴战略的应有之义。人之所以区别于禽兽,在于能够以文化之。相对于城市而言,我国农村之所以落后,相当一部分原因在于农村文化建设之薄弱。因此,加强乡村文化建设,既是实施乡村振兴战略的重要内容,也是解决我国农村发展不平衡不充分的重要抓手。为此,首先要重视城乡文化、不同区域和不同民族文化的协调发展,大力开展乡村文化振兴行动,通过加强贫困地区、边远地区的农民精神生活的保障,把乡村文化建设与乡村经济发展、乡村社会治理和基本公共服务体系构建、乡村生态环境保护等结合起来实施,提升农民生活质量,保障农民文化权益。其次要振兴乡村文化产业。文化作为现代产业竞争力的核心,要振兴乡村文化就要在乡村实施"文化+"计划,充分发掘乡村地域文化资源,开发乡村生态休闲度假村、乡村旅游观光民舍、乡村农产品展销等手段,打造新型乡村文化。最后还要重视农民的参与意识。要重视以人为本的管理理念,培养有文化、懂技术、会经营的新型农民,逐步提升农民的文化素质、道德修养和政治参与意识,这不仅为推动传统农业创造性转化、创新性发展奠定了基础,还有助于进一步提升农民文明素养,固牢乡村振兴之根本。

(三)乡村振兴战略之于青海涉藏地区特色文化建设

乡村振兴战略为加强乡村文化建设提供了良好契机。青海涉藏地区作为一个民族文化资源富集的地方,有得天独厚的文化资源优势,将民族特色文化与乡村振兴相融合,能够更加凸显文化优势,使藏文化的独特影响力进一步转化为宝贵的发展资源。全面实施乡村振兴战略,在文化振兴中保持其民族文化固有特色,使地区文化能够得到更好传承和发展。同时,在实施乡村振兴战略过程之中,挖掘特色文化资源,发展文化观光旅游、特色乡村旅游、文化产品制造、地区食品产业等各种新兴业态,有利于促进青海涉藏地区特色文化产业提档升级。

二、青海涉藏地区富集的特色文化资源

青海涉藏地区位于具有地球"第三极"之称的青藏高原腹地和生态调节区的青海省广阔地区,从空间上来说,它涵盖了6个藏族自治州所辖30个县(市),地域面积接近70万平方千米,约占青海省总面积的95%以上;从人口数量上看,这里居住着藏族人口118万人,占青海省总人口22%,是全国藏族人口的四分之一左右,是除西藏以外全国最大的藏族聚居区。

同时,青海涉藏地区还是一个多民族聚居、多宗教共存、多元文化共融的特殊文化区域。这里居住着包括藏族、汉族、回族、蒙古族、土族、撒拉族等众多民族,历史渊源深厚、文化内涵丰富。一方面,它有自己独特的民族文化特征,涉藏地区的高原儿女以他们悠久的历史、丰富的情感、共同的命运形成了独特的文化特征,鉴于高原地区的特殊性,它的文化的原创性、鉴赏性和传承性都别具一格,不仅富有民族特征还有很强的时代感,而且随着时代的发展其文化魅力及人文价值日益丰富和发扬光大;另一方面,呈现多元文化共融的盛况。青海涉藏地区的文化不仅有汉藏文化、汉羌文化、鲜卑文化,还有河湟文化、三江源文化、昆仑文化,再加上农耕文化、游牧文化的汇集,形成了青海涉藏地区文化的独特风貌。本文所研究的特色文化特指涉藏地区各民族经过长期历史演变所传承至今的优

秀传统文化。

(一)特色文化区域分布

青海涉藏地区特色文化以西宁市为中心向周边辐射,主要分布在以果洛藏族自治州(简称"果洛州")、玉树藏族自治州(简称"玉树州")为主的三江源地区,青南的热贡地区,北部的祁连地区,西部的柴达木盆地和以西宁为中心地带的青海湖流域、河湟谷地等。

1.河湟文化区

占地面积约3.5万平方千米,分布于青海东部黄河、湟水谷地农业区。河湟文化区属于青海低海拔的农耕区和半耕半牧区,这里气候宜人、土地肥沃,聚居着汉、回、藏、土、撒拉等近20多个民族,各民族大杂居小聚居的分布格局造就了河湟独特的文化。河湟文化萌芽于距今约4000~5800年的新石器时代的马家窑文化。由于其独特地域风貌,多民族交往交流交融的民族风情,形成了儒、释、道文化并存的文化特点,因此河湟文化呈现多元文化共存并相互影响的局面。

2.环湖文化区

占地面积9.3万平方千米,主要指环青海湖地区、北部祁连山地和阿尼玛卿山地之间的广阔地域。环湖文化的组成主要有羌人文化、吐谷浑文化、吐蕃文化(藏族文化)、蒙古文化等。安多藏族射箭、华热藏族婚礼等是环湖文化的典型代表。

3.柴达木文化区

占地面积24.11万平方千米,位于青海省西北部,北面以阿尔金山、祁连山地为界,南依东昆仑山地。柴达木地区是古人类活动频繁地区之一,有众多早期人类活动遗迹。柴达木文化主要由吐谷浑文化、吐蕃文化(藏族文化)、蒙古文化、汉族文化等组成,在这里有很多历史文化景点,如小柴旦遗址、诺木洪文化遗址、都兰热水古墓群、吐谷浑祭坛、丝绸南路等。柴达木文化资源主要包括塔里他里哈遗址、跳欠、岩画艺术等。

4.三江源文化区

占地面积34.77万平方千米,位于青海省南部,又称青南地区,为青藏高原腹心地带。三江源地区的代表性文化是藏族文化,其中与羌人文化、吐蕃文化有着紧密联系。三江源文化资源主要包括热贡艺术、英雄格萨尔史诗、白玉寺佛诞节法会碉楼、嘉那嘛呢石城、安冲藏刀、藏娘塔、玉树歌舞、赛马会、热贡六月会等。除此之外,三江源地区还有着重要的历史文化景点,比如唐蕃古道、文成公主庙、扎陵湖、阿尼玛卿雪山、黄河源头、长江源头、年宝玉则、格萨尔王狮龙宫殿、和日寺与和日石经墙、石藏寺、隆务寺等。

青海涉藏地区文化极具特色。其中有6项被列入联合国人类非物质文化遗产名录,分别是热贡艺术(唐卡、堆绣、雕塑为代表)、黄南藏戏、花儿会(包括老爷山花儿会、丹麻土族花儿会、七里寺花儿会、瞿昙寺花儿会)、格萨尔、河湟皮影戏、藏医药浴疗法。有73项被列入国家级非物质文化遗产名录,有253项被列入省级非物质文化遗产名录。在文化载体方面,青海涉藏地区有45处国家重点文物保护单位,415处省级重点文物保护单位,还有21个国家级特色景观旅游名镇名村,28个中国民间文化艺术之乡。由此可见,青海涉藏地区特色文化不仅在国内享有盛誉,在国际上也是声名远扬,它的分布范围不仅广阔而且数量上相当可观。一个个非物质文化遗产,一座座名镇名村,无不见证着青海涉藏地区悠久历史和独特魅力。青海涉藏地区文化是各族人民在历史发展中创造并世代相传的宝贵人文资源,是中华民族灿烂文化的重要组成部分。

(二)特色文化产品的种类与特点

在漫长岁月长河中,青海涉藏地区的先民们用智慧和勤劳,创造出丰富多彩而又积淀厚重的独特文化产品,这些产品折射出各民族灿烂辉煌的文化底蕴,涵养着一代代高原儿女的优秀品质。

1.种类

特色文化产品种类主要分为民间工艺、民族服饰、特色食品等。从民间工艺来说,它的制作方式多样、图案形象逼真、表现形式丰富多彩,既有极强的观赏价值又富有时代性,受到不少国内外旅游者、收藏家的喜爱与赞美。

民间工艺类如雕塑、银铜器工艺品、唐卡、堆绣、黄河石艺画、彩陶、黑陶等,还有其他工艺美术品。

表1 青海涉藏地区民间工艺一览表

序号	行业类别	产品
1	雕塑工艺品	昆仑玉雕、祁连玉雕、民间木雕、盐雕等
2	金属工艺品	银铜器工艺品、藏刀等
3	花画工艺品	各类唐卡、黄河石艺画、布贴画等
4	刺绣工艺品	土族盘绣、藏绣、各类堆绣
5	地毯和挂毯类	藏毯、藏艺术壁挂等
6	珠宝首饰	首饰、银器等
7	民族民间工艺品及其他制品	皮影、剪纸、各类奇石、旅游纪念品等
8	美术陶瓷	彩陶、黑陶等

民族服饰类如藏袍、绸拉、藏帽、藏靴等。

特色食品类主要包括面食、肉食、乳制品、茶类、酒类等。

表2 青海涉藏地区特色食品一览表

类别	特色食品
面食类	糌粑、拉条、面片、寸寸、干拌、破布衫、狗浇尿、搅团、搓鱼、粉汤、翻跟头、杂碎、阿卡包子、蹬渣皮、刀把、长面、转包城、缠馍头、扁食、拌汤、熬饭、炮仗面、酿皮、面大豆、蜜馓、猫耳朵、麦索儿、凉粉、锅榻、洋芋津津、焜锅、锅盔等
肉食类	手抓羊肉、牛排、冻肉、风干肉、烤肝、羊羔肉、牛肉干、羊肠、血肠、腊猪肉、面肠等
乳制品类	奶皮饼、奶豆腐、卡什茨、谢特饼、卡赛、酥油蒸饭、青稞蕨麻、油膏、酸奶、曲拉等
茶类	奶茶、麦茶、熬茶、酥油茶、面茶、盖碗茶、热物茶等
酒类	酪流酒、青稞烧酒、马奶酒等

生产生活类如民居、城堡、碉楼;石拱桥、羊皮筏子、索道;犁铧、筛子、簸箕、奶桶、抛儿、套绳、皮火筒、酥油桶、铜锅、面杖;绕线棍、氆氇、毡、袈裟、帐篷、马鞍、笼头、壶、罐、火盆、锅、盆、瓢;皮箱、皮袋、皮绳、褡裢、皮袍子等。

2.特点

一是保存持久。以讲究传统核心技艺的热贡唐卡为例,它是由多种

35

名贵矿物质颜料如藏青石、石绿、朱砂等,在藏族艺人娴熟的工艺下制作而成,不褪色,不变质,在任何气候条件下都能保存数千年。二是美观实用。从当地别具一格的建筑风貌中可以看出,寺院建筑、藏式宫殿的设计,色彩的运用,装饰的风格都与青海涉藏地区民众的审美情趣分不开,就连生活中最普通的碗、壶、刀具都极具当地特色,更别说佛像法器、唐卡装裱了,这些无不体现着青海涉藏地区民众的审美格调。三是影响广泛。以藏族为代表的传统手工艺品制作在青藏高原影响较大,其中,藏式壁画、石刻及著名的佛塔和藏式建筑,在吸收借鉴其他建筑艺术的过程中,随着时代变迁而不断丰富、发展和创新,迄今仍然深深影响着当地的建筑风格。当地比较著名的手工艺品氆氇、挂毯、绘画、堆绣、藏绣等在不断发展创新的基础上逐渐走出国门,走向世界;作为热贡艺术代表作的热贡唐卡,在巴黎卢浮宫、联合国总部巡回展出,受到世界各国友人的一致好评。

(三)青海涉藏地区特色文化价值分析

青海涉藏地区的特色文化是高原儿女生产生活延续的根脉,蕴含着历史记忆与文化基因,其特有的区域性和民族性,具有浓郁的民族风情和原生态之美,拥有巨大的历史价值和文化价值,是各族人民不可估量的精神财富和物质财富。

1.历史价值

历史文化反映民族特质,是维系一个民族生存和发展的精髓所在。青海涉藏地区特色文化的博大精深同样承载着传承文明、经世致用的独特作用。《格萨尔》是世界上最长的口传史诗之一,被誉为世界口承文化研究的活化石;土族的"纳顿节"(七月会),被称为世界上历时最长的狂欢节;同仁市藏族村落的热贡六月会已延续540多年,至今闻名遐迩。这些鲜活生动的文化遗产无不证明着青海涉藏地区蕴含的深厚文化底蕴,厚重的历史价值和宝贵的民族传承精神。同时涉藏地区丰富的文化发展成果(哲学、宗教、文学、艺术、科学等),还深刻反映着当地各民族的不同思想观念和思维方式,体现出当地各民族的科学精神和文化素养。此外当地出土的古代民居及石制、骨制等生产生活用具,无不反映了五千年前农牧民的生活状况,从事农业生产的同时兼营狩猎业和采集业,从中了解到古代历史文化遗产,为研究千百年来先辈们的生产生活情况和居住环境提供了极其宝贵的文化资源。

青海涉藏地区集中分布着很多古村落古城堡,这些古村落古城堡至今屹立不倒,见证着华夏文明的繁华与顽强的生命力。古村落古城堡成因不尽一致,但都有其形成的历史渊源及值得探究的历史价值。比如建于明末清初的同仁市牙什当村、江什加村都是典型的藏族村落,记载着历史的演进和社会的变迁,见证着当时该地的繁荣与沧桑。昔日的古城堡如同仁市保安古城堡、年都乎城堡、郭麻日城堡、吾屯城堡,充分展现了我国明清时期屯垦戍边的历史文化。现如今,残存的古寨早已失去本来的功用,而古城堡仍然呈现着厚重的历史感。2007年,郭麻日古城堡被文化部命名为"中国历史文化名村"。时至今日,这些古城堡里有看得见的历史文化,如屋舍井衢、农田阡陌、寺院宗庙等,也有看不见的历史文化,如传统风俗、生活习惯、语言音乐、工艺美术等,无不映射出古村落古城堡的历史演进,体现着古村落古城堡存在延续的历史价值。毫不夸张地说,保存至今的古村落古城堡正是青海涉藏地区农耕文明的鲜活见证,是一座活着的历史文化遗产博物馆。

2.文化价值

作为世界文明古国,截至2019年7月,我国申报成功的世界遗产总数已达55处,居世界第一位。有40项列入世界非物质文化遗产,其中,青海涉藏地区就有6项入选。这些非物质文化遗产包含丰富的文化资源,蕴含着当地藏族、土族、撒拉族、蒙古族等民族传统文化的精髓,是青海涉藏地区文化的独特性、原生态性及多样性的具体反映。这些非物质文化遗产生动展示了各民族包容发展和共同繁荣的过程中所形成的文化"和而不同"的独特景观。正如联合国教科文组织《世界文化多样性宣言》指出:"文化在不同时代和不同地方具有各种不同的表现形式。这种多样性的具体表现是构成人类各群体和各社会的特性所具有的独特性和多样性，文化多样性是交流、革新和创作的源泉，对人类来讲就像生物多样性对维持生物平衡那样必不可少，从这个意义上讲，文化多样性是人类的共同遗产，应当从当代人和子孙后代的利益予以承认和肯定。"

文化的多样性是文化的宝贵价值。比如，热贡艺术是青海省第一个入选世界非物质文化遗产的本土项目，体现了千百年来热贡人民的聪明才智和发明创造，反映了当地各族群众的生活状况、宗教信仰和价值追求。这种文化可以让世界了解到在热贡地区生活着一种什么样的文化群体，过着一种怎样的社会生活，以及藏传佛教和当地各民族文化的相互影响、交汇融通等。从发展历程看，热贡艺术在魏晋至唐(4—6世纪)还处在原始状态，在唐宋时期(7—12世纪)，热贡地区主要迁入的民族有吐蕃及汉族、回纥等，出现吐蕃文化、汉文化、回纥文化等多种文化与吐谷浑文化融合，随着藏传佛教的传入与汉文化的融合，为热贡艺术产生创造条件。蒙元时期(13—14世纪)，热贡地区迁入的民族有蒙古族和回族，蒙古族文化与吐蕃文化融合，热贡艺术开始出现。明清时期(16—19世纪)，随着土族、汉族、回族、撒拉族等民族迁入，藏文化、汉文化、伊斯兰文化并存，政权是政教合一，藏传佛教主宰政教及文化，热贡艺术逐步发展起来。经过几个世纪的变迁，热贡艺术逐渐成熟稳定。了解热贡艺术的历史变迁，我们可以清楚地看到当时该地区各民族间的相互融合、社会生产力水平的发展程度、社会组织结构和居民道德习俗的养成等，这些研究更加有助于我们去了解、去还原、去认识已逝的热贡地区的历史文化。

3.经济价值

随着人民对美好生活的日益向往，文化旅游业成为关联度高、带动性强、发展潜力大的特色产业，对提高发展质量、改善人民生活、拉动内需、增加就业、延伸产业链有多重功效。随着广大民众文化需求的转变和旅游观念、消费理念的创新，人们越来越青睐原汁原味的高原风光、民俗风情和探险科考，青海湖、南部草原风情、祁连山雪峰林区更是成为满足上述条件的首选地。一方面，青海涉藏地区借助改革的东风，充分挖掘特色文化旅游资源,有力带动了经济发展和居民增收。目前,除青海湖、茶卡盐湖、塔尔寺等传统景观外,门源百里油菜花海、祁连山大草原、互助土族故土园、尖扎坎布拉丹霞峰林地质公园、乌兰县泉沟吐蕃时期壁画墓成为新兴旅游旺地。近几年,唐道637、袁家村河湟印象等更是成为网红的热门打卡地,2024年,全年接待游客5300万人次,实现旅游总收入516亿元,同比增长20%以上。可见,结合地域特征,充分发掘高原风光的别样风貌,积极发挥当地特色文化价值,有助于迅速推动当地经济的发展。另一方面,还要借助经济、创意和科技手段,推进文化产业与旅游产业深度融合,做到以文助旅、以旅促文。开创多元化的文创旅游商品,如唐卡、堆绣、石雕等;在旅游线路的推介方面要开发特色旅游线路,如依托"寺院+画院+农户"打造"唐卡创作体验之旅",或者依托"传习所+农户"打造"堆绣创作之旅"等。此外,结合地区独特文化风俗和文化产品,打造独树一帜的特色文化旅游村镇,满足外地游客的猎奇心和审美感,如建设同仁市唐卡艺术村镇、共和县龙羊峡休闲小镇、热贡堆绣艺术村、泽库石刻文化村等,把青海涉藏地区打造成产业、文化、旅游、生态"四位一体"的新型文化旅游胜地。

4.乡村民居建筑价值

建筑是人类社会文化的结晶。古建筑文化遗产不仅是城镇的标志,也是其岁月沧桑的见证。以藏文化为代表的特色古建筑、古遗址、古村落是当地民众经过数千年的不断探索建造的,特别是那些富有地方特色的民居见证了多个时代的历史兴衰。2007年,青海省涉藏地区的西海郡故城遗址、赤岭遗址、热水墓群遗址、伏俟城古城遗址申报入选世界文化遗产地。这些古城遗址无不体现着青海涉藏地区源远流长的历史文化和民族精神,也是各民族代代相传的文化遗产。它们代表了青海涉藏地区典型的建筑风格和文化体系。诸如热水古墓群、玉树烽火台、果洛兵器库、营盘演兵场、峨堡点将楼等众多人文古迹有"藏族露天博物馆"的美誉。这些保存良好的古遗迹为我们研究这一时期青海涉藏地区的政治、经济、军事、文化、生产生活提供了实物依据,不但具有文化价值,而且在世界文化领域占有重要地位。在青海涉藏地区,还有随处可见独具特色的传统村落,如河湟夯土庄廓、柴达木毡房、玉树石碉楼村落、撒拉族篱笆楼等,这些民居建筑凝聚了当地居民的生存智慧和文化价值观。其中最为著名的是已被列入国家级非物质文化遗产名录的果洛班玛碉楼民居,作为果洛地区建筑文化代表,班玛碉楼民居无论内在设计装饰上还是外在审美造型、选址格局上都凝聚了各民族的集体智慧。这种碉楼一般建在高台或山顶上,材料以石块为主、木材为辅,施工过程全凭经验,不吊线、不绘图,不借助任何科技手段,却仍能保证很高的建筑质量。而黄南州热贡地区的民居建筑多为土木建筑,讲究自然风水,因此在建筑时大都随地势地形变化而变化,与周围环境结合密切。不仅如此,包括建筑结构、色彩的一致性,在一定程度上形成了风格相近的群落模式,最大程度上实现了人与自然和谐共生。今天,我们发掘、研究、借鉴并传承当地民居建筑文化,既是为了更好弘扬和传承民族传统文化,又对创建特色宜居村镇、让人们记住"乡愁"具有重要作用。

三、乡村振兴战略背景下的青海涉藏地区特色文化建设成就及现实困境

(一)成就

1.基于青海涉藏地区特色文化的乡村公共设施建设趋于完善

近年来,按照农区"十个一"、涉藏地区"8+2"标准,青海涉藏地区因地制宜,整合资源,大力实施乡村公共设施共建共享。这些举措不仅让广大农牧民享有更好的公共文化服务,而且还有利于各项惠民工程的统筹整合。青海涉藏地区通过实施"贫困地区民族自治县村文化服务中心覆盖工程",在全省46个县建成2465个村级综合性文化服务中心。黄南州建成32个乡镇综合文化站和261个农牧家书屋、77个寺庙书屋、155个村级综合性文化服务中心,实施了"2131"电影放映工程,每年完成农牧区电影放映3000余场次。海北藏族自治州(简称"海北州")实现了30个乡镇、

214个行政村农民体育健身工程全覆盖,全州4处大型体育场馆全年接待人数达10万人次,免费或低收费开放率达到100%。由此可见,无论是在惠民工程的建设上还是在体育设施的装备上,都表明青海涉藏地区的公共设施在不断完善和健全。这些举措极大丰富了各族群众的精神生活,保障了人民群众的文化权益,有力培育和提升了人们的文化素养和文化意识。

2.群众文化活动丰富且民族特色鲜明

一直以来,为使农牧民过上幸福美好的生活,青海涉藏地区持续推进农牧区精神文明建设,不断丰富群众文化生活,满足人民对精神生活的更高追求,形成一乡一业、一村一品的特色文化。在民族工艺方面,积极开发剪纸、农民画、民间刺绣、热贡艺术等具有民族传统和地域特色文化的项目,不断增强人们的获得感、成就感和幸福感。在民族节庆活动方面,开展"花儿"会、热贡六月会、赛马会、那达慕、射箭赛等活动,大力弘扬民族优秀传统文化,为涉藏地区群众提供丰富的精神食粮。传承和发展地方戏曲、花灯、排灯、唐卡民间艺术活动,广泛传播社会主流价值,弘扬社会主义核心价值观,使涉藏地区社会文明程度得到大幅提升。此外,还积极鼓励群众组建民间业余剧团、业余演出队、文艺宣讲队,丰富基层文化生活。2019年共组织开展各类群众文化活动4305场,现场观众总人数达411万人次,网络参与总人数约488万人次。全省还开展了"五星级文明户"创建活动,共计评选出33万户"五星级文明户",使文明家庭遍布青海高原大地,为青海涉藏地区各族群众树立起了身边榜样和学习典型。

3.积极打造青海涉藏地区乡村文化品牌

针对青海涉藏地区文化的多样性,青海积极打造涉藏地区文化品牌尤其是村镇特色文化品牌。热贡文化产业被青海省质监局认定为"青海名牌",先后注册了"热贡"、安多唐卡、尕藏牌唐卡、仁俊泥塑、奥松弓箭等系列商标及非遗产品设计专利,其中热贡唐卡于2015年12月被国家质检总局批准为"中国地理标志保护产品"。截至目前,黄南州培育国家地理标志产品20个,有机认证产品数量达到43个。有14个村发展热贡文化、草原风光、黄河廊道等文化旅游产业,受益群众达4.7万人。海东市是"青绣"产业的主战场,目前已有"青绣"产业示范户50家、龙头企业6家,已形成家庭式作坊、刺绣公司+农户、刺绣协会+农户等发展业态,刺绣行业品牌效应日益显现,在挖掘文化资源,打造乡村文化品牌的道路上不断创新发展。海西蒙古族藏族自治州(简称"海西州")先后出台《海西州枸杞产业发展的实施意见》等政策,大力提高产品品牌价值和品质保障指数,柴达木枸杞成为青海省唯一入选欧盟保护地理标志的产品。同时,重点围绕"盐湖"和"昆仑"文化资源,开发盐系列特色产品,针对察尔汗盐湖盐文化,红、黑、白枸杞等特色产品,引导企业做好盐系列产品的研发及特色产品推广,开发了盐系列洗护品、盐枕、热敷盐袋等旅游商品,枸杞蜜、枸杞羹、藜麦、酸奶等农产品和民族手工艺品。

4.传统村落的保护利用力度不断加大

传统村落,又称"古村落",是指在历史长河中传承悠久、相对固定并具有特色文化底蕴的村落。多民族聚居的青海涉藏地区,造就了丰富的传统村落资源和独特的传统村落类型。各具特色的建筑艺术和空间格局,是传统村落的别致景观,极具文化审美和研究价值,体现了人与自然和谐相处,相辅相成,浑然一体。截至2018年,全省累计有123个村落入选中国传统村落名录,有79个村落得到2.37亿元人民币的中央专项资金支持。2019年,又有29个传统村落列入中央财政支持范围。为加大传统村落保护力度,青海省和黄南州分别制定了《青海省全国重点文物保护单位和省级文物保护单位集中成片传统村落整体保护利用工作实施方案》《青海省同仁历史文化名城保护规划(2017—2030)》和全州81个传统村落保护规划等文件,这些方案、规划的实行,有效改善了古村古城古街的基础设施建设,恢复历史文化面貌,使历史文化得以代代传承。

另外,对传统村落的生产生活方式或者非物质文化遗产进行可持续开发,促进了古老村落焕发新的生机活力。比如同仁市隆务镇吾屯下庄村依托唐卡制作、实施唐卡区块链项目,全村实现经济收入过千万元,村民人均收入近万元,是名副其实的"唐卡村"。从对传统工艺的传承角度来说,从事热贡文化产业的人数越多,越有利于传统工艺的继承和发展,有利于对古村落历史文化遗产的保护;从社会经济效益的角度来看,依靠文化产业,村民人均收入不断增长,占比不断增加,实现了文化发展与群众增收"双赢"。同时,古村古城古街所蕴含的人文资源和自然条件,独特的地理风貌和建筑风格,为特色乡村旅游提供了机遇。如同仁市隆务镇郭麻日古城堡正在全力打造"中国两千年屯垦戍边史活化石"旅游品牌,同仁市曲库乎乡江龙村正在建设游客自助野营等。这些立足文化资源优势、凭借品牌产业推动旅游产业发展升级的古村落,必将在实施乡村振兴战略中发挥出独特魅力。

5.民族特色村镇初具规模

青海涉藏地区秉持原生态发展理念,倾力打造特色村镇并已初见成效。创建特色村镇不仅有效连接了城乡发展,而且还推动乡村经济的发展,是乡村振兴的重要支撑。目前,在"祁连—河南线"以东,沿湟水河、黄河的特色小(城)镇,有历史记忆、有民族特点的特色村镇已经形成聚集效应,各镇之间共同推进、相互促进,突出试点示范效应,从战略上对西宁—海东都市圈建设形成侧翼支撑,有效推动了全省新型城镇化进程,成为青海社会主义新农村和乡村振兴的成功典范。

同时,在推进特色村镇创建的过程中,按照不同产业间相互发展的理念,青海集中打造了同仁市唐卡艺术村镇、平安驿特色村镇、龙羊峡休闲村镇、玉树嘉那嘛呢风情村镇、坎布拉运动休闲特色村镇、高原钢城村镇等6个省级特色小(城)镇。这6个特色村镇的创建,不仅从当地的自然条件、环境容量和经济社会发展基础上去衡量,还考虑到商贸流通的渠道、生态旅游的线路、传统手工技艺的传承等方方面面,力求打造集旅游、休闲、度假为一体的特色村镇。例如,总面积为2.8平方千米的同仁市唐卡艺术村镇,凸显热贡文化这个主题,以唐卡产业、休闲文化旅游产业作为助推文旅融合发展的双引擎。德令哈农垦文化风情村镇和乌兰光影村镇借助民间、民俗文艺团体和专业艺术团队开展旅游演艺,不仅很好地展示了海西州当地的民族特色,还有效推动了绿色食品的开发与销售,逐步使特色村镇成为区域乡村振兴的重要平台。

6.乡村旅游业蓬勃发展

作为一种旅游方式或经济开发活动的乡村旅游,最早出现在19世纪的欧洲。随着我国人民生活水平日益提升,乡村旅游正在成为一种新的生活时尚,一个新的消费热点。乡村旅游以城市居民为消费主体,以特色乡村为目的地,以乡村自然环境和资源+传统生活方式和文化民俗为消费基础,包括住农家院、睡帐篷、吃农家饭、田间林间采摘、草原骑马射箭、购买土特产和艺术品,以及游历老街、听老故事等物质和文化消费。在青海涉藏地区已形成了以乡村文化旅游接待点、乡村旅游重点村、乡村旅游示范景区三位一体的规模化发展格局。凭借良好的生态环境、浓郁的民族风情,着力打造生态旅游、绿色旅游;依托特色鲜明的农牧业资源、民族产品,着力打造休闲文化旅游产业,让乡村旅游成为乡村振兴的发力点。

"十三五"期间,青海省加大了乡村旅游基础设施建设,不仅在376个村实施了乡村旅游推进村,还创设村旅游创客基地以及实施高原美丽乡村等"旅游扶贫"工程。针对"三区三州"深度贫困地区,每年拿出2000万资金扶持30个到50个贫困村,主要对人员培训、旅游基础设施、旅游厕所、道路标识牌、宣传营销,以及乡村创客基地建设给予一定的资金补助。乡村旅游产业的发展,不仅直接带动18万农牧民脱贫致富,而且惠及农村8000多贫困户,帮助3万贫困人口脱贫。2019年,黄南州实施22个高原美丽乡村建设,落实省级补助资金2860万元。建成农家乐、藏家乐、风情园80家,增加就业岗位3000多个,有力促进了乡村旅游业的快速、持续、健康发展。海西州深度挖掘梳理吐谷浑、吐蕃王国古迹遗存、非物质文化遗产、民俗文化、传说故事等文化元素,打造乡村旅游新业态。共建成10个国家A级旅游景区、600余家各类宾馆、71家星级乡村旅游点、450家文化产业经营户,形成了集现代农业、休闲旅游、田园社会为一体的乡村旅游产业。

7.乡土文化人才队伍不断壮大

乡村振兴,关键在人才,乡村文化建设更离不开乡土人才。党的十九大报告提出要培养造就一支"懂农业、爱农村、爱农民"的工作队伍。乡土人才既包括农村中从事种植、养殖和工匠等工作的技能型人才,也包括那些返乡创业的大中专毕业生、优秀退役人员、农民企业家、农村电商从业者等经营管理类人才。他们在农牧区出生、成长,热爱农村牧区,对这片乡土充满感情;他们是新知识和新技术的应用者、传播者,是农业种植的行家里手。近年来,青海省注重人才本土化的培养,采取多种举措积极鼓励乡土人才返乡创业,建立本土人才"蓄水池"。乡土人才返乡创业的道路更加畅通,创业环境更加优良,包括优秀文化人才在内的一大批乡土人才脱颖而出。省里每年安排财政资金1000万元支持农村创新创业,引导广大农民工、大中专毕业生等返乡入乡创新创业。数据显示,2018年全省返乡就业大中专毕业生达1.11万人,分别较前两年增加43%、13.9%。同时,各州根据自身实际情况,凭借产业优势,强化文化人才的培养。玉树州、黄南州大力实施人才强州战略,发展特色产业,培育乡土人才。玉树州举办唐卡、银铜器制作等培训班80多期,培训县乡文旅专技人员、农牧民技能人才等4700余人次,直接受益群体超万人。黄南州新建非遗传习中心47个、热贡艺人之家300多家,每年培养学徒2000余人次,已初步形成以唐卡、堆绣、石刻、泥塑、藏戏等为核心,各类文化人才聚集的热贡文化产业群体,热贡艺人从5年前的8000余人增加到现在的1.3万余人。

(二)现实困境

青海涉藏地区特色文化建设虽在近年来的传统文化保护、文化产业和文化旅游融合发展等项目的推动下,形成了特色发展态势。但由于地域发展差距、文化产业市场发育等因素的制约,青海涉藏地区特色文化在乡村振兴战略中发挥的作用还不够显著。主要表现在以下几个层面:

1.青海涉藏地区文化发展的主体性意识不强

乡村振兴是全社会的共同责任。实现乡村振兴,党的领导、政府主导、市场推动、社会支持和农牧民参与缺一不可。青海涉藏地区乡村振兴的目的不仅是经济上的高质量发展,更为重要的是实现文化振兴和文化自觉。但是,由于人们的思想认识、观念转变及主观能动性等因素的影响,农牧民作为乡村文化振兴的主体意识还显得比较薄弱。由于千百年来农牧区封建传统思想的影响,一定程度上束缚了农牧民现代政治意识的发挥和展现,缺乏参与乡村振兴的主动性和积极性,更没有意识到文化振兴在乡村振兴战略中重要地位。比如,黄南州同仁市分布着一些历史悠久的古村落,具有很高的民居建筑价值,但是由于思想认识不到位,仍然存有将传统民居推倒重建的想法,这就需要在政策上的积极引导。另一方面,落后的生产力发展水平遏制了农牧民主体意识的形成,而农牧民主体意识的形成是以物质需求得到满足为前提条件的,同时农牧区的贫穷落后抑制农牧民的自我发展和自我价值追求。他们了解和掌握自己村落文化历史的主观意愿不强,对乡村公共文化建设的参与度不高。另外,由于一些基层政府在文化建设中忽视对地方群众积极性的调动,导致乡村民众参与文化建设的渠道和机会欠缺。

2.文化资源产业化专业化和规模化不强

近年来,青海涉藏地区特色文化的保护和开发力度不断加大。如热贡艺术列为世界级非物质文化遗产名录、挖掘出以说唱艺人为主要内容的民间说唱艺术、以神山神话传说为主的"藏族文化中心"等。但总体而言,青海涉藏地区更多的历史、人文旅游资源还没有被外界所了解,还没有形成具有持久影响力的文化品牌。

首先,特色文化产业规模化较弱。以文化资源为基础的诸多文化产业还没有形成规模化发展。一些特色文化生产经营单位,在工商行政管理部门注册仅仅是少数,其他均为家庭作坊式生产。而在工商部门注册的产业单位中,仅有少数有规范的文化产业经营制度。比如,黄南地区热贡唐卡85%是以家庭作坊式的经营形式,泥塑、堆绣均处于少、小、散的状态。其次,基于青海涉藏地区特色文化内容的文化产品创新能力不强,经营利润空间有限。一些文创产品虽包含有丰富的文化内涵,但是创意设计、加工包装和宣传推广不到位,文创精品不多。产业链条短,配套层次低,产业集聚优势未能得到充分发挥。由于缺乏行之有效的促销手段,导致市场上畅销的文化产品种类少,产品在市场上吸引消费的能力不强,同类产品大量复制和挤占市场导致从业者营业利润微薄。

3.现代性影响下的劳务输出,使得文化振兴失去人才支撑

由于现代的劳务经济和城镇化发展,使得青海涉藏地区乡村中的人口流动成为普遍现象,参与乡村文化建设的人员显得十分匮乏。一方面,在一些文化行业中,从业者年龄偏大,自愿学习传统技艺的青年为数不多,面临着传统技艺人才断层的困境。如青海涉藏地区工艺品制造业对从业人员的文化知识、技术水平有一定要求,而传统技能的培养却缺乏人力资源支撑。另一方面,由于青海涉藏地区的地理区位、气候条件和经济环境影响,当地缺乏吸引优秀文化人才的条件和资本,文化人才流失仍然较为严重。人才短缺的现状不仅影响到文化资源的开发和产业化,也影响到了乡村层面的公共文化基础建设。

4.青海涉藏地区文化资源开发与保护不能有效平衡

一是缺乏对现有文化资源的有效分类和整合。青海涉藏地区文化资源丰富,包括历史悠久且信徒众多的宗教文化资源,集习俗、文学、音乐、舞蹈、美术等精华荟萃于一身的民间文化资源,与独特自然地理相关的自然信仰文化资源等。但是,对文化的内涵挖掘不够,文化资源开发过程中缺乏对现有资源的分类、整合和提升,对文化内容仅能做到简单罗列,特色体现不明显,甚至有些文化品牌的内涵提升过程显得较为简单和具有盲目化倾向。

二是尚未形成区域标志性产品品牌。以文化旅游为例,青海涉藏地区初步形成了具有一定影响力的区域性文化品牌,比如,被认定为"青海品牌"的热贡艺术、格萨尔文化等。但这种文化品牌知名度和影响力大多局限于本地较小的区域内,尚未成为整个民族和青海地域文化品牌的代表,比如,外界了解格萨尔文化,却不了解果洛是格萨尔文化的重要源流地。因此,青海涉藏地区整体来说,仍然缺乏地域标志性品牌。

三是文化资源的保护与开发之间的矛盾,为创建持续性的品牌带来困难。地域文化品牌的建立是以地域民族文化资源的保护、整合和开发为基础的,文化资源的原生态性以及可持续性是地域文化品牌独特性和持续性的根本保障。但随着经济开发的影响,许多原生态性的民族文化面临着保护与开发间的矛盾。一方面,由于青海涉藏地区大多是经济欠发达地区,特色文化的保护缺乏经济基础保障。再加上部分民众对特色文化保护意识的淡漠,原生态的文化资源仍然面临着巨大挑战。一些文化遗产如传统庙宇不仅自身具有很高的文化价值,而且和周边的自然环境融为一体,但在经济开发中,文化遗产的周边环境保护工作往往被忽视。另一方面,青海涉藏地区在当前的发展环境之下,面临着地方文化与外来文化的交流和碰撞,特别是信息化时代,人们的价值观以及生活环境在不断改变之中,原有的文化环境不能与人们心理需求实现很好的对接,一些外来文化逐渐占有特色文化生存空间。例如,许多古老的民俗文化,在现代化生活中逐渐消退。这些矛盾给创建地域特色的文化品牌带来较大困难。有些特色文化资源一旦消失,将不能再生,这种文化生态的脆弱性也给地域品牌的持续性发展带来了严峻的考验。

5. 支撑青海涉藏地区文化建设的公共平台尚需进一步搭建

地处经济欠发达区域,青海涉藏地区的文化建设和发展需要更多政府扶持性政策。近年来,随着国家层面对青海涉藏地区基础设施项目的投入,使青海涉藏地区的文化设施和发展有了长足进步。但在乡村振兴战略背景下,还需要正视文化建设中的短板问题,以此提振青海涉藏地区发展的综合能力和水平。

一方面,在青海涉藏地区公共文化建设过程中,还存在文化产品供需之间的矛盾。当前的公共文化产品还是以行政的统一配置为原则,较少考虑到地域性因素和有效对接需求问题。从实际情况来看,一些公共产品虽投入充足,但并未发挥良好的社会效益,也未调动起农牧区群众参与文化建设的积极性和主动性。一些公共文化服务项目只注重输入,并未考虑到当地本身的文化需求特点。比如,农牧家书屋中,汉文书多,藏文书少,图书阅读量、利用率低,甚至“只见书屋不见读者”,造成了公共投入的浪费,也未形成青海涉藏地区文化发展的主动性和参与性。另一方面,青海涉藏地区文化产业发展中的政策引导和政府支持还需进一步加强。如在文化产业发展过程中,现在没有无形资产评估担保公司或机构,企业融资瓶颈无处不在;在一些集聚小微企业上,没有更多得力的举措;行业协会作用有限,行业交流、技术引进、媒体合作、商务平台等业务没有很好开展。

四、青海涉藏地区特色文化助推乡村振兴战略的路径探索

实施乡村振兴战略,是党的十九大报告做出的重大决策部署,是稳固和提升小康社会、实现国家现代化的重大历史任务,也是新时代"三农"工作的总抓手,而文化建设又是乡村振兴战略的重要指标和内容。青海涉藏地区有丰富的文化资源优势,其特色文化保护、传承和发展显然是推进乡村文化振兴的关键所在。

(一)充分发挥特色文化精神价值在乡村振兴中的凝魂聚力作用

党的二十大报告指出,"传承中华优秀传统文化,满足人民日益增长的精神文化需求"[①]。优秀传统文化是中华文化的重要组成部分,是各民族的珍贵历史遗产,其内在的精神价值是各民族的根与魂。正如忠、孝对于汉族之影响,各民族特色文化所蕴含的精神价值经过长期历史演变和积淀,对各民族也产生着无与伦比的巨大影响,塑造了不同的民族特性。相对于城市而言,农村牧区广大居民受传统文化影响尤为明显。推进乡村振兴,加快公共文化事业发展,建设乡风文明,都离不开民族特色文化精神价值的传承与培育。

青海涉藏地区的特色文化精神根植于传统文化,包含了鲜明的地域特色和传统价值观念,是基层社会中广为认同的传统文化因素。如藏族

---

①《党的二十大文件汇编》,党建读物出版社,2022年,第33页。

的敬畏自然、融入自然文化精神,回族的爱国奉献、重商求知文化精神,蒙古族的自由开放、崇信重义精神,等等,这些精神都是乡村公共文化和乡风文明建设中不可忽视的精神资源。因而,在乡村振兴战略的实施过程中,如何延续传统有益精神价值,使其在现代乡村建设中发挥积极作用成为首要前提。

1.梳理、挖掘传统文化的现代价值,增进民族文化自信

各民族文化是中华文化的重要组成部分。在现代基层社会生活中,传统文化精神和价值观念仍然发挥着重要作用,而传统文化中的价值观念与社会生活环境密切关联。乡村振兴的实现,需将乡村社会中的内在精神气质和有益价值观作为基础,以此作为乡村建设主体的动力源泉。而要发挥传统精神价值的动力作用,首先,要处理好传统文化精神在现代化发展中的适应和延续。青海涉藏地区是我国西部传统文化的富集地,不仅是因为这里坐落着历史悠久的古城堡古建筑,更是因为这里孕育着朴实无华的无数华夏儿女,在他们身上我们看到了传统文化价值观念在现代社会制度中的变迁与适应,这是从物质文化到制度文化的规范,传统文化的传承发展需在历史的车轮中不断调试和进步,要在秉承传统伦理的基础上不断创新和发展。因此,做好优秀传统文化的保护工作,需在居住环境和日常节庆中,注意发掘传统元素,让传统文化作为地域文化生活的重要部分,并成为现代生活和发展中的特色性内容。如青海涉藏地区的古村落民居及民俗节庆等内容,是当地特色产业的重要资源。在青海涉藏地区高质量发展过程中,应在硬件设施建设和提升经济效益过程中注重传承优秀传统文化,真正实现特色发展和可持续发展。其次,始终注重涉藏地区传统文化风格和精神的延续,以此实现发展主体的文化自信。精神价值往往以日常生活的实践形式展现出来,因而青海涉藏地区的社会生活是传统价值观念得以延续的最好载体,也是基层各族群众文化自信的基础。换言之,传统风格和精神价值需通过青海涉藏地区群众的主体行动来展现。要实现上述传统文化自信,应在日常生活中倡导和鼓励有益传统观念和伦理道德,如在节庆活动和民居建设中,积极发挥有益价值观念的作用,使得上述活动有所依托,并有地域性特色文化内涵。同时,应在乡村振兴战略实施中,考虑地域性特色民俗文化的保护和利用,并以此促进广大群众的参与意识,使其成为弘扬优秀文化的主体,从而实现文化自信。此外,青海涉藏地区的很多传统村落,长期以来延续了古老的部落制度,这种制度中一些过时的社会治理方式、狭隘的血亲理念等理应摒弃,但是这种制度下形成的尊老爱幼、睦邻友好之类的优秀传统道德观念及朴素的村规民约,对今天乡风文明的形成和发展仍然有着极大的借鉴和参考价值。

2.保护和传承地域特色文化精髓,激活优良乡村文化基因

在乡村社区的各项建设过程中,基层社会的发展主体始终是基层群众。其生活根植于传统,有益的传统伦理和价值观念是基层群众社会生活实践的基底和自信源泉。如一些传统生态保护伦理是其守护家园并得以随着时代发展的价值基础,现如今青海涉藏地区的公共文化事业、特色文化产业和乡风文明建设,也需要以传统特色文化为基础来加以培育和塑造,其中,黄南州的唐卡产业就是典型例证。唐卡是藏族文化中独具特色的绘画艺术,源自藏族人民对于藏传佛教的广泛信仰。唐卡的绘画技艺传承,不仅反映了藏族人民深沉浓厚的藏传佛教文化精神和价值追求,而且使得当地藏族群众获得了发展资源,增强了发展信心。由此可见,青海涉藏地区在特色产业提振、人居环境保护中仍需以保护和延续有益传统文化为首任。

一方面,在乡村振兴战略中,需要着力保护传统价值观念得以延续的平台和各类形式。比如,基础设施建设中注重传统文化特色的保护和体现,传统村落保护就是其中重要的一项,并且要避免流于形式,文化精神的延续和贯穿才是重要精髓。另一方面,还要增强青海涉藏地区各族群众保护和继承传统有益精神的主动性和自觉性。以提升乡村文化自信为着力点,引导各族群众将社会风俗、传统伦理道德等乡村文化的精髓延伸到更为广阔的社会空间。以藏族丧葬习俗为例,这是藏族人民千百年来形成的文化传承。这一文化传承在我国进入新发展阶段、需要贯彻落实

新发展理念的当前历史时期,具有格外突出的精神价值。藏族丧葬习俗充分反映了藏族人民来于自然、归于自然和生不带来、死不带走的朴素自然观、生死观,最大程度上契合了青藏高原脆弱的生态环境保护要求和绿色发展理念,具有重要的时代价值和丰富的文化底蕴。这就要求我们在生活实践层面,更多鼓励运用有益传统文化元素来推动现代化发展;在政府层面,应以文化保护为前提,鼓励提倡各族群众在其日常生活中保护传统价值伦理的行为,并着力引进有利于特色文化保护和延续发展的项目设施。

(二)更好发挥特色文化遗产在乡村振兴中的文化承载功能

民族特色文化必定需要特定载体,并呈现特定的形态和特征。涉藏地区特色文化若要发挥其在乡村建设中的作用,保护好传统文化遗产、增强文化承载功能至关重要。因此,做好民族地区文物保护和文化资源整理、抢救工作,加强乡村基础设施建设,打造良好人居环境,承载和塑造良好的乡风文明,是乡村振兴战略的一项基础性工作。

1.加强对古村落古城堡、古寺庙、古街道的修缮保护

青海涉藏地区分布有大量的以古村落古城堡、古寺庙、古街道为代表的历史文化遗迹,如同仁市保安古城堡、湟源县丹葛尔古城、海西州塔里他里哈遗址、玉树州布由加果古碉楼和吾云达古村落等。这些文化遗迹既是珍贵的民族文化遗产,也是宝贵的民族精神财富。以黄南州同仁市隆务老街为例,老街建设形成于元明时期,是青海省内保存最为完好的古城之一。人文景观独特,多元文化在这里融合、渗透、交流和碰撞。宗教文化源远流长,藏传佛教、汉传佛教、伊斯兰教、道教等宗教场所在不足一千米的街道上一字排开。街上汇聚着藏、汉、回、撒拉、保安等多个民族,充分体现了黄南州各民族和睦、各宗教和顺、全社会和谐的良好局面。从这些历史文化遗迹的保护开发现状来看,保护尚可,但开发不够。许多文化遗迹政府投入了大量财力物力予以保护修缮,但管理和开发却远远不够,大多数文化遗迹在大多数时间处于闲置状态,远远没有发挥传播精神

价值、启迪民族智慧的应有作用。因此,遵循开发与保护利用并举的科学理念,对古村落古城堡、古寺庙、古街道区进行保护与更新。更重要的是体现人性化,重视街巷、院落和建筑的空间尺度,在保留原有建筑结构的基础上进行功能性提升,更加突出生活化与生产化功能。挖掘古村落古城堡、古寺庙、古街道文化内涵,改善人居环境,转向绿色发展。

2.打造以休闲旅游、传统文化保护为主要内容的文化特色村镇

推进农村城镇化、农民市民化、农业现代化,是乡村振兴的重要途径。挖掘地域文化资源要素,打造以休闲旅游、特色文化(包括镇村古建筑、历史文化、民俗文化、民间艺术、良好生态)为主要内容的特色村镇,对于推动青海涉藏地区乡村经济社会高质量发展、实现民族特色文化与乡村振兴相融合具有重要的现实意义。

一要科学定位特色村镇主导产业,突出特色村镇"文化之特"。纵观比较成功的特色村镇,大都具有一定的产业根基,加上当地政府因势利导,引进资源,从而实现了产业发展和村镇建设的协调推进。特色村镇的产业发展要突出"文化之特",依托村镇自身的空间形态和资源禀赋,建立特色产业和品牌。比如,同仁市唐卡艺术村镇强调唐卡生产制作核心功能的同时注重多元化发展,既要继续延伸唐卡产业链,发展唐卡体验、展示等旅游产业,也要大力发展本土宗教文化、历史文化、屯田文化,发展本土小吃、民俗表演等休闲娱乐产业,把为城市人提供"乡愁慰藉"和"还乡体验"作为核心竞争力。同时,注重"+",规划和建设特色村镇,必须有更加开放的视野和胸襟,要把更多当代人生活方式和文化消费内容纳入进来。在这一方面,同仁市唐卡艺术村镇以产业转型升级为抓手,形成艺术创作、交流、体验的全产业链,打造"文化+艺术+生态+旅游"的特色村镇,这种做法给我们提供了一个良好示范。另外,还应注意促进现代科技、智慧旅游与村镇空间和文脉资源融合,要在一个现代、开放的世界中实现自我发展。

二要打造宜居宜业的村镇文化意境,满足人民日益增长的精神文化需求。居民是村镇生活的主体,特色村镇建设必须与其需求相适应。随着物质生活水平的提高，人们的精神生活需求也在逐渐上升。居民需要富有文化内涵的街区、建筑、文化环境和公共设施。在青海涉藏地区特色村镇的建设中，充分吸收运用地域文化精髓，构建内涵丰富的人居环境、公共活动空间，势必会唤起居住生活期间人们的亲切感和归属感，体现以人民为中心的根本目的。通过在建筑、街区、道路景观小品、设施中融入文化元素，营造特色村镇的文化环境，不但可以提升青海涉藏地区整体环境的品位，而且还可以将地域精神固化，形成具有凝聚力的精神家园。

三要利用自然人文环境，规划青海涉藏地区特色象征形态。村镇建设只有合理融入自然环境，达到"天人合一"境界，才能树立特色形象，展现个性魅力。首先，在规划建设中，对青海涉藏地区乡村地域文化资源进行研究和提炼，形成特色形象定位，并依据宏观定位确定村镇城建开发的方向和主题格调，打造青海涉藏地区乡村整体特征形象。其次，从标志性建筑入手，塑造青海涉藏地区乡村的特色形象。可对青海涉藏地区的历史文化、人口规模、民俗等文化要素进行发掘提炼，最终形成典型地域特征，表现在地域建筑、街景雕塑、街区环境中，形成青海涉藏地区乡村的标志性城建形象品牌。最后，要充分挖掘青海涉藏地区风景名胜中的人文内涵，树立旅游标志品牌，增强对外吸引力。如黄南州同仁市隆务峡内，既有旖旎的高原河谷风景，也有在独特的地貌条件下形成的历史古堡遗址，以及人文景观、丰富的非物质文化遗产，这些内容已经或正在成为同仁市具有代表性的地域文化品牌，成为当地唐卡艺术村镇重要的乡村文化资源。

四要加强村镇基础设施建设，打造美丽乡村。精神价值等无形因素需要通过硬件设施来承托和体现，乡风文明也需通过基层社会生活主体的生活实践来呈现，这两方面都需要以乡村民居环境的改善为前提。保护传统村落，并不是片瓦不换、寸土不动，要在保留传统建筑风格风貌的基础上以旧修旧，但同时也要解决居民用水、通电、取暖等现代物质生活要求。脱离甚至妨碍人民幸福生活需要的文化保护是无意义的。以黄南州为例，近年来，黄南州委、州政府下大力气，启动了乡村基础设施建设项目,包括高原美丽乡村22个,省级乡村振兴示范村7个,传统村落保护工程14项,农村公路项目87项,农村饮水安全巩固提升工程54个村等,积极改善村民居住环境和生活条件。如尖扎县德吉村,是一个因易地脱贫而建成的移民搬迁村,经过规划建设和精心打造,德吉村被评为全国乡村旅游重点村、中国美丽休闲乡村;同仁市扎毛乡扎毛村经过建设改造,先后获得"全国美丽宜居村庄""农村人居环境基本保障示范村""全国文明村镇"等荣誉称号。这些基础设施改造以及人居环境建设工程,营造了良好的乡村环境,将乡风文明落在实处。

(三)加快推进以特色文化作为有机组成部分的乡村公共文化建设

有效开发利用特色文化资源,离不开公共文化建设。公共文化建设能够建立起有效的特色文化保护机制,并探索相应的文化供求机制和文化管理战略,来推动地域特色文化支撑地方经济社会发展。公共文化建设往往以地方的文化发展规律入手,地方特色文化融入公共文化建设就要从管理体制上的相互适应、投入机制的相互配合等方面去考虑,研究和制定相应的策略。这样才能从根本上规范和引导地方文化,鼓励群众间的文化互动、培育文化消费观、更新文化价值观念,使得青海涉藏地区的特色文化能够有效融入公共文化建设当中,并发挥其应有的作用与价值。

1.构建地域文化资源供给机制

首先,要建立政府与市场成分参与相结合的供给机制,充分利用青海涉藏地区特色文化资源优势,开发、提供更多精神文化产品,更好满足人们对美好生活的需求。如传统民间技艺,就可以通过特色文化资源的保护来建立起相应的地域化特色产品,再利用中介平台引进相应的保护性开发资金,打造公共文化产品。这样的过程不但可以提供具有青海涉藏地区特色的公共文化产品,也符合市场经济规律,并为具有特色文化资源的乡村带来机遇和效益。

其次,要发挥政府职能,提供更多公共文化资源。可以通过制定基础设施建设规划来有步骤地实施,目的是要实现文化普惠,共享资源。同时,也要充分考虑省情,注意节约资源、提高利用效率。在特色文化资源集中的乡镇,建立共同的文化资源共享平台,这样的模式节约空间和资源,并形成规模性的公共文化供给平台。

再次,要打造青海涉藏地区公众文化产品,建设有地方特色的公众文化。例如,利用传统节庆活动,调动群众的积极参与,打造现代性公共产品和群众参与平台。同仁市的热贡六月会就是很好的特色文化资源,每年热贡六月会的延续和发展,在很大程度上得益于能够结合当地传统民俗,并融入现代文明元素。这种在传统文化的基础上创建现代文化的互动,为热贡六月会的传承发展提供了不可多得的机遇。这样不仅展示地方文化个性,而且由于有现代社会元素的加入,又为传统文化增添色彩,同时也为当地的公共文化供给体系增加特色性内容。

最后,要加强农牧区基层文化建设。一要做好农牧区文化与特色文化的对接。在乡村振兴战略的背景下,要加大对文化建设的投入,无论是资金还是人才的投入都要予以优先考虑。二要鼓励农牧民积极参与到当地文化事业的发展中去。政府扶持、市场推动、社会参与、个人提升,多措并举激发他们的主观能动性,使之主动参与文化建设。

2.研究建立青海涉藏地区公共文化建设评估、管理机制

首先,要建立文化资源评估标准。一方面,我们要立足青海涉藏地区的文化特色,根据其不同的属性与功能,分门别类地建立项目档案,可以根据地域文化的历史传承来建档,也可以根据不同民族间的宗教节日来建档,还可以根据节庆娱乐、祭祀活动来建档,通过对民间文化资源系统归类,建立类别科学、项目清晰的专门档案。此外,根据不同需求加强合作,建立互利共赢机制,形成政府与文化人才合作机制。以政府部门为主导,通过座谈、走访、摸底、排查,全面掌握和梳理民间特色文化资源情况,在充分调研的基础上做好相应的评估系统。另一方面,要建立地方政府与学术机构的合作机制。探寻地域文化融入公共文化的路径,并在此基础上整合可以转化为公共资源的项目,建立专门的文化类别,为青海涉藏地区的地方文化融入公共文化建设提供科学的依据。

其次,要建立监督管理机制。一是要成立专门机构。近年来,国家对传统文化的保护开发力度越来越大,投入越来越多,政府部门要成立青海涉藏地区民间公共文化活动监督管理机构,专门负责政策落实、资金支出、人才培养等。对公共财政经常性支出做出合理预算,扩大对各类公共文化服务项目监督涵盖面。二是要监管到位。要监管好国家支持青海涉藏地区公共文化建设资金支出和使用情况,监管好乡镇、社区等基层文化政策的落实情况。在上述监督体制中尤其要注意相关配套政策落实和执行情况,包括在公共文化资源开发中的扶持政策,以及公共文化事业发展中财政、税收、金融、土地使用等方面的政策。要在政策监管下做好资金预算、资金落实的情况。

3.探寻青海涉藏地区特色文化融入公共文化建设的机制

青海涉藏地区在加强自身地方文化建设的同时也要注重与公共文化建设的协调发展。一方面,要加大财政性资金投入力度,强化青海涉藏地区地方文化服务功能。另一方面,要大胆创新,注重吸纳社会资金发展文化事业和文化产业。运用社会资金来推动公共文化体系的建设,这样不仅可以提升公众的文化素质,丰富公众生活,还可以有效调动市场力量保护和开发文化资源。举例说明,政府可以有效利用旅游区工艺美术品的部分收入来保护当地的历史文化遗产。可以把青海涉藏地区的文化旅游和生态保护有机结合起来,游客在欣赏优美的自然环境同时,接受独具特色、别有韵味的文化消费,并用旅游收入来保护生态环境,更好地发展特色文化,必要时可以适当开展具有经营性质的文化娱乐项目,这样不仅扩大了民众的消费需求,丰富了文化产业的内涵,而且还是对基层公共文化建设的有效补充,使得地方文化与公共文化相互补充、相互促进。同时,政府要制定公共文化发展战略。通过战略的制定,可以提升文化建设质量和文化消费水平,可以鼓励和引导全社会参与文化建设,提升公众对公共文化的参与度。

（四）积极打造文旅融合共进的特色文化产品和文化品牌

青海省地理环境、历史人文和物质条件的特殊性,决定了建设旅游大省和文化大省的可能性和互补性。为此,青海省应走出一条"以文促旅、以旅彰文、文旅融合"发展道路,打造丰富多样的特色文化产品和文化品牌,为加快推进全省乡村振兴提供强大动能。

1.深挖文化资源,走特色文化产业发展道路

近年来,青海涉藏地区不断探索和创新,努力打造民族文化品牌。狠抓文化旅游精品剧目、提升农牧民文化技能技艺、实施文化"走出去"工程等,初步形成了传统工艺美术行业重点推进,文艺汇演、艺术培训、图书音像出版等其他门类产业协调发展的良好局面,走出了一条富有地域特色的文化产业发展新路子。但是由于受诸多方面条件限制,相对于城市而言,农村牧区特色文化建设还存在较多突出问题,要想将其特色文化产业做大做强,实现青海涉藏地区文化资源在产业振兴中的托底作用,还需持续探索积极有效的对策。

首先,要做好青海涉藏地区文化资源的建档和整理工作。在这项工作中需要厘清文化资源的产业效用问题:哪些文化资源是古代的,哪些文化资源是现代的,哪些资源纯属公益性,哪些资源需要保护性开发,哪些资源可以市场化、产业化运作,等等。建档和整理便是将产业资源梳理和利用的基础性工作。

其次,要发展壮大文化产业资源。文化资源只有实行产业化才能给老百姓带来更多实实在在的好处。但产业化不是盲目地上项目、搞开发,需要有引导、有规划、有设计、有管理,要以政府为主导,按市场规律办事,不能搞一哄而上,也不能实行放羊式管理,走到哪儿算哪儿。

再次,要走可持续发展道路。乡村振兴战略中的产业化发展,是一个体系化工程,要以可持续发展为主要原则。因此,要注重做好文化产业发展中的文化内涵提升、文化精神现代化等工作,将文化内容作为产业发展的重心,打造更多文化产品,提高文化品牌影响力,避免文化产业流于形

式、浮于表面。

最后,还要走文旅融合发展道路。文化和旅游具有不可分割的内在联系。随着人民日益增长的美好生活需要,对特色文化的精神需求,已经成为旅游业的重要内容,吸引越来越多的游客到来。青海是旅游资源大省,同时也是民族文化资源大省。要促进文旅深度融合,搭建、拓展"文化+旅游"产业平台。近年来,海西州在文旅融合方面做出了有益尝试。依附于共建"一带一路",结合当地民间非遗传承文化,大力打造"丝路"特色旅游精品,开发富有民族和地域特色的旅游商品,深度挖掘和提升旅游产品附加值。此外,海西州采取多种方式方法深挖民族文化内涵,加快推进"智慧旅游"建设,利用互联网与浙江建立线上链接,开展线上线下相结合的旅游创意活动,在微博、微信、智慧旅游等网络平台互设入口,集中推出打包推介、创意推广多种方式,把互联网打造成为文旅产业融合发展平台。海西州独具特色的风景游+文化游吸引了大量国内游客,为当地百姓带来了可观收入。在当前乡村振兴战略的产业发展中,充分吸收和利用当地的地域文化内涵,发展民族特色文化产业+旅游产业,提升基层群众的参与积极性,提高农牧民收入水平,是青海省值得推广的农业农村现代化发展道路。

2.依托青海涉藏地区特色文化资源优势,优化农村产业结构布局

青海省涉藏地区有丰富的文化资源,东有河湟文化,西有昆仑文化,北有祁连文化,南有热贡文化,既有古代传统文化,也有党的红色文化(如原子城、西路军纪念馆、班玛县红军沟等)。要充分依托青海丰富的自然资源和多样的民族文化资源,以加强爱国主义教育和增强文化自信为主题,加大资源整合开发力度,深度挖掘"大融之美、文化青海"内涵,着力优化全域性文化产业布局。

依托《青海与川甘交界地区振兴发展规划》《藏羌彝文化产业走廊总体规划》核心区建设,以国家级热贡文化生态保护区为基础,继续打造热贡文化品牌,积极打造以热贡艺术为特色的综合型区域文化产业集聚区;充分利用三江源地区的文化形态和遗址,开发高原乡村生态文化旅游业,积极发展特色文化产业,打造具有示范意义的江河源型国家级文化生态旅游产业集聚区;以青海湖自然生态和人文资源为核心,大力发展乡村文化旅游业、演艺娱乐业,努力将环青海湖地区打造成为"环青海湖文化"品牌展示区、"大美青海"高原生态文化乡村旅游区;深度挖掘柴达木盆地文化资源,整合开发,重点打造一批重大文化产业项目,带动青海省西部地区乡村文化产业发展壮大,形成柴达木文化产业集聚区。

3.实施龙头带动战略和品牌引领战略

文化产业的核心竞争力在于创作出文化精品。文化精品不是自然而然形成的,需要文化企业、专业人员进行专业化打磨、包装、经营。提高文化企业的生产力水平,关键在于大力培育文化产业的龙头企业,通过龙头企业的带头、聚集和辐射等作用,实现文化产业向外衍生和辐射,构建起一条完善的文化产业链,通过以重点企业为核心的集团化发展,带动整个区域的文化产业的繁荣。在有条件的地方,可以考虑通过将充满创造力的、经营业绩良好的文化企业重组上市,以此为依托扶持文化产业的龙头企业。

同时,品牌居于文化产业U形曲线的高端位置。品牌即精品,品牌即影响力。近年来,在党中央和青海省委、省政府的大力支持下,青海涉藏地区立足自身资源优势,打造特色文化品牌,繁荣地区文化事业和文化产业,通过青海湖国际诗歌节、三江源国际摄影节、世界山地纪录片节、青海国际水与生命音乐之旅、青海唐卡艺术与文化遗产博览会等一系列重大文化旅游、文化娱乐和文化展示交流活动,不断提升全省和涉藏州县的知名度和影响力。目前,青海已初步形成以"大美青海"为统领,以昆仑文化为重点,以区域性文化品牌、历史文化品牌、民族文化品牌、民俗民间工艺文化品牌、红色文化旅游品牌、宗教文化品牌、会展节庆文化品牌、文化创意品牌等为多元内容的特色文化品牌体系。青海涉藏地区文化品牌体系建设虽已初具规模,但是在影响力、产业化和精品化等方面还有不小差距。这就要求我们必须牢牢抓住地域特色这个关键,做好生态文化这篇文章。

首先,要准确识别地域生态文化的独特性。通过构建生态文化品牌来发掘文化内涵,对于一些品牌不够响亮的文化产业加大对其生态科技、生态形象的包装,要积极开发原生态的绿色产品,打造生态文化品牌的独特性。对于一些符号不够鲜明的文化产业要加大对其生态理念价值的融入,借助生态文化旅游品牌来打造其独特的文化产业,从而达到生态效益与经济效益的共赢。

其次,要在提升影响力上下功夫。加大生态文化宣传,注重文化内涵提升,在地域特色文化的开发过程中无论是在开发方向上还是在主体格调上要注重保留民族区域的原生态特色,在此基础上不断丰富生态文化的历史内涵和时代内涵,提升文化品牌的对外影响力。

最后,要充分借助市场手段和现代化媒介的力量。青海属于西部相对落后地区,高水平的专业化公司和专业人才较少,在经营理念、市场拓展、人才储备等各方面与东部发达地区差距较大。这也是我们明明有很好的资源却只能"坐守金山"的重要原因。因此,要善于向外借力,舍得花钱、敢于放手,聘用国内外一流的专业公司、专业人才去干专业的事情,想方设法壮大文化产业、打造文化品牌。要善于把生态文化完美融入各种现代载体,如网络、书籍、展会、旅游等,实现古老传统文化与现代科技手段有机融合,多元打造青海涉藏地区生态文化对外宣传的窗口和平台,全方位、多渠道对特色文化进行宣传、推介。

(五)提升乡村振兴主体的参与度,健全农牧民主体的利益保障机制

农牧民是乡村文化的创造者,也是乡村文化的传承者和受益者。优秀乡土文化的孕育与农牧民生产生活有着密不可分的联系,其活态传承和创新发展也必须发挥农牧民的主体性作用。充分调动广大农牧民的积极性,提高农牧民的参与度,才能增加农牧民对乡村文化的归属感和认同感,更好地推进乡村文化振兴。绝不能以牺牲农牧民的利益来换取乡村的繁荣发展。实施乡村振兴战略必将推动各类资源在农牧区集聚,而优

化资源配置不能简单依靠政府行政手段,必须积极倾听农牧民的建议,让广大农牧民在模式选择、路径设计和具体实施过程中发挥作用,让资源的使用和项目建设真正符合他们的诉求,让农牧民在参与乡村振兴的过程中收获自尊、收获自信。一方面,要健全保障农牧民和农牧民自治组织参与村级事务协商决策制度,完善村级重要事项公开公示制度,建立农牧民对村级重要事务有效监督制度,让农牧民的权利在民事民议、民事民办、民事民管过程中有效行使。另一方面,要着力构建农牧民广泛参与各类要素的产业体系。推广"公司+农户"、合作社等经营模式,建立完善农牧民入股、保底收益、按股分红等多种利益联结方式,保障农牧民分享增值收益。

(六)着力培养适应乡村振兴的特色文化人才队伍

乡村振兴离不开人才振兴。从人才需求看,据有关报告显示,未来5年,全国农业经理人需求150万人左右,无人机驾驶员需求100万人。从人才带来的社会效益看,每个创业主体平均能带动6个农民就业。因此,引进和培养更多乡土型文化人才,鼓励更多人才返乡在乡创业,投身特色文化事业发展,带动乡亲们一起发展文化产业,是实现农业农村现代化的新动能。

1.创造识才、引才、用才的良好环境

要真正做到"四个尊重",即尊重劳动、尊重知识、尊重人才、尊重创造,破除"官本位"特权思想,树立"人才是第一资源"发展理念。各级党委和政府部门一方面要充分发挥党的核心作用,坚持党管干部、党管人才,调动一切可以调动的力量,营造良好宽松的文化人才发展环境,对文化人才进行分类指导,要做到用事业造就人才,用环境凝聚人才,用机制激励人才,用荣誉褒奖人才,用学习提升人才,用法制保障人才,充分发挥和调动各层次广大文化工作者的主观能动性。针对新形势新任务,黄南州新出台了极富含金量的人才新政27条。另一方面要把各级领导班子建设成为坚强领导集体,把文化领域各级党组织建设成为坚强的战斗堡垒,把

文化领域的专业性、创造力和党组织的党性和组织力有机结合起来，自觉为青海涉藏地区特色文化建设贡献聪明才智。

2.大力培养本地文化特色人才

一方水土养一方人。乡村振兴文化建设的关键力量在于培养一大批特色文化乡土人才。为此，必须创新乡土人才培养方式，加强涉藏地区特色文化人才队伍建设。要充分发挥各类高校、艺校、职校、社团、文化企业及民间组织作用，探索建立涉藏地区文化创业创新人才培养模式，培养一批既懂艺术制作又懂经营管理的综合型人才，一批潜心研究本土文化的专家学者，一批精于制作文化工艺品的能工巧匠。要依托青海涉藏地区各类文化产业园、示范基地、职业学校，构建产学研一体化平台，推进乡土文化人才培育工程，通过"基地建设+人才培育""文化企业+人才培育、培养、使用"，培养如唐卡画师等文化能人和非遗传承人。

(七)加大政府对特色文化支撑乡村振兴的引导和支持力度

乡村振兴是中国共产党领导的实现我国农业农村现代化的历史性壮举，是我国社会主义制度优越性的重要体现。坚持党的领导和政府主导，是推进乡村振兴的基本原则。因此，必须充分发挥党委和政府主导作用，加大政府对特色文化支撑乡村振兴的引导和支持力度。

1.转变政府职能，优化文化发展环境

乡村振兴战略背景下的青海涉藏地区特色文化建设过程中，政府职能转变和管理体制创新将起到至关重要的作用，可从管理方式改进、管理权限调整，实现政府职能转化。政府管理内容应包括从战略层面确立文化发展理念、制定文化产业规划、塑造地域文化品牌、提升和完善公共文化服务功能、培育文化创意能力、加大非物质文化遗产保护等。

一要发挥政府职能，形成统一的文化资源管理平台。在青海涉藏地区特色文化建设中，统一的资源开发、整合模式，有助于整体化和有序性的乡村文化发展。此外政府作为公共管理者，能够集中优势资源，扩大文化产业的规模，并有利于提升资源开发的层次和品质。因此，发挥政府职

能,形成统一的资源评价、整合、开发、管理模式,为青海涉藏地区的产业规模化提供支持。

二要以资源优势完善投资环境,依靠投资实现规模化的文化产业发展。近年来,青海涉藏地区文化产业发展逐步受到重视,作为一种新的经济增长点,已形成以特色资源利用为主的民族民间工艺制品、民族歌舞艺术表演、特色文化节,以及文化旅游深度融合组成的文化产业新格局。进一步实现青海涉藏地区文化产业的提档升级,必须秉持开放理念,想方设法吸纳外来资金和先进技术,千方百计引进和培养文化专业人才,才能将资源优势转变为产业优势,成为青海涉藏地区经济发展的支柱产业,这是我们当前面临的迫切任务。应加快文化旅游基础设施建设,利用文化特色办好各类展会,吸引投资商。并制定文化资源的投入绩效考评指标体系和实施办法,构建包括"经济绩效"+"社会绩效"相结合的评价体系,并不断调整扶持和引导策略。

三要积极利用外部先进技术和资金推动青海涉藏地区文化建设水平。相较经济发达地区,青海涉藏地区的资本条件还显薄弱,因此要通过多渠道招商引资来弥补文化建设中各类资本短缺问题。要凭借文化资源优势项目吸引外界资金和先进技术要素,实现青海涉藏地区文化产业的迅速升级。既要通过引资对青海涉藏地区特色工艺品和文化旅游市场进行建设,也要在文化建设过程中积极借鉴国内外发展的成功经验,并通过比较和研究探索适宜青海涉藏地区特色文化建设发展道路。

2.深化体制改革,培育多元文化市场主体

市场在文化产业发展中起着决定性作用,建立以市场为主导、企业为主体的市场机制,是深化文化建设体制改革的主攻方向。但由于地方经济发展等因素影响,还需要通过政府引导来逐步实现,通过政府积极的引导和培育,逐步形成文化市场主体。

一要通过积极的项目带动战略,发挥文化企业的市场主体作用,文化产业的规模化发展必须以企业参与为前提。以青海藏羊集团有限公司为例,省政府有关部门专门制定了藏(地)毯发展纲要,在政策、资金等方面给予倾斜扶持。省技术监督局系统,对青海藏羊集团的企业质量管理、名牌战略等方面,进行指导和跟踪服务,使"藏羊"牌藏毯顺利登上中国名牌榜。青海藏羊集团的成功,说明文化产业规模化发展的关键在于政府战略引导作用和企业的市场主体作用。文化企业可向政府提供可行性报告,政府可通过相关调研,选择有发展潜力的项目企业进行扶持,给企业提供宣传、资金等方面的优惠。成功企业应充分发挥龙头作用,带动整个行业的规模化发展。

二要不断推动文化体制改革,持续增强青海涉藏地区文化发展活力。文化建设之中,形成文化发展合力至关重要,其中既要有政府的推动力,又要有文化市场的活力,还要有文化发展主体自身的动力。文化体制改革无疑是增进青海涉藏地区文化建设,整合各方力量的重要方法。进行文化体制改革,一方面,要以文化内涵和作用为标准,划分文化事业和文化产业。通过改制,将具有经营功能的文化企业单位推向市场,改革其运行机制,创新生产和营销方式,培育强劲竞争实力的文化市场主体。而对于非营利性质的公共文化单位,要加大投入力度,充分体现其公共性,强化社会效益。另一方面,要积极吸纳产业资金,强化事业单位的社会功能。首先,政府要对青海涉藏地区的乡村公共文化建设加大投入,保证各项工作的顺利推进。其次,要注重吸纳文化企业的资金力量,来维护乡村公共文化体系的建设。这样不仅可以有效丰富民众娱乐生活,提升公众的文化素质,还可以有效继承和发展地域特色文化,保护当地文化资源。最后,加快构建覆盖青海涉藏地区的公共文化服务体系,培育文化消费市场。建立政府与市场成分参与相结合的投入形式,产出更加丰富的文化产品来满足群众文化消费需求,创新思路有效利用民营资金促进文化市场繁荣。另外,制定科学的文化基建规划并加以实施,目的就是要惠及更多的人,实现文化资源共享。建立公共文化服务体系建设规划研究的专项机制,制定专项规划和工作制度,开展公共文化服务绩效评估,推进青海涉藏地区公共文化服务健康可持续发展。

求

是

篇

城镇化视域下的青海热贡地区古村落古城堡保护问题研究

习近平总书记在2015年12月召开的中央城市工作会议上强调："要保护好前人留下的文化遗产,包括文物古迹,历史文化名城、名镇、名村,历史街区、历史建筑、工业遗产,以及非物质文化遗产,不能搞'拆真古迹、建假古董'那样的蠢事。既要保护古代建筑,也要保护近代建筑;既要保护单体建筑,也要保护街巷街区、城镇格局;既要保护精品建筑,也要保护具有浓厚乡土气息的民居及地方特色的民俗。"①

城镇化(也称为城市化)是由传统的农业社会向现代城市社会发展的自然历史过程,是社会经济结构发生根本性变革并获得巨大发展空间的表现。传统村落,是我国农耕文明的精粹和中华民族的精神家园,蕴藏着丰厚的历史文化信息和自然生态景观资源,承载着中华民族的历史记忆,是承启传统文化和时代精神的重要桥梁,是不可再生的宝贵资源。青海热贡地区是一个文化知名的地方,也是青海省古村落古城堡最为集中的地方。在城镇化建设过程中,切实加强对古村落古城堡的保护利用,是提高城镇化质量、效益及可持续发展的主要任务和题中之义。

"热贡"一词是对青海黄南州同仁市的藏语称谓。热贡地区地处青藏高原东北缘,是青藏高原和黄土高原两大自然地理单元的接合处,也是两大地理单元的过渡地带。特殊的地理位置使热贡地区自古便与东部的汉

---

① 中共中央文献研究室编:《习近平关于社会主义文化建设论述摘编》,中央文献出版社,2017年,第189—190页。

文化和北部的阿尔泰文化联系密切,历史上曾是羌族、吐谷浑(鲜卑)及吐蕃、蒙古、保安、回族、汉族等诸多民族的交往活动地区,也历来是民族迁徙、兵家必争之地。

热贡地区自然环境独特、优越,既有适合于畜牧业发展的广阔草原,又有适合于农业生产的、有厚层黄土的肥沃河谷,形成隆务河流域宜耕宜牧的优势。农业文化与牧业文化紧密结合、农耕民族与游牧民族通融共存,许多古老文化在这里得以形成发展并保存至今。热贡地区的文明发展史可以上溯至距今五千年的马家窑文化时代,已查明的古文化遗址有326处,古村落有16处,即牙什当村、保安城外村、郭麻日村、吾屯下庄村、年都乎村、江什加村、尕沙日村、环主村、宁他村、双朋西村、江龙村、和日村、木合沙村、索乃亥村、日秀麻村、吉仓村;古城堡城址有11处,即保安古城、铁吾古城堡、郭麻日古城堡、铁城山古城堡、向阳古城堡、塌城古城、吾屯古城堡、年都乎古城堡等。1994年,同仁被列为国家级历史文化名城。有长期发展中逐步形成的隆务镇宗教文化古城区,北部古文化遗址区,吾屯、年都乎热贡艺术区等。这些古村落古城堡与隆务河及东西两山一体,形成"历史文化带",成为热贡地区文化史的缩影。

一、青海热贡地区古村落古城堡价值分析

古村落古城堡是物质和非物质文化遗产的综合体,不仅是地区历史文化的宝贵见证,也是今天文化生活的主要内容。青海热贡地区的古村落古城堡表现出独特非凡的历史、文化、宗教、社会、建筑、经济价值,代表了我国西北地区多民族聚居和文化交融的特征。

(一)历史维度的传统文化价值

古村落古城堡的形成和发展,是华夏文明的不断创新和延续,具有极为强大的生命力。以原有住户为核心、以村庄建筑为载体生生不息,世世代代地繁衍着,并以传统文化为纽带,将人、村庄、生活乃至天地自然巧妙地融合在一起,孕育出了丰富多彩的民族文化。热贡地区的16处古村落

和11处古城堡的成因不尽一致,但都有其形成的历史渊源及值得探究的历史价值。比如始建于元明时期、完善于明清时期的隆务老街区,是青海省内保存最为完好的古城之一。它位居同仁中部,处于青藏高原与黄土高原的结合部,是热贡地区的中心点,西藏文化、西域文化与中原文化在这里融合、渗透、交流、碰撞。经过239年的历史发展,热贡地区的经济文化商业中心从保安转向隆务。比如建于明末清初的牙什当村、江什加村都是典型的藏族村落,距今已有三百多年历史,历史的演进和社会变迁,见证了明清时期该地区的生活方式和文化特色。又如,散处在隆务河两岸的古寨,即保安古城堡、年都乎城堡、郭麻日城堡、吾屯城堡,充分体现了中国明清时期屯垦戍边的历史文化。

现如今,残存的古寨早已失去本来的功用,而古城堡仍然呈现着厚重的历史感。古村落古城堡传承着中华民族的历史记忆、生产生活智慧、文化艺术结晶和民族地域特色。在历史上,中国形成了发育成熟、高度发达的农耕文明,乡土文化一直是中华文化的重要组成部分,是中华民族重要的精神家园。作为乡土文化的重要载体,保存至今的古村落古城堡正是热贡地区农耕文明的鲜活见证,是一座活着的历史文化遗产博物馆。

(二)宗教文化价值

宗教文化是热贡文化的重要内容之一,热贡地区的藏传佛教文化十分发达。一是宗教寺院及其文化影响深远。16个古村落中分布着14座不同教派的藏传佛教寺院,宗教建筑和民居建筑、自然环境融为一体,形成了热贡地区独有的村落格局。比如,郭麻日村的郭麻日寺和郭麻日佛塔以其丰富的文化内涵和建筑形态,被称为"安多第一塔";江龙村有安多地区宁玛派的主寺琼贡寺;等等。除了寺院,每个村庄都有大小不等的嘛呢康(即嘛呢房,本村群众转经、念佛的地方),建在每个村落的中心或村落的最上方,成为村民礼佛念经、集会议事的场所。藏传佛教深深根植、渗透于藏族、土族文化之中,显示了其具有绝对的社会精神统治地位,表现在寺院和嘛呢康上,就是以各种宗教性的节日、活动而加强了其在村落中的中心地位。寺院、嘛呢康是村民的精神庇护所,因为人们将宗教信仰中的神灵赋予了一定的超自然防御意义,因此源自宗教意识的心理空间成为村民寄托希望与平安的象征。按照文化学家的观点,人类都具有向心感,人群存在趋同的心理归属并由此形成秩序中心和群体意识。无论村落大小,中心的存在,对民众的心理认知、秩序建立都有重要意义,也控制着村落在一定领域内的生长发展。当宗教信仰成为藏族、土族日常生活中不可或缺的一部分后,这在很大程度上影响着宗族关系、邻里和睦、社交信誉、文化共识等社会关系。因此,代表终极精神的寺院建筑,成为一个村落或一片区域的精神支柱和文化符号。

二是村民的宗教活动十分丰富。有奉佛、诵经、睡斋、煨桑、叩拜、打廓拉(转经)、祭山神等活动。如格鲁派的诵经活动为农历正月"加洛毛兰",二月"端智桑当",四月"娘乃""干木且",五月"香咒",十月"嘛尼",十一月"豆格日""桑床""旦正",十二月的"俄洛荀毛日"等。寺院每年都向所属村庄布置念经的内容和遍数。再如各家各户院落内都设有专用桑炉、桑台煨桑,一般是阴历初一、十五各煨桑一次,宗教节日、闭斋期间,祭山神敖包时都要煨桑,也有长年煨桑的。这些宗教活动、人文景象印证着藏传佛教在热贡深入人心的程度。可以说,这些村落、城堡中笃信藏传佛教的藏族、土族等民族的文化心理、文化传统都是藏传佛教精神重塑和再造过的,其文化内容渗透着佛教思想的全部精华。因此,宗教文化成为村落文化的重要内容之一。宗教文化一方面有自身的内容和形式,另一方面又洗礼着当地民族民间文化,同时又接受着当地民族民间文化直接或间接的影响,两者相互影响而不断发展,这种影响既呈现在人们的思想观念、价值标准、民俗选择、审美倾向等精神层面上,也呈现在生产活动、消费活动和衣、食、住、行等物质层面上。大量的宗教文化因素渗入到有着丰富意蕴的村落文化中,使得宗教文化深邃的义理尤其是众生平等、因果报应等思想与民族民间文化中朴素的人生观、价值观融为一体,成为当地藏族、土族等民族重要的精神传统。

三是藏传佛教界的历史文化名人辈出。古村落古城堡浓厚的文化底蕴,孕育和滋养了当地很多历史文化名人,他们承载着更多的形象价值、历史价值及地域价值。如诞生于同仁市双朋西乡双朋西村的根敦群培,是近代著名的藏族学者,一生著有140多部作品,他的著作在藏族文化史上有着重要地位。出生于双朋西村的夏嘎巴一世措周仁卓,是著名佛学家、密宗大师和杰出诗人。出生于年都乎乡尕沙日村的香曲热赛日、年都乎村的云旦,都是清代著名的热贡艺术画师。夏吾才让,吾屯下庄村人,1988年被国家文化部授予"国家艺术大师"。他们在不同历史阶段、不同领域对热贡文化的传播、繁荣和发展做出了卓越贡献。

表1　热贡地区古街古村落中的寺院分布状况

寺名	建寺年代	寺院所在地	级别	价值特点
隆务寺	1301	同仁市隆务镇	国家级,甘、青"六大"藏传佛教名刹古寺之一	隆务河谷的宗教与热贡文化中心,独特的文化景观
隆务清真大寺		同仁市隆务镇	省级	宗教文化景观
二郎庙		同仁市隆务镇	省级	宗教文化景观
圆通寺		同仁市隆务镇	省级	宗教文化景观
年都乎寺	1684	年都乎乡年都乎村	国家级	宗教文化景观
郭麻日寺	1741	年都乎乡郭麻日村	国家级,郭麻日时轮大解脱塔:安多第一塔	宗教文化景观
吾屯下寺		年都乎乡吾屯村	国家级	热贡艺术发祥地
奴合仪寺(江什加寺)	1847	曲库乎乡江什加村		宗教文化景观
德庆寺、麻什当寺	清康熙年间	曲库乎乡麻什当村		宗教文化景观
宗科寺、宗阿寺	1683、18世纪初	曲库乎乡牙什当村		宗教文化景观
尕沙日寺	18世纪末	年都乎乡尕沙日村	县级	
琼贡寺(宁玛派)	1747	曲库乎乡江龙村		是安多地区宁玛派寺院的主寺,在宗教文化方面具有重要价值
王家寺	清	曲库乎乡木合沙村		青海省最大的雍仲波教(苯教)寺院之一,具有较高的文物价值和历史文化研究价值

寺名	建寺年代	寺院所在地	级别	价值特点
尕萨尔寺	1853	曲库乎乡江龙村东		
秀官寺	清初	双朋西乡还主村后		

(三)精神风貌和非物质文化遗产价值

古村落古城堡承载着极其丰富的非物质文化遗产。一是热贡艺术。这是青海省第一批入选世界非物质文化遗产的本土项目,也是热贡文化的核心标志。由于热贡艺术的主要发祥地是今吾屯、年都乎、郭麻日、尕沙日村,所以热贡艺术曾经被称为"吾屯艺术"。同时,各村各有专长,各有特色。吾屯下庄以壁画、唐卡、泥塑见长;郭麻日、尕沙日两个土族村落以木刻佛像、建筑雕饰、印经、刻板最为突出;年都乎村的堆绣远近闻名,被称为"堆绣之村"。这些艺术具有浓烈的乡土气息和民族特色,体现着佛教教义的许多理念,也体现着藏族、土族等民族追求平等、友爱、互助、幸福的理想。通过这些作品,我们可以形象地看到当时的历史事件、人的生存状态和生活方式、不同人群的生活习俗,以及他们的思想与感情、艺术创作方式、艺术特点和艺术成就。

二是丰富的民俗文化。各村落的吉庆活动、宗教法会、娱神祭祀活动、民间傩舞和群众自发的大型集体活动,如热贡六月会、"於菟"舞、春节及民族婚俗、民族饮食等,都是典型的民俗文化。其中热贡六月会、"於菟"舞是国家级非物质文化遗产。热贡六月会主要传承和发展的村落是年都乎、郭麻日、尕沙日、江什加、江龙村,它是一个大型民俗节庆活动,其过程与传统的宗教文化密切相连。它所展现的特殊风俗和仪式弥漫着苯教、萨满教等原始宗教的遗风,蕴含着极为丰富的傩祭、傩舞等傩文化现象,而且这些民间宗教与藏传佛教交织在一起,形成了由原始宗教向现代宗教过渡的错综复杂的状态。热贡六月会作为本地区文化的突出标志,无论是宗教信仰还是多样的艺术展演,无论是作为节日文化还是历史纪念,都以其多样的载体、丰富的内容,在群众的广泛参与中发挥着自己的功能。它在加强族群联系、凝聚部落人心、化解经济纠葛、促进社会和谐稳定方面发挥了积极的作用。

三是非物质文化遗产传承人。目前,热贡地区有国家级非物质文化遗产传承人14人,省级传承人4名,中国工艺美术大师5名,省级工艺美术大师56名。其中,牙什当村藏戏传承人有8人;江什加村藏戏演艺人员39人,国家级非遗传承人1人;年都乎村国家级非遗传承人1人,省级非遗传承人6人;吾屯下庄国家级非遗传承人3人等。古村落古城堡是热贡地区艺术大师、非遗传承人、民间艺人最为集中的地方,他们对当地非物质文化传承和发展起到了重要的作用。

表2　热贡地区古村落民俗活动分布状况

项目名称	分布区域	传承民族	等级	保护传承情况
土族"於菟"	年都乎村	土族	国家级	
藏戏	江什加村	藏族	普查	1979年成立江什加藏戏团,每年农历六月十七日及正月初八、初九演出
牙什当藏戏	牙什当村	藏族	普查	1983年成立牙什当藏戏团,每年正月十四、十五、十六及六月二十至二十七日演出
莫合则(军舞)	年都乎村、郭麻日村、尕沙日村	藏族	国家	民间祭祀、娱乐,每年农历六月二十三日(热贡六月会)表演
拉什则(神舞)	吾屯下庄	土族	普查	娱神、祈求庄稼丰收、人畜平安、风调雨顺,热贡六月会期间表演,社会传承,主要传承人夏吾南加、增太加、普哇加
则柔	牙什当村	藏族	普查	春节期间初八、初九时娱乐
热贡年俗	隆务镇	藏族	省级	春节时年神、祭灶、供佛、煨桑等
藏族婚俗	热贡地区	藏族	州级	—
土族婚俗	吾屯上庄、吾屯下庄、年都乎、郭麻日、尕沙日、保安下庄	土族	州级	—
藏土族念"活经"习俗	年都乎、郭麻日、尕沙日、吾屯上庄、吾屯下庄、保安下庄	藏族	州级	每年农历十一月、十二月农闲时节念"活经"
民间"拉卜则"祭	牙什当村	藏族	州级	祭拉卜则,全村男子参加,每年农历六月初一、六月十七日举行

项目名称	分布区域	传承民族	等级	保护传承情况
同仁"嘛尼调"	日秀麻村	藏族	省级	嘛呢调共有18种曲调,唱腔优美,近似藏族民歌,地域特色明显。每年农历五月农闲时节,日秀麻等9个村开展嘛呢调传承活动

(四)自然结合维度的文化生活价值

建筑是文化的结晶。热贡地区民居建筑作为一种传统文化,存在于特定的自然环境和历史文化背景之中。它内在凝聚了当地民族对环境的适应能力和生存智慧的生态观、文化观和宗教观,外在具象于传统民居建筑的选址、格局、造型上。

一是民居建筑是典型的藏族风格。民居建筑多为土木建筑,村民们选择宅基地多讲究风水,民居建筑随地形变化而随高就低,与自然环境巧妙结合。各村落民居由于都大量使用本地的天然建筑材料,建房的结构方法也基本相同,这就不仅使建筑物的形式、色彩和质感保持统一的风格,也使民居建筑物与自然环境十分和谐。在长期的积淀中,逐渐形成了一定区域内民居建筑风格接近的模式。作为古村落各民族共同享用的居住形式的庄廓,为了适应当地的自然环境,其平面布局大多采用比北方四合院更为封闭的形式,一般都有一定的规格要求,占地多在半亩左右,方形,围墙以土夯筑而成,高度4米上下。庄廓内部布局,一般在北方建大房正房,正房一般是7间,也有6间、5间不等。房子两个边间将前檐抱住,叫作虎抱头,两边抱头都盘火炕,一边是连锅台烧炕,一边是煨炕。藏族厨房是主房,藏语叫"木昂",是全家人聚集吃饭、取暖和接待客人的地方。紧靠厨房的是储藏室,藏语叫"言康"。另外就是厢房,藏语叫"索康"。因为热贡地区的藏族、土族都信仰佛教,因此家家户户都设有供佛用的佛堂,佛堂位置突出,是一间独立的房间。如果主屋有上下二层,则佛堂设在二楼,佛堂所在的房屋一般都是上房。院落中央一般都竖挂经幡的旗杆,同时和佛堂正对的院落一侧还设有桑台。这些反映了热贡地区人民尊佛崇佛的社会生活。在民居装修方面,一般民居都有飞椽花藻之类,使民居整体上显示出大方美观。在房屋的布局上具有明显的本地人文特点。

二是具有历史考究价值的古城堡(年都乎、郭麻日、尕沙日、保安古堡)空间格局。一般来说,建筑及布局反映一定社会人们的社会生活及社会心理,古城堡民居的整体性特点就是适应特定的人文环境形成的极强的封闭性和集居性。年都乎、郭麻日、尕沙日、保安古堡是明代移入这里屯垦戍边的戍民所建。《循化厅志》所载:"屯兵之初,皆自内地拨往,非番人也。"吾屯之人,"其先盖江南人,余亦有河州人,历年既久,衣服言语,渐染夷风"。①这些屯兵戍民来到当地,为了求得生存,加强防卫,抵御外来袭击,其建筑与民居也就生动地反映了这些居民生活与社会心理。吾屯城堡,平面呈长方形,东西长180米,南北宽135米。城墙以土夯筑,基宽4米,高10米。开东、西二门,两城门及城墙四角建有碉楼。郭麻日城堡,平面呈长方形,东西长220米,南北宽180米。墙以土夯筑,基宽4米,高10米,东、西、南三面开门。年都乎城堡,平面呈长方形,南北长310米,东西宽90米。墙以土夯筑,基宽4米,高10米,只在南面开一门。进入城堡内可以看到密集的布局,巷道相连,四通八达,对外封闭,自成单元。每个堡寨都修筑了比较厚实坚固的寨墙,夯土版筑,墙基很厚很高,难以攀越,有很明显的军事防御功能。城堡内民居庭院多为四合院式,然又与中原汉族的中轴对称布局、左右均衡、堂屋厢房的布置有所不同,具有明显的地方特色。由于古城堡建筑历史悠久,文化底蕴深厚,2013年,保安古城、年都乎古城堡、郭麻日古城堡、吾屯古城堡被国务院公布为国家级文物保护单位。今天,我们发掘、研究、借鉴并传承当地民居建筑文化,对突出地方生态建筑特色、提升建筑效益及文化含量,创建"宜居城镇"和特色风情旅游村镇都具有深远意义。

---

① (清)龚景瀚编,(清)李本源校,崔永红校注:《循化厅志》,青海人民出版社,2016年,142页。

（五）文化与社会维度的社会价值

古村落是整个传统社会体系的基层构成单位,作为传统民居的聚集地和村民生产生活的社区,它构成了一个独特的乡土社会。由于热贡地区独特的地形地貌、自然环境、经济形态、部落组织等造就了热贡地区古村落的相对独立性,形成了古村落自我循环、自我演化的能力。共同的血缘、地缘关系与自给自足的农业经济相结合形成的文化体系,构成了古村落封闭熟悉的生存空间。热贡地区古村落的基层组织,新中国成立前是以血缘关系为基础的"措哇"①、部落构成的。农业区以单个或数个血亲相联系的"仓"②的单位组成一个措哇。由单个措哇或数个措哇组成一个"德哇"③,即村落,由数个德哇组成一个部落。长期以来就是这种以血缘关系为基础的社会组织维系发展的。历史上这些村落一直实行和沿袭的是千百户制度。千百户制度起始于元代,在西藏设立了13个万户府,在青海黄河南部地区设立了必里万户府,其下有千、百户、百长、什长等。清道光二年(1822),清政府为了分化藏族势力,将原先的每千户长管辖一千户改变为管辖300户,每百户设100户,每50户设一百长,每10户设一什长,一个百长管5个什长,1个百户管2个百长,1个千户管3个百户。据统计:热贡地区有5个千户,18个百户。管理上,除部落有千百户,村庄均有庄头外,有些村落由有威望的老年人组成的管理村寨事务的"干巴"(老者)和管理农业生产和司法事务的"求得合"组织。千百户制度一直延续到新中国成立后民主改革前。历史上,这套严格有序的部落制度基本可以保证古村落实现有效的自治,这种等级秩序外在表现形式便是部落体系、家训族规等。随着历史的发展,进入社会主义现代化建设时期,部落体系中旧的习俗、管理方式等理应摒弃,但是在这种制度下所形成的诸如尊老爱幼、睦邻友好之类的优秀传统道德观念,以及长期在社会管理中形成的朴

---

① 措哇:藏语。藏族地区以亲缘相联系而形成的规模稍大的居住群体。

② 仓:亦称"卡",藏语。藏族地区以血缘关系为纽带形成的居住群。

③ 德哇:藏语。由数个或十数个措哇组成的居住群,农业区译作"村",牧区译作"部落"。

素乡规民约,对今天基层的社会自治,以及我们所要探索构建的基层社会治理体系有着极大的借鉴和参考价值,应该进一步挖掘和研究。现如今,国家行政管理基层组织村委会和传统民间组织相结合的社会结构是村庄呈现和谐状态的基础。

(六)经济价值

热贡地区古村落古城堡的经济价值主要体现在两个方面。一方面是对古村落中各个方面所体现出的传统特色生产生活方式或者非物质文化遗产进行可持续开发,使其焕发活力,走出古村落,参与市场经济,为古村落乃至当地经济社会发展贡献力量。比如,吾屯、年都乎、郭麻日、尕沙日等村落立足文化资源优势,大力发展热贡文化产业。年都乎村从事唐卡、堆绣、泥塑制作的人数达388人,吾屯下庄村被称为"唐卡村",从事热贡艺术的户数占全村总户数的98%,人均收入从5年前的5000余元增长到目前的3万余元。郭麻日村从事热贡艺术品制作的人数达331人,其收入占全村经济总收入的50%以上。尕沙日村从事唐卡、石雕、木雕的人数达205人。热贡艺术品制作和销售是这几个村落的主要经济收入之一,同时也带动和影响了其他村落,如木合沙村、和日村学习唐卡绘画的村民达30多人。这种做法既利用传统工艺、传统文化资源取得了经济收入,促进了村落经济发展,更重要的是推动了传统文化的传承和发扬,是对古村落历史文化遗产的一种发扬性保护。

另一方面,是借助黄南州全面推进"热贡文化生态保护区"建设为契机,挖掘古村落古城堡丰富的自然资源、历史遗存、文化资源,并结合实际,因地制宜、因时制宜,对这些村落进行科学、合理的开发和推广,使之成为当地有特色的旅游景点,大力发展生态文化旅游经济。如郭麻日古城堡正在全力打造"中国两千年屯垦戍边史活化石"旅游品牌,推动旅游产业发展升级。牙什当村、江龙村的藏家乐达60多家,成为村民增加收入的主要途径。江龙村凭借独特的自然资源,以自助野营形式吸引游客,发展乡村旅游经济等。旅游产业既给相对封闭的古村落古城堡带来了新的生机,同时又给古村落古城堡的原住户家庭收入提高乃至地方经济的发展开辟了新的道路。

二、城镇化进程中,青海热贡地区古村落古城堡保护现状

近年来,黄南州政府本着"城镇建设,要实事求是确定城市定位,科学规划和务实行动,避免走弯路;要体现尊重自然、顺应自然、天人合一的理念,依托现有山水脉络等独特风光,让城市融入大自然,让居民望得见山、看得见水、记得住乡愁"的理念,坚持走保护生态环境、节约集约利用土地、传承历史文化和精品小城镇并举的可持续发展道路,全力推动新型城镇化建设步伐。

(一)城镇建设步伐加快

同仁撤县设市,被列为省部共建高原美丽城镇示范省"5+1"试点地区之一。同仁市、尖扎县城北新区建设全面提速,河南、泽库两县高原美丽新城建设日新月异。8个高原美丽城镇全面建成,同仁唐卡艺术小镇、坎布拉运动休闲小镇两个省级特色小镇创建工作扎实推进,康杨镇、多哇镇、宁木特镇连续荣获"全省美丽城镇建设优秀奖"。建设了吾屯下庄、叶金木村、德吉村、德洪村4个国家级森林城镇和隆务镇省级森林城镇。全州城镇基础设施项目总投资达61.56亿元,是"十二五"投资额的7.1倍,城镇规划面积51.07平方千米,建成区面积达18.88平方千米,城镇化率由31%提高到40%。农牧民危旧房改造、居住条件改善工程惠及8.2万人,全州城乡面貌和人居环境得到极大改善。

(二)编制完成古村落古城堡保护和发展规划

黄南州同仁市政府及相关职能部门认真落实规划相关法规,加快编制完善城镇各项规划工作,并以新修编的城市总体规划为指导,为城镇建设发展提供保障。编制完成《同仁县城市总体规划(2014—2030)》《同仁县历史文化名城保护规划》《同仁县县域村镇体系规划》《同仁县中心城区

市政基础设施专项规划(2014—2030)》《郭麻日历史文化名村村庄环境综合整治规划(2015—2020)》《青海省同仁县保安古城保护规划》《同仁县年都乎村传统村落保护发展规划》等古村落古城堡的发展规划,明确了保护和发展的思路、目标及任务。

(三)古村落古城堡的基础设施建设投入呈上升趋势

党的十八大以来,同仁市共投资2.1亿元,对隆务古街进行修缮工作。其中,投资6000余万元,实施道路改造;投资2390万建成隆务中街、上街、下街;投资960万元建设完成了隆务寺广场;投资2397万元启动德合隆南路东坡工程;投资2179万元动工建设隆务北街延伸段工程;投资4522万元建设完成了热贡大桥,将河东片区纳入整个名城的保护规划当中;投资480万元进行了城镇市容改造围绕国家扶持投资小城镇建设等有利机遇,同仁市通过整合项目资金对隆务古城、保安古城进行保护性修缮,主要建设隆务中街、保安大街道路两侧商铺、传统民宅修缮等,投资达6725万元,修缮面积2.5万平方米。与此同时,恢复建设中军都司衙门、北城门和木质牌坊各一座。加大了对文物保护单位的保护力度,投资1400余万元对隆务寺及其附属寺院吾屯上下寺、郭麻日寺院的修缮。投资近3100余万元完成了对清真寺、二郎庙、圆通寺的维修工作。投入资金2818万元,实施了隆务寺度母广场、年都乎寺院夏日仓囊谦、文化体育活动中心、"於菟"表演场地、乡镇文化站、文化信息共享工程、隆务峡热贡文化长廊工程和吾屯国家产业示范基地建设等项目,逐步形成了以隆务寺为中心,历史文化街区、古村落古城堡环绕的特色城区。

同仁市第一批传统村落保护项目为5个村,分别是隆务镇吾屯下庄村、保安镇城内村、年都乎乡郭麻日村、年都乎乡年都乎村、曲库乎乡江什加村,每村投资300万元,项目总投资1500万元。第二批传统村落保护项目为扎毛乡牙什当村,项目总投资300万元。第三批传统村落保护项目为10个村,分别是曲库乎乡江龙农业村、曲库乎乡索乃亥村、曲库乎乡木合沙村、扎毛乡和日村、年都乎乡尕沙日村、双朋西乡双朋西村、双朋西乡宁他村、双朋西乡环主村、加吾乡吉仓村、黄乃亥乡日秀麻村,每村投资300万元,项目总投资3000万元。第四批传统村落保护项目为3个村,分别是隆务镇吾屯上庄村,年都乎乡录合相村,兰采乡土房村,每村投资300万元,项目总投资900万元。第五批传统村落保护项目8个村,分别是隆务镇隆务庄村、措玉村、保安镇银扎木村、新城村、浪加村、扎毛乡国盖立仓村、黄乃亥乡奴让村、曲库乎乡瓜什则村,每村投资300万元,项目总投资2100万元。从2017年传统村落项目实施到2023年为止,项目总投资7800万元。传统村落保护建设项目主要修建各村的传统民居保护、古树保护、泉水保护、村庄文化展示馆、活动广场。村庄亮化,村庄绿化,整治和完善村内道路、供水、垃圾和污水治理等基础设施,完善消防、防灾避险等必要的安全设施,整治文化遗产周边、公共场地、河塘沟渠等公共环境。

(四)文化旅游产业实现新融合

深入挖掘整理传统文化谱系,培育发展各类文化旅游企业381家,各类文化旅游从业人员3.26万人。相继举办世界唐卡艺术之都千人徒步文化体验游、热贡六月会、"於菟"民俗旅游节等活动,成功认证"最多人同时画唐卡""最大规模唐卡展示""世界最大手写金书""世界最大泥塑千手千眼观音"等吉尼斯世界纪录。组织当地11111名舞者表演国家级非物质文化遗产名录项目热贡六月会的军舞、神舞、龙舞,充分展示热贡地区农牧民群众祈求风调雨顺、五谷丰登、人畜兴旺的美好愿景,成功创下"世界最大规模的龙鼓舞"世界纪录。组织热贡艺人先后赴兰州、成都、天津、江苏、上海等地开展系列推介活动,持续提升同仁市知名度。积极挖掘热贡地区古村落古城堡的文化内涵,合理开发利用农业旅游资源和土地资源,建成"在那东山顶上""芊桑别院""星空峡谷""贡嘎林"等8个休闲农业基地,带动6个村2164户、10025人,户均增收893.8元,有力促进农牧业产业链延伸、价值链提升、增收链拓宽。充分利用郭麻日古堡、保安古城、隆务古街和年都乎古堡等资源,打造古村落古城堡旅游精品线路。利用"旅游+""生态+"等模式,发展乡村休闲旅游产业,文化与旅游融合发展。2023年,同仁市旅游收入12.1亿元,同比增长78.7%;旅游人数达295.6万人次,同比增长63%;文化产业收入5.95亿元,同比增长12.5%,实现了文化传承和农牧民群众增收双赢的效果。组织广大群众参加农民丰收节。精心挑选10家名品特优的农牧民专业合作社参加中国农民丰收节暨青海(河湟)第八届农产品展交会,集中展示同仁市发展成果、推介同仁市产品、加强招商引资、助推同仁市旅游,其中4家专业合作社在展交会中荣获参展产品金奖。

三、城镇化进程中,青海热贡地区古村落古城堡保护方面存在的突出问题

(一)城镇建设规模小且功能不完善

一是城镇规模小,布局比较分散,第二、三产业发展缓慢,经济集聚功能差。非农业人口占总人口比重低,没有发挥经济支撑、产业带动作用。二是城镇建设特色不足,没有很好地挖掘和整理城镇发展的历史文脉和传统文化,在建设中没有充分彰显城镇特色,同仁市历史文化名城的保护不够到位。三是投入机制不灵活,基础设施建设滞后。黄南州地方财政困难,用于建设的财力十分有限,主要靠国家建设项目,多元化投入机制尚未真正形成。四是经济总量小,发展缓慢。除县城以外的其他建制镇,与发达地区相比,信息不灵,经济总量小,发展滞后。镇域人口尤其是青壮年人口,农闲时节大部分涌向市区、县城或外地务工经商,造成小城镇人气不足、财气不旺,集镇建设形不成规模。五是城镇管理体系不健全,人员、机构、经费紧缺,管理制度不完善。

(二)古村落古城堡价值分析和理论梳理工作缺乏

目前,省内外学术界对古村落古城堡文化研究尚处在起步阶段。研究对象上,大多数停留在对于某一具体个案的研究。研究内容上,也多

囿于建筑学范畴,而缺乏对古村落古城堡及其文化进行多学科、多方位、多视角的整体研究。长期以来,由于热贡地区人文学科研究视野对当地村落文化的漠视和忽略,以及有关古村落古城堡文化研究的实物与文献资料缺乏等诸多原因,研究成果甚微。仅有少量的成果,也是侧重于某些个案的调查和记录。比如,热贡地区16个古村落、11处古城堡中,只有郭麻日古村落、保安古城堡尚有较为完整的历史资料。其他很多村落形成的历史渊源、民居建筑风格、民俗风情、宗教文化、人与自然和谐相处的生态环境等都没有系统地挖掘,很多古村落的价值分析尚处在空白状态。

(三)古村落古城堡文化空间完整性遭到破坏

古村落古城堡大多散落在相对偏僻、贫困落后的地区,文化资源得不到有效保护,传统建筑和文物古迹破坏严重。部分古建筑、古村落、名人旧居等具有历史价值的文物建筑没有得到及时保护、维修,因资金缺乏而长期搁置,成为危房。比如郭麻日古堡年代久远,有些宅院年久失修;有些宅院在维修过程中使用当代材料和构建技术,如铝合金门窗、封闭的顶棚、彩钢房等,与原有风貌特征极不协调,破坏了古堡的原生态和本真性。古堡外围乱搭乱建现象同样影响了古堡整体风貌。不少遗址遗迹尚处在静态化原址保护的状态,文化遗产保护形式相对单一,数字化、智慧化、特色化的保护手段和方式还有待加强。

(四)保护模式单一

一是重规模、重速度、轻质量,重有形、轻无形,重建筑、轻文化,偏离了古村落古城堡保护的目的,保护理念有待提升。片面理解"修旧如旧"或者拆真建假,反而造成古街区、古城堡价值的损伤,使隆务镇、保安镇的历史文化资源贬值乃至灭失。

二是隆务古街的保护还存在"浅表化"的现象,没有充分发挥出传承优秀传统文化的作用。首先,在古街保护中,"重地上建筑维修、轻地下设施提升",让一些保护工作出现重"面子"轻"里子"的弊端,时间一长,基础设施老化失修,地上建筑整修效果必受影响。其次,对现代化给人们思想带来的冲击没能有效引导。一方面街区内部的生活品质落后于新区,过现代生活只能去新区,给社会造成历史保护与城市现代化发展相对立的印象。一旦年轻人大多离开旧城街区,街区人口结构趋向就会老化,社会经济活力就会下降,最明显的就是隆务古街传统商业严重衰败。另一方面,生活在街区的居民,心理上逐渐倾向于放弃旧居,影响了对隆务古街历史文化价值社会共识的形成。最后,随着城镇化建设迅速发展,隆务古街传统风貌特色迅速消失。在修缮过程中,运用现代机械化工艺,出现部分"复古建筑"。不当的城镇新建筑对隆务古街视线通廊、空间轮廓造成破坏,严重影响古镇景观。

(五)保护法规、管理体制、政策制度有待完善

古村落古城堡保护在我国兴起较晚,长期以来存在"萎缩性管理"和"多头管理"的弊端,古村落古城堡的概念、保护范围与要求尚无法规,新农村建设存在"鼓励新建"(按实际投入百分比)的补贴政策缺陷,还有农村乡土建筑产权不清,等等,都给古村落古城堡保护带来诸多障碍和困难。热贡地区目前大部分古村落古城堡有较为完整的保护规划,但有些村落还处在调查、整理资料阶段,且没有与全州开展的美丽乡村建设相结合进行保护的设想及计划。

(六)项目资金投入有限

热贡地区古村落古城堡的保护主要依靠国家投资,中央财政整合5支专项资金支持古村落保护,覆盖村庄基础设施、环境整治、文物和非遗保护,但文物方面只支持省级以上文保单位,非遗方面只支持国家级非遗项目。古村落中的国家级非遗项目投资20万~30万,而其他省级、州级非遗项目无任何投资。加上黄南州财政收入拮据,地方财政投入普遍不足,严重的资金匮乏是制约保护利用的关键难题。

（七）经济发展薄弱

一是村集体经济薄弱。16个古村落古城堡中,有村经济合作社的6~8家,比如牙什当的苗木合作社、和日村的蕨麻合作社、江龙村的林木合作社、江什加村藏靴制作合作社等,创收能力弱,在增加村民收入方面作用不明显。二是基础设施水平较低。从水、电、路的基础条件来看,覆盖面较大,但质量较差。三是退耕还林,耕地减少,影响村民收入增加。由于热贡地区属于三江源核心保护区,各村落退耕还林任务重。如索乃亥村退耕还林800多亩,现人均耕地3.6分;和日村退耕还林1000亩,现人均耕地3.9分;牙什当村退耕还林969亩,人均耕地3.7分等。四是增收途径单一。受各种条件限制,群众文化水平较低、思想观念落后,接受新生事物能力差,"等靠要"思想仍然较为严重。在群众收入构成上对采挖虫草过度依赖,语言障碍影响劳务输出,可持续增收能力弱。五是产业项目选择空间小。项目选择单一,特色产业优势不够凸显,有些村落产业项目选择同质化现象突出,经济效益不够理想。

（八）村民参与程度不高

村民参与古村落古城堡保护行动的过程,是村民逐渐形成并深化对村落价值和意义认识的过程,也是提高村民在保护行动中主体性发挥和话语权表达的过程。作为村落的主人,村民对于村落保护与发展有主张的权利。村落首先是村民的生产生活空间,村民是村落的建造者和村落文化的生产者、传承者与享用者,因而也是保护行动最直接的利益相关者。当前,村民参与古村落古城堡保护的瓶颈有三。

一是许多村民尚未形成保护古村落古城堡的文化自信和文化自觉,村民自卑自鄙的现象仍然广泛存在,且不说一般村落的村民,就是进入"中国传统村落"名单的村民,很多也没有意识到自己的村落具有值得保护的多重价值。

二是缺乏参与保护的行动能力。"参与"并非在场旁听,而是真正参与决策和实施,包括在自己村落是否申报中国传统村落,规划自己村落的保护、发展方向和内容,规划的具体实施、利益分配等方面发表意见。因而这种参与势必要求较强的行动能力,比如能够熟悉国家目前正在实施的各项政策,尤其是古村落古城堡保护政策,能够了解村落的历史与价值,能够对村落未来的发展提出自己的看法,能够将自己的诉求和看法完整而准确地表达出来,或者能够在文化遗产的保护与合理利用方面发挥实际的作用,等等。

三是缺乏参与保护行动的渠道和机会。在自上而下的古村落古城堡保护政策行动中,村民能不能真正参与,还取决于他们是否拥有参与的渠道和机会。州县政府并没有明确意识到村民在村落保护方面的应有权利和所起的关键作用,也没有为他们的参与提供渠道和机会。

四、城镇化进程中,青海热贡地区古村落古城堡保护对策分析

(一)正确认识和处理城镇化与古村落古城堡保护关系

城镇化是国家的顶层设计和一种战略思考。以人为本的发展目标转向、地域生产力有效分工的体系构建、区域特色文化动力要素的彰显、传统特质与乡土文化的留存和化传统农民为市民等,成为城镇化的关键词。在这种情况下,热贡地区古村落古城堡作为有着十分丰富的民族文化特色的典型村落,如何在城镇化的发展中不失自我,最终可以实现"望得见山、看得见水、记得住乡愁",既是一种挑战,也是一种机遇。

一是全面加快热贡地区城镇化进程。热贡地区处于三江源生态保护区,特殊的区位特点决定了当地城镇化建设的路径,必须以保护生态环境为前置条件,推进以人为核心的城镇化。所以必须走保护生态环境、传承民族文化、中小城市和精品小城镇并举的可持续发展道路。在提升城镇化率的同时,更要注重城镇建设的民族文化气息。依法制定城市规划,把以人为本、尊重自然、传承历史、绿色低碳等理念融入城市规划的全过程。

优化城市空间布局和形态功能,协调城市景观风貌,体现城市地域特征、民族特色和时代风貌,逐步建立和完善城市依法治理体制机制。在城市产业、空间、文化布局上彰显民族特色,充分发挥同仁历史文化名城效应的同时,带动保安、年都乎等镇的建设,使这些城镇逐步发展成为宜居城镇、民族风情城镇。

二是热贡地区古村落古城堡必须从就业、产业、文化传承保护等核心视角着手,积极应对城镇化对古村落古城堡保护与发展提出的要求。对于古村落古城堡建设,要严格保护原有的独特古村落古城堡格局、原有的社会结构、生产生活方式和社会价值观念,积极完善村落基础设施配套建设,尽快改善居民生活环境,使之成为热贡地区独特的藏族、土族文化群落景观。根据村民意愿组织形成多个藏族、土族文化村、民俗村、生态村等多样发展的文化村落。

(二)明确精准保护与创新发展的融合

古村落古城堡实现精准型的保护,并与创新发展相融合,杜绝过分偏重——只强调保护或只强调开发的片面建设的既有路径,转而将精准意义上的"全流程、全环节、全要素"作为三大核心要素,将保护与开发的互相融合贯彻在古村落古城堡保护发展的始终,在资源梳理、现状分析、主题定位、功能分区、空间特色、项目设计、运营服务、营销推广等各环节明确保护与开发的各自侧重和着力点,实现保护与创新发展在古村落古城堡整体发展过程中的协调与融合。

1.做好热贡地区古村落古城堡建档立案工作

古村落古城堡是一个系统性的文化遗存,要充分挖掘古村落古城堡历史沿革、村落选址格局、整体风貌、建筑、细部、构件、历史环境要素、生产生活方式,以及用具、各类文学、艺术、歌舞、民间习俗、生活习惯、饮食习俗等。建立档案是所有保护工作的基础,是保护管理的重要依据,能够延缓和停止对古村落古城堡破坏。要对古村落古城堡内外有保护价值的内容进行系统而详尽的调查、整理,并加以准确细致的记录。既要保护住古村落古城堡中各类文化遗产的"形"，又要守住古村落古城堡承载的中华优秀传统文化这个"魂"。

2. 科学制定《古村落古城堡保护发展规划》，加强实施规划的动态监管

首先，制定《古村落古城堡保护发展规划》，并纳入黄南州"城镇化""城乡统筹""文化发展"等总体规划中。其次，建立保护规划的专家审批、巡查制度。规划要批前公示，长期公开，接受公众监督；主要保护开发项目要事先征得州文物部门同意，报州城乡建设规划部门批准；未经州文物行政部门同意的，不得立项，更不得开工建设。最后，职能部门要建立古村落保护和发展的监控制度，及时监测控制规划实施的各种动态，确保有效保护与可持续发展。

（三）加强古村落古城堡的学术研究

古村落古城堡是传统社会最基本的单位之一，是热贡地区的先民们在日常生产生活过程中逐渐累积各种经验而形成的一个多元的文化复合体，涉及历史、宗教、部落、经济、方言、文学、建筑、考古、文物、习俗等几乎一切有形的、无形的文化。研究古村落古城堡文化，一是重视古村落古城堡文化学术体系的构建。要突破传统的单一学科，引入新兴的历史人类学、文化人类学、民俗学所倡导的田野考察方式，并借助和整合历史学、文化学、民族学、宗教学、建筑学、经济学、法学、艺术学等多学科交叉研究为优势、多视角介入古村落古城堡文化的研究，主要研究古村落古城堡的资源环境、建筑营造与保护利用、生产生活与经济模式、文化教育与道德教化、部落习俗与村落治理、民族民俗与宗教信仰、文化传统和精神世界等物质与非物质文化，构建起热贡地区古村落古城堡文化研究体系。

二是研究古村落古城堡文化，应该揭示出村落文化的"共相"，即普遍规律与内在特征，费孝通先生曾指出："人文世界是具有一致的共相的，社会人类学就是要把人文世界从对个别的观察里把共相说出来。"在揭示规律的同时，重视它们各自的特征。各古村落环境不同，风俗各异，所谓"十里不同风,百里不同俗",它们所具有的不同特征需要我们认真研究和发现。

三是开展对古村落古城堡的非物质文化遗产的研究。比如,诞生于古村落古城堡的文学作家、僧俗作家的典章名著,对丰富藏学、发展藏学的历史意义和文化价值;当地艺术大师创作唐卡的绘画技法与敦煌壁画的绘画技法的传承关系;这些村落的民间祭祀舞蹈与传统庙堂祭祀舞蹈的关系;江什加、牙什当民间藏戏的艺术特点及其演变过程;藏传佛教在古村落古城堡文化形成中的积极作用等。

(四)实施古村落古城堡传统风貌的整体保护

坚持保护传统风貌与改善人居环境并重,遵循保护、修复、更新相结合的理念,每年重点选择6~8个古村落古城堡开展风貌保护提升行动。

1.在修复格局与机理方面

依据村落历史形成时的规划营建理念并结合现状实际,对遭受破坏的山体、水体、植被、田园、坡岸等村落环境,积极开展生态修复治理,努力保持村落与周边环境相协调。尽可能梳理优化街巷空间结构,恢复水系原貌和功能,整治提升空间形态,延续古村落古城堡脉络机理。有条件的古村落古城堡可适度恢复或引入乡村景观。

2.在彰显风貌与特色方面

严格按照保护发展规划和村落设计开展民居建筑风貌整治和公共空间节点打造,着力彰显古村落古城堡特色。对核心保护范围内的建筑和公共空间节点,优先修缮修复重要建筑和公共空间节点,稳妥推进一般建筑和公共空间节点的整治工作,慎重开展历史遗迹遗址的恢复重建活动。对严重影响整体风貌的现代建筑,可采取迁出、置换、补偿等多种方式予以拆除或整体改造;对核心保护范围外的建筑和公共空间节点,要加强整治提升村落风貌,适度有机更新,但要避免将广场、公园、草坪、喷泉等城市景观生硬嫁接到古村落。

3.完善设施与功能方面

最大限度发挥古村落古城堡内现有各类设施功能的前提下,综合考虑生态承载力和资源承受力,统筹开展基础设施建设,完善公共服务功能。强化古村落古城堡防灾安全保障。根据村落产业发展需要,适度建设商业、旅游等服务设施,防止盲目开发和过度商业化。

(五)做优做强村落文化产业

1.抓好对隆务古街的建筑整修,重现隆务商业风貌

一是老街区的保护与更新应以城市人的生活为中心,以激发城市活力为出发点,严格保护街巷、院落和建筑,重视街道和建筑的空间尺度,达到人性化的体现。更重要的是让老街区人有更多的可能性,继续生活在原住地,并保持与外界的有序流动,这是维系文化发展的必要条件。保留原住户,引入中产阶层,带动商业发展,因为有生活就有商业。通过人和生活来激发商业,实现良性循环。同时,提升城市内涵,改善人居环境,转向绿色发展。比如古街道的垃圾降解、污水净化、能源、路面渗透,都需要引入绿色可持续的理念,包括建筑墙体、建筑风貌也应该考虑渐进性的方式,从祖宗"天人合一"传统中获取智慧,并跟现代技术相结合,创造具有当地民族特色的、有文化自信心的城市。

二是加强古街的软环境及居民生活品质的提升。建设便捷的网络服务、方便的物流系统、支付系统、设施的智能管理系统、信用系统等,促使古街居民生活智能化。

三是突出生活化、生产化功能需求,在原有建筑结构保留的基础上进行功能性提升。在充分利用隆务老街传统商业的基础上,形成前店后坊,生活与生产经营合为一体的功能模式。在项目设置上,以回族、藏族特色风味餐饮、老街文化客栈、民族文化产品销售及娱乐等功能内容,形成整体化的休闲服务。充分利用古街独特的建筑风格和多民族多宗教融合的特点,打造古街亮点,使其形成人们了解和享受民族文化的场所。

2.推动村落文化产业提档升级

紧紧抓住黄南州开展"千家万户"文化工程契机,依托热贡龙树画苑、吾屯唐卡艺术之乡、年都乎堆绣文化等国家级文化产业示范基地,带动吾

屯、年都乎、郭麻日、尕沙日等村落的文化产业的发展。加大对热贡艺术品的研发力度,创新和开发唐卡、堆绣、泥塑等艺术作品的内容、包装等。在产业发展战略上,鼓励众多的中小民营企业、村合作社和村民参与唐卡、堆绣、泥塑等热贡艺术品的生产、加工、包装和销售,延长文化产业链条,走产业集群发展的路子。以龙头企业带动农户发展热贡艺术产业为手段,增加农牧民收入。引导和支持江什加的藏靴制造、牙什当的经幡刻印等产业提档升级,逐步形成规模化。

3.加大民间艺人的培训力度

一是要建立适合热贡地区的传承人保护制度。明确传承人的地位,在技能传授、生活补贴、设备更新等方面给非遗传承人以必要的资助。保护传承人立位仪式和成年礼仪,解决老传承人的福利待遇;鼓励他们对后人的传、帮、带,努力培养和造就新一代的传承人;做好传承人的认定和培训,在社会地位、经济保障、专业技术资格等方面给予传承人政策支持和制度保障。

二是要建立合理可行的传承机制。帮助建立培训基地和师徒关系,通过授课、带徒授业等方式培养接班人。在年都乎、吾屯、尕沙日、江什加等村建成多个国家级"非遗"项目代表性传承人传习所,政府采取相应的优惠政策,鼓励国家级、省级工艺美术大师和传承人全力带学生,提高他们的知识技能和文化自觉,使其技艺能够得到完好的传承。

三是加强乡土人才的培养工作。结合黄南州实施的乡土人才"百人育才"计划,同仁市相关部门围绕乡村旅游业、热贡艺术、特色农牧产品开发等特色产业,抓好古村落古城堡的人才培养工作,组织人员赴外培训和学习,并采取措施进行跟踪培养、重点选树,充分发挥乡土人才的作用。

(六)大力发展乡村旅游业

1.探索因地制宜,因村制宜的旅游模式

结合各村落的实际情况,有针对性地创新旅游发展载体,发展多种模式:

（1）"景区+古城堡"模式。挖掘年都乎、郭麻日、尕沙日、保安古城堡的文化内涵，特别是加强对屯垦戍边历史研究，挖掘古遗址、屯垦戍边军制、屯垦戍边过程中的民族融合及屯垦戍边文化。注重现有古城遗址的保护、恢复和建设，重点建设保安古城、郭麻日古城堡、吾屯古城堡、年都乎古堡和隆务古街道，形成各具特色的古城堡模式，打造屯垦戍边活化石的旅游品牌，这也是当前古城堡旅游开发的主要形式。以景点为依托，鼓励村民包装农家庭院建筑，发展休闲观光农业，做到景区与农家互促共荣。

（2）"古村落古城堡+游购"模式。以城乡互动为抓手，打造集休闲、观光、购物等于一体的游购乡村旅游产品，引导粗放型农林养殖业产品向特色旅游产品转变，为游客提供古村落文化体验旅游产品，热贡六月会、宗教法会等民俗节事会展旅游产品，同时开发高原生态休闲旅游产品和生态考察特种旅游产品等。

（3）在田园观光上下功夫，依托同仁市8个休闲基地，周边种植具有观赏价值的油菜、葵花、荞麦等经济作物，增添观赏价值。挖掘民族特色+农耕生产的文化底蕴，收集古老传统农耕生产工具，提炼总结观天象、布农时的农耕谚语，制作农耕文化展示区，提升休闲农业文化品位。充分利用资源禀赋，拓展休闲领域，开展"探索西域胜境，体验民族文化"相关活动，增添民族趣味，展示民族风情，吸引州外游客。通过举办民俗活动，吸引周边群众旅游观光。

同时，这些不同类型的乡村旅游模式还要积极探索通过与其他产业及其他旅游目的地联动来获得"1+1>2"的效果。在因地制宜发展农家乐、藏家乐、生态农庄等乡村休闲产品的同时，结合同仁市文化旅游精品线路，设计出乡村摄影、徒步漫游、体育健身等一系列新形态，并通过旅游发展产业基地，延长古村落古城堡旅游产业链，实现旅游产品的价值增值。

2.群众是旅游发展的主体

要让群众多途径、深层次参与旅游发展，才能实现旅游发展、旅游致富的最终目的。群众参与形式,既有在景区务工或为农家乐、藏家乐提供"劳务输出"模式,也有售卖农副产品、手工艺品及展示民俗文化、歌舞技艺等"旅游+"模式,还有土地流转、入股分红等模式。对群众进行培训和引导、邀请专人指导帮建农家乐、藏家乐,提高群众在旅游发展中的致富能力,改变村民原先落后的生活习惯和单一的传统农业技能,使他们逐步变成能经营宾馆、餐厅的旅游服务者。

3.政府要积极作为

政府鼓励、支持、引导旅游业发展,要落到实实在在的工作上。古村落古城堡自我发展能力较低,政府既要做好规划、定位清晰,避免"散、乱、小"和同质化竞争,又要整合古村落古城堡生态、民俗、宗教文化等资源,丰富旅游内涵。可以将古村落古城堡的非物质文化遗产的生产性保护、节会形式保护、传习机构传承、抢救式保护等方式与旅游相结合,通过旅游让人们了解到这些古村落古城堡的非物质文化遗产的精髓。通过政府牵头,可以组织多个古村落,共同挖掘古村落文化,打造原生态的文化旅游节目,丰富旅游形式,推动旅游产业发展。

4.积极创新管理方式

古村落古城堡的旅游开发管理权由各乡镇政府掌握,日常管理工作交由各村委会执行,开发权集中在村委会与村民手中。这种垂直管理和社区控制对旅游开发将起到积极的作用。统一的管理链条有助于景区的建设和资源的统一调配,有利于旅游产业发展带给村民利益的分配,还有利于政府出面对外进行旅游宣传和推广。

(七)村落保护与巩固拓展脱贫攻坚成果相结合

热贡地区的古村落古城堡基本属于脱贫性村落,因此乡村振兴和巩固拓展脱贫攻坚成果是这些村落保护发展的首要任务。

1.突出抓好产业振兴

乡村振兴,产业是核心,是关键。坚持把培育富民产业作为古村落古城堡巩固脱贫成果的核心任务,因地制宜支持发展与乡村振兴关联度高、群众广泛参与、能够实实在在带动群众发展生产的种植业(蔬菜、油菜、黄果、花椒、核桃、苹果等)、养殖业(牛羊等)、手工业(藏靴制作、刻板印刷、经幡制作等)、乡村旅游、民族文化产业和农畜产品加工,加快江什加、江龙、牙什当等村的乡村产业园区建设,推进"一村一品"产业培育,让更多的老百姓融入产业发展中,增强村民自我发展能力。积极发展适度规模经营,大力培育新型农业经营主体和服务主体,通过经营权流转、股份合作、代耕代种+土地托管等多种方式,加快发展土地流转型、服务带动型等多种形式规模经营。充分尊重群众首创精神,适宜发展什么就扶持什么,宜农则农,宜牧则牧,宜林则林,宜商则商,宜游则游。

2.找准巩固拓展脱贫成果,推动乡村发展的立足点

加强古村落古城堡基础设施建设,综合整治村居环境。按照村民实际需求和自身特点,围绕饮水、道路等群众最关心的问题,加强群众受益最直接的生态环境基础设施建设,开展自然环境治理、村容村貌整治、环境卫生清洁等生态综合治理措施,加快推进道路、供排水、新能源等基础设施建设。根据计划,2017年,同仁市贫困村(包括日秀麻、宁他村、环主村、郭麻日、索乃亥、木合沙等古村落)基础设施建设及公共服务设施项目总投资达到3.74亿元,争取国家开发银行扶贫贷款14.8亿元,有力推进古村落古城堡的交通、水利、电力、通信、金融、科技、医疗卫生、文化惠民、电子商务等项目的建设速度,既能使群众享受到脱贫攻坚的成果,也有助于生态环境的改善。

3.找准巩固脱贫成果与乡村振兴有效衔接的支撑点

积极协调古村落古城堡危房改造、特色产业发展、易地搬迁、基础设施建设等相关项目,为乡村振兴提供强有力的政策和资金支持。同仁市2016年已实施12个贫困村(包括6个古村落古城堡)360户产业项目,项目包括牲畜养殖、购置商铺、建筑建材、热贡艺术、个体经营等方面,涉及项目资金1496.64万元,其中财政扶持资金985.6万元,群众自筹511.04万元。在此基础上,2017年实施贫困村基础设施建设项目涉及餐饮、住房、交通、文化、地质灾害、电力、绿化、亮化、环境整治等15个方面,总投资

4.47亿元。这些资金的投入和使用上,扶持日秀麻村、宁他村、郭麻日村、索乃亥村、木合沙村互助资金50万,产业(集体)资金50万,到户产业扶持资金人均0.64万元。在易地搬迁方面,扶持日秀麻村40万(平均1户10万),宁他村10万,环主村10万,郭麻日村20万,木合沙村50万。全力破解融资难题,坚持把加大资金投入作为重要保障,充分发挥财政资金"药引子"作用,通过政府和社会资本合作,吸引金融和社会资本更多投向古村落的保护。各级政府整合各行业部门资金,集中力量办大事,确保使用效益最大化。统筹协调各类金融机构,细化乡村振兴金融政策,不断深化拓展金融产业的领域和渠道,创新贷款项目管理、资金报账支付等机制,切实发挥效益。探索农村土地承包经营权、林权、宅基地使用权等抵押担保贷款办法,引导各类金融机构积极参与,促进古村落的保护与开发利用。

一是开展"四个一批"促进行动,切实提高特色农产品生产能力。脱贫攻坚战略实施以来,同仁市各级财政资金和衔接资金扶持建立了一批帮扶产业项目,绝大多数项目在脱贫攻坚和巩固拓展脱贫攻坚成果中发挥了积极作用,但仍有部分项目存在经营难的问题。一方面,在帮扶产业项目立项时,对市场、资源、人才等因素判断不准确,也因市场变化、环境制约,导致项目经营不善;另一方面,存在着帮扶产业项目建设内容不全面,设施设备不配套等问题,造成产业项目功能不完善,生产不顺畅。根据省乡村振兴局《关于充分运用"四个一批"方式促进帮扶产业提质增效的通知》安排,通过对帮扶产业项目全面摸排,摸清巩固提升一批、升级一批、盘活一批、另起炉灶一批对象,按照缺什么、补什么原则,确定每个一批每个项目扶持内容,制定项目实施方案,全面推进实施。重点加强粮油果蔬基地、犏牛饲草基地、牦牛藏羊基地及经营能力弱的农畜产品加工基地进行提质升级,使其生产经营更加完备,生产效益更加优良。继续扶持新建一批打基础的帮扶产业项目。对建成尚未经营的农畜产品加工帮扶产业项目,按照盘活一批六种方式进行盘活,盘活不了的按另起炉灶一批政策执行。进一步加强帮扶产业项目经营管理、人才引进、产地初加工、产销对接工作,提高产业项目市场竞争力和经济效益。

二是开展稳粮保供扩能行动,切实提高粮油蔬稳产增产能力。严格落实耕地"六个严禁"措施,守牢耕地保护红线。按照适宜耕作、旱涝保收、高产稳产原则和藏粮于地、藏粮于技要求,接续开展高标准农田建设,为粮食安全、稳粮保供奠定基础。加大农作物新品种新技术推广应用,通过测土配方施肥、机械化耕作、良种供给等措施,提升小麦、青稞、油菜、马铃薯、蔬菜等作物生产水平。

三是开展畜牧养殖提升行动,切实提高标准化饲养管理能力。树立"种好草、养好牛、产好奶、出好肉、卖好价"畜牧业发展理念,继续拓展畜牧良种繁育基地、万头犏牛"3545"基地、饲草料保障基地功能。完成"热贡加佳哇娄""热贡尕玛顿丹"两个藏羊品种国家畜禽品种遗传资源审定工作,启动"若若牦牛"遗传资源申报工作。

四是开展经营主体培植行动,切实提高农牧业生产经营能力。农牧业新型经营主体是实现乡村振兴的重要载体。经过努力,同仁市农牧业新型经营主体达到1033家,其中村集体股份经济合作社73家,农牧民专业合作社245家、扶贫车间25个、家庭农牧场687个,庭院经济也在快速发展,极大地提高了乡村产业组织化水平,推动了一二三产融合发展。

五是切实提高农产品增值输出能力。完善多哇镇畜产品产业园、瓜什则乡牦牛酸奶产业园及加吾乡马铃薯、沙棘、隆务庄黄果、黄乃亥乡和曲库乎乡黑青稞加工基地、热贡馍馍加工作坊运营管理机制,办理产地作坊加工许可证,引进技术支撑团队或行业专家,明确经营主体生产指标及带动关联产业合作社、农牧户数量,加强规范化管理,加大技术指导与投入,提升产品附加值。

4.大力提升群众致富能力

提升群众的致富发展能力是激发内生发展动力的关键之举。要坚持把提升能力素质作为乡村振兴的重要举措,整合各类培训资金,加快推进村民技能培训、农村青年致富带头人培训,不断提高劳动者技能。积极稳妥地推进"双语"教育、职业教育,力争让所有接受完义务教育而未能升入高中或考上大学的青年接受职业教育,让每个青壮年劳动力掌握一技之长,为充分就业创造条件。鼓励和支持群众创业,将符合条件的双创项目纳入强农惠农政策范围,扶持农民工、大学生等人员返乡下乡创业。

(八)通过宣传教育提升村民参与村落保护的能力

比如出版古村落古城堡的村史村志、举办村落摄影展,引导、鼓励村民参与其中;充分运用微信等新媒体,建立古村落古城堡保护公众订阅号,定期发布关于古村落古城堡保护的相关信息;引导鼓励村民加入,并引导鼓励村民上传信息;获得"中国传统村落"称号后在村落中举行由全体村民参与的庆典仪式;成立由省内外专家、学者、地方文化研究者等共同构成的古村落古城堡保护和研究机构,为村民宣传国家相关政策精神、国内外不同地方传统村落保护的经验教训等,尤其注意讲解社区村民参与保护营造的成功案例。当前,热贡地区的村民尚未形成"我要参与"的自觉,在这种情况下,政府应该创造机会让其参与其中。比如制定保护规划中要征询村民的意见,并对村民进行动员,听取村民的建议。在具体开展保护行动时积极发挥村民的主体作用。

古村落保护行动,不只是对一个地方经济能力的考量,也考量着一个地方的文化眼光和创新能力。当前热贡地区古村落古城堡保护行动刚刚开始,在保护理念、保护制度、保护方法等方面都需要进一步探索。重视村民参与能力提升,并建立健全相关制度,是有效推进古村落古城堡保护行动的重要切入点。

(九)加大政府的支持力度

1.加强政策保障

各级政府和有关部门要在财政支持、用地保障、规费减免、工商登记等方面出台政策,为古村落古城堡保护发展创造良好的政策环境。对已经列入重点保护范围的古村落古城堡,省、州财政要整合有关专项资金,用于支持开展全面普查建档、规划设计覆盖、风貌保护提升和特色产业培育等行动。州、县(市)要将古村落古城堡保护发展工作费用纳入地方财政预算,并加强资金整合,加大对古村落古城堡保护的投入。建议从"城镇化资金""文化发展资金""城建维护费"中确定一定比例的古村落古城堡维保费用。可以采取市场化运作方式,鼓励吸纳社会资金、风险投资基金、民间集资、使用人出资等多种资本参与保护开发利用。同时,重点保障古村落古城堡中无房户、危房户、住房困难户等农户易地搬迁建房用地需求,切实防止因农户拆旧建新破坏整体风貌;在利用山坡地且不占用耕地的情况下,可适当放宽宅基地和人均建设用地控制指标。积极推广政府与社会资本合作(PPP,公共私营合作制)模式、社区营造、合作社主导古村落古城堡建设等模式。鼓励采取村民自保、私保公助,产权转移、公保私用、认领、认养、认保等方式,加快形成多元化、社会化、转移性的古村落古城堡保护机制。

2.加强体制保障

一是落实保护责任,实施清单管理。地方政府作为古村落古城堡的管理方更应明确其职责,要增强保护古村落古城堡的自觉性和责任感。黄南州同仁市要积极建立古村落古城堡保护"五个一"机制,即市政府确定1名领导,负责统筹协调;乡镇政府确定1名领导,负责具体管理和实施;每个古村落古城堡要落实1名以上对口指导专家,涉及重要节点和传统建筑的修缮改造方案必须经专家签字同意;每个古村落古城堡要聘请1名以上有丰富实践经验的带班工匠主持保护项目实施,并指定1名以上热心保护工作的本村常住居民担任村级联络员,负责宣传保护政策、反映项目进展情况等工作。

二是建立"古村落古城堡保护责任追究制",市级政府负主要责任,将古村落古城堡保护发展作为加强城镇化的主要任务,并纳入政府政绩考核指标。

三是建立健全古村落古城堡保护发展部门联席会议制度。地方党委和政府必须足够重视古村落古城堡保护工作,并积极组织、督促各有关部门加强沟通联系,建立健全联席会议制度。住建、文化、财政、民宗、旅游、州热贡文化管委会、非遗保护中心等相关部门应严格实施清单式管理,各尽其责。同时加强协调沟通,相互协作,定期或不定期地共同研究推动古村落古城堡保护、修缮、开发、利用等工作,及时解决有关问题,以此形成传统村落保护工作的强大合力。

3.加强人才保障

热贡地区古村落古城堡的保护是一项复杂的系统工程,离不开各类人才的支撑,这些人才既包括民俗学、历史学、建筑学、文物研究等方面的专家学者,也包括文物、建筑修缮等方面的技能人才。要建立和完善专业人才培养和引进机制,特别是采取有效措施,引进文物研究等专业人才,充实专业保护管理队伍;积极发挥省科研部门和相关高校的作用,加大传统建筑学专业人才培养力度;扶持和壮大民间古村落建筑工匠队伍,加强业务和技能培训,努力提高农村建筑工匠收入和地位,促进优秀传统建筑技艺传承与创新。另外,还可以出台政策鼓励吸引各类人才回村,带回新的知识、人脉和财富,为古村落古城堡保护与发展提供新动力。

青海热贡文化资源的保护与开发问题研究

一、热贡文化资源的特征

在漫长的历史演变与文化变迁的进程中,热贡文化资源从宗教文化与世俗文化、地方文化与民族文化的双重视野中,以众所周知的热贡艺术为文化品牌,以藏族、土族等民族的风俗礼仪为文化旨趣,以宗教精神和民间信仰为文化蕴含,形成了以宗教性、地方性、民族性、艺术性为特征的文化资源库。

(一)热贡文化是一种独特的地域资源

从文化地理学的角度考察,热贡文化资源产生于青藏高原和黄土高原的交接地带。热贡地区东与甘肃省甘南州夏河县为邻,西接青海省贵德县,北与青海省循化撒拉族自治县、尖扎二县接壤,南部与黄南州泽库县相连,面积为3272.5平方千米。"这块地段,为高山草甸区,水草丰美,间多农田,今为热贡十二族栖息地,向称富饶。"①正是这种富足丰美的地理气候条件,吸引了历史上羌人、吐蕃人、吐谷浑、唃厮啰人、蒙古人及内地汉人等纷纷前往热贡辛勤耕耘、生生不息。最终在热贡地方形成了农业区、牧业区、农牧兼作区、城镇区、城乡结合区等由地理环境不同而产生的不同文化形态,反映出"文化发育的地理环境背景给予文化的影响,作用和

---

① 李文实:《西陲古地与羌藏文化》,青海人民出版社,2018年,第151页。

生态"①。

在人文地理上,形成了以麻巴、浪加等地为主的农耕文化,以瓜什则、多哇等地为主的游牧文化,以双朋西、曲库乎等地为主的半农半牧文化,以隆务、保安等地为主的城镇文化和以热贡四寨子等地为主的藏画艺术文化。这些文化板块组成了热贡文化独特而又丰富的文化内容,是依赖热贡独特的自然地理条件而进行的文化选择,说明热贡文化资源不是单一的,而是多元的。同仁古城是青海省唯一的一座国家级历史文化名城,同仁市境内的文物点达170多处,内容涉及马家窑文化、齐家文化、卡约文化、马厂文化、半山文化及吐谷浑王国文化遗存。热贡成为现如今藏族、土族、回族、蒙古族与汉族文化交相辉映的民族文化宝库。各民族独特的语言、文字、音乐、舞蹈、建筑、服饰、工艺、宗教信仰、生活习俗给我们展开了民族文化灿烂夺目的画卷。热贡文化在长期的多元民族文化资源的滋养下形成了独特的地域资源。

(二)热贡文化是一种特有的宗教文化资源

前文简单提过,从宗教体系上讲,热贡地区藏传佛教文化十分发达,是安多地区藏文化的中心。其藏传佛教文化的发展主要表现在三个方面。

一是藏传佛教寺院及其文化。热贡地区现有藏传佛教寺院92座,其中格鲁派59座、宁玛派30座、文波派3座。元代在热贡地区创建萨迦派寺院隆务寺,于明万历年间改为格鲁派。由于藏传佛教格鲁派的创始者宗喀巴大师力主律藏,深得广大信教群众的拥戴,格鲁派在藏族地区产生了深远的社会影响,藏传佛教寺院经济逐渐形成并得到发展。在封建王朝统治阶层的扶持下,寺院的建筑艺术、绘画艺术、雕塑艺术及宗教音乐、舞蹈得到长足的发展。特别是格鲁派(黄教)寺院的显宗经院、密宗经院、时轮经院(天文历算)、医学经院的佛学经院制度确立并得到

---

① 陈华文:《文化学概论》,上海文艺出版社,2001年,第128页。

发展壮大。

二是藏传佛教后弘期发祥地等文化资源。据史料记载,9世纪吐蕃赞普朗达玛灭佛期间,三位佛教高僧,也叫三贤者(希格均、臧饶赛、玛尔·释迦摩尼)来到坎布拉地区,以南宗寺为基地,传播弘扬藏传佛教,形成了一个藏传佛教中心称丹斗(底)中心,是9—10世纪整个藏族地区佛教中心。晚年的臧饶赛、玛尔·释迦摩尼曾迁到湟水北岸的玛藏崖(现在的白马寺)居住修行。希格均也在离玛藏崖不远的月格沟居住,最后在西宁圆寂。到13世纪,信徒们在西宁西大街修建了三贤者的拉康(佛殿),汉语名"大佛寺"。由此南宗寺、丹斗寺、白马寺和大佛寺,作为藏传佛教后弘期的祖寺。而尖扎南宗、化隆丹斗等三贤者住地,历史上将其视为藏传佛教的复兴地。

三是藏传佛教界的历史文化名人辈出。其中有学术大师及高僧大德端智仁青、夏日仓·噶丹坚措、喜饶扎西等,藏族文学家隆多云丹嘉措、罗桑华旦、根敦群培等,热贡艺术大师番曲热赛日、云旦、尖措、夏吾才让等。随着藏传佛教在热贡的传播与盛行,热贡地方逐步形成了环隆务寺的一地一寺、一村一庙、头人一庙堂、一家一佛殿的壮观景象。这种人文景象同时印证着藏传佛教在热贡深入人心的程度。可以说,热贡地方笃信藏传佛教的藏族、土族、蒙古族等民族的文化心理、文化传统都是藏传佛教精神重塑和再造过的,其文化内容渗透着佛教思想的全部精华。

因此,宗教文化成为青海热贡非物质文化遗产的重要内容之一,宗教文化一方面有自身的内容和形式,另一方面又洗礼着传播地的民族民间文化,同时又接受着传播地民族民间文化直接或间接的影响。两者相互影响而不断发展,这种影响既呈现在人们的思想观念、价值标准、民俗选择、审美倾向等精神层面上,也呈现在衣、食、住、行等物质层面上。因此在青海热贡非物质文化遗产本来就很丰富的蕴含中,又有大量的宗教文化因素渗入,使得宗教文化深邃的义理尤其是因果报应等思想,与民族民间文化中朴素的人生观、价值观融为一体,成为青海热贡重要的精神传统。

(三)热贡文化是一种特有的艺术资源

热贡艺术是热贡文化的重要组成部分。热贡艺术是热贡雪域文化和中原佛教艺术完美结合而成的一种独特的艺术形式,它的产生、兴盛与宗教的盛行密切相关,是藏传佛教艺术中的一个重要流派,大体始于元代,在15世纪中叶初具规模。热贡艺术不但向西藏、康区与中原佛教艺术学习,又从敦煌艺术、德格木刻、南亚犍陀罗艺术中汲取营养,形成兼收并蓄、融汇百家的艺术特点。其主题、题材、程式严守宗教仪轨,用笔设色又渗透着中原汉地工笔重彩绘画的神韵,熔炼成热贡艺术既有别于西藏各派佛教艺术,亦与汉传佛教艺术殊异的独特风貌。热贡艺术品种多样,主要有彩绘(各种唐卡及建筑装饰图案等)、彩塑(泥塑、酥油花等)、雕刻(木雕、砖雕、石刻等)、堆绣(包括刺绣)等四大类型工艺。

(四)热贡文化是一种独特的民俗资源

热贡地区的吉庆活动、宗教法会、娱神祭祀活动、民间傩舞和群众自发的大型集体活动,如热贡六月会、"於菟"节、春节及民族服饰、民族饮食等,都是典型的传统民俗文化。其中热贡六月会和"於菟"节为热贡非物质文化的核心和精髓,是一种独一无二的全民传播的民俗资源。热贡六月会是热贡地区历史最悠久、范围最为广泛的群众性节日,其过程与传统的宗教文化密切相连。它所展现的特殊风俗和仪式弥漫着苯教、萨满教等原始宗教的遗风,蕴含着极为丰富的傩祭、傩舞等傩文化现象,而且这些民间宗教与藏传佛教交织在一起,形成了由原始宗教向现代宗教过渡的错综复杂的状态。"於菟"舞是热贡地区年都乎村特有的祭祀山神、求吉祥的民俗活动,是以虎图腾崇拜为仪轨的古老土风舞,传承的年代久远,至今盛行。它们都是融宗教、祭祀、娱神、娱人一体,神奇古朴,原始风味极为浓郁。

(五)热贡文化是一种丰富的旅游资源

旅游的发展和文化的传承关系十分密切,根植于热贡文化的旅游资源十分丰富。一是以宗教建筑为主的国家级文物保护单位隆务寺建筑群,特别是隆务寺、吾屯上、下寺、郭麻日佛塔等建筑风格独具特色;二是始建于元明时期、完善于明清时期的隆务老街区,是青海省内保存最为完好的古城之一,其建筑风格、布局艺术和同时兼容佛教、道教和伊斯兰教的格局极富地域特色;三是集中展示藏传佛教后弘期历史文化的坎布拉后弘文化区,是一个集"丹山碧水"于一体的宗教山水格局,彰显"后弘圣地"的宗教氛围,突出安多涉藏地区地域风貌特色的高原文化游览区。可以说,热贡民俗、热贡艺术和同仁古城、坎布拉后弘文化是"高原热贡文化之旅"的核心元素。

二、热贡文化资源保护开发现状及存在的问题

(一)热贡文化资源保护及开发现状

1.热贡文化产业发展基础不断加强

全州已建成国家级文化产业示范基地2个,省级文化产业示范基地4个,热贡文化旅游企业达到477家,从事文化产业人数达4.17万人。全州建成乡镇综合文化站33个,农(牧)家书屋261个,实现村级综合性文化服务中心全覆盖。投资近4亿元重点规划建设黄南州文化艺术中心、群艺馆、博物馆、图书馆等项目。

2.热贡非遗项目申报力度不断加大

全州拥有20个国家级文化旅游品牌,42个省级非遗项目,219个州级非遗项目,热贡艺术、黄南藏戏等8个项目列入国家级非物质文化遗产名录。目前,全州有国家级非遗代表性传承人15名、省级43名,国家级工艺美术大师10人、省级276人,非遗传承基地和非遗传习中心126家,是西北五省区工艺美术大师和传承人最为集中的地区。

3.热贡文化品牌影响力逐步提升

黄南州不断挖掘特色、培植品牌、打造精品,努力扩大文化的影响力,为特色文化助推乡村振兴打下了坚实基础。热贡文化产业被青海省质监局

认定为"青海名牌",先后注册了"热贡"、安多唐卡等系列商标及非遗产品设计专利,其中热贡唐卡于2015年12月被国家质检总局批准为"中国地理标志保护产品"。黄南州培育国家地理标志产品20个,有机认证产品数量达到43个。加大"文化走出去"工作力度,积极引导和鼓励文化企业、艺人参加国内外推介会、博览会,特色文化的知名度和影响力得到提升。

4.热贡文化产业园区集聚效应不断增强

同仁市热贡艺术产业园区累计完成投资1.3亿元,建成热贡文化会展中心等主要建筑。泽库县和砚和雕文化旅游产品研发基地建设进展顺利,以泽库县泽和石源石材工艺开发有限公司为引领,按照"公司+合作社+牧户"的产业发展模式,带动当地200余户近400余名群众增收致富。

(二)热贡文化资源保护开发过程中存在的突出问题

1.学术研究和理论梳理工作缺乏

热贡文化资源是原生态的,是各民族文化的活化石,但是热贡文化的历史渊源、文化形态、特征、价值等一系列问题还没有在学术界形成有分量的学术成果。这种研究现实导致热贡文化得不到应有的理论提升,影响了保护工作整体规划的制定和实施。

2.热贡文化的整体性抢救保护工作任务艰巨

全州现有地上地下文物遗存409处,要在近几年内将濒临消亡的上百种民间珍贵资源进行全面普查登记建档,摸清其生存状况并应用有效手段进行抢救性保护,是一项十分艰巨而长远的文化工程。虽然近年来各级政府在热贡文化资源保护方面做了很多努力,但是专门机构、专业人员和专用交通工具等还比较缺乏。因此,难以建立热贡文化资源的数字化、网络化、规范化管理机制和完善的审定、评审、管理体系,以及科研、培训、传习、展示、教育基地。

3.热贡文化资源没能进行有效的整合

比如依托将旅游资源产品化的旅游开发的方式进行资源整合,旅游线路、旅游内涵、旅游产品互为包装、充分挖掘,强调旅游开发中的文化意识,向世人立体、综合地展示热贡文化在历史与现实的交汇中呈现的多元内涵,这就会为旅游者提供一种超值的文化享受,实现资源创新和产品创新。例如设一条以年都乎、郭麻日等村庄为核心的古城堡旅游线,以热贡六月会为内容的热贡歌舞仪式展演,以热贡艺术品展览为其重要的文化内涵,避免旅游线路的单一,实现有效的资源整合,取得社会效益和经济效益双丰收。另外,旅游产品开发功能单一,地方市场产品种类不全,不能适应现代旅游产业市场多样化需求。

除此之外,热贡艺术在市场经济条件下逐步走向商品化的同时,又面临着粗制滥造、创作标准缺失的现实困境。受外来文化和经济模式的影响,热贡艺术原本的精神内涵、物质表现及文化根基部分被淡化,创作理念、创作技法、取材用料方面也都发生了变化。艺人队伍断层,绝活手艺濒临失传。

4.文化企业自身发展能力薄弱

黄南州经济结构单一,经济总量小,自身财力弱,融资渠道有限,对文化建设的投入基数小,文化发展水平仍处于较低层次。黄南州现有文化企业594家,由于受疫情等因素影响,近两年能够正常运营的企业只占50%,部分小微企业发展缓慢。

三、热贡文化资源保护开发对策

(一)全方位和多层次地研究热贡文化

一要开展对热贡文化的宏观研究。重点研究热贡文化的形成过程,热贡文化在青海文化、藏族文化中的地位,热贡文化的资源构成,以及热贡文化的文化学、民俗学、民族学、宗教学、历史学意义,确立热贡文化的品牌地位。二要开展对热贡文化微观层次上的研究。比如,热贡地区僧俗作家的典章名著对丰富藏学、发展藏学的历史意义和文化价值,唐卡绘画技法与敦煌绘画技法的传承关系,藏传佛教在热贡文化形成中的作用,后弘期发祥地对藏传佛教兴起的奠基作用以及对推进民族文化的历史意义,等等。三要研究热贡文化的产业化问题。对有些不能产业化或还没有条件进行产业化的文化资源,比如部分宗教文化、一些概念性的地域文化以及部分历史名人等,他们所承载的更多是一种形象价值、宣传价值,难以转化为直接的能带来经济价值的文化产品,所以要更多研究其保护方式、措施等。

(二)挖掘热贡文化资源,打造热贡文化品牌

一要挖掘热贡文化资源。开展热贡文化资源调查工作,征集热贡文化资料,进行科学分类,建立现代化的热贡文化资源库。设立热贡文化研究中心,建立文化基因和人才精英库。动员国内、省内特别是州内专家学者研究热贡文化,建立热贡文化学科体系。建立热贡文化博物馆,征集历史文物,展示热贡文化成果。二要打造热贡文化品牌。应树立品牌意识。第一,热贡——世界研究热贡艺术与藏传佛教艺术的文化殿堂。热贡艺术是热贡雪域文化和中原佛教艺术完美结合而成的一种独特的艺术形式,具有浓烈的民族特色和地域特色。第二,热贡——活着的历史文化名城。热贡文化不论从历史还是现状讲,都是一种不断传承的文化,既有其丰富的历史内涵,又有其不断传承的精髓。因此,以"活着的历史文化名城"作为品牌定位,是非常准确和独到的理念。第三,热贡——中国藏文化的重要发祥地。从历史渊源上讲,以热贡艺术为核心的热贡文化发源地就在热贡地区,而热贡文化同时又是藏民族文化和藏传佛教文化的精髓,充分展示了安多涉藏地区的文化潜质。

(三)突出地域特色,整体保护、活态传承

一是以聚落为单元,实施整体保护战略。热贡文化聚落是自然与人文及物质空间不断融合、进化而形成的整体,是热贡文化传承的核心载体。根据热贡文化聚落特点及保存情况,对热贡地区的村镇进行价值评估,选取具有突出价值的20个聚落(隆务镇、四合吉、保安、双朋西、浪加、年都乎、郭麻日、吾屯、尕沙日、向阳、夏卜浪、木合沙、江什加、江龙、瓜什

则、多哇、麻什当、牙什当、和日、尖巴昂村),将其列入重点保护范围,在抢救濒危文化遗产的同时,对构成文化聚落的自然环境、人工环境、社会环境进行整体保护。二是逐步恢复原生态民俗活动,重点保护民间传统节日及习俗活动、民间艺术团体、民间传统礼仪和风俗习惯,推广使用地方语言和文字、日常生活和文化用品,保护地方传统宗教和民间工艺、地方戏剧、文学诗歌、舞蹈、神话传说等文艺形式。三是严格保护历史建筑和场所,使其成为热贡文化的精神根基。在民间围绕传承人建立以吾屯上下庄、年都乎、郭麻日、曲麻等为核心的文化保护与传播体系,以表现传统文化精神为主,传承形式也应秉承古老的习俗予以传授,将其建设成传统文化的研习之地。在传承基础上,建立多种渠道的文化艺术品交易市场,形成系列完整的文化交易市场体系和热贡文化产业链。四是确定热贡艺术(唐卡、堆绣、泥塑)、宗教活动(祈愿法会、跳欠、祭敖包、转经、辩经)、民间戏曲(黄南藏戏、花儿、道歌)、民俗活动(热贡六月会、"於菟"舞、保安社火)、历史文化名人(根敦群培、夏吾才让、噶丹嘉措、朱仲禄)以及传统手工技艺等重要的活态文化遗产保护项目,对应采取展示、生产、研究、宣传、体验、传习等保护传承方式,形成综合、立体的文化传播途径。

(四)推动热贡文化创意产业发展

1.进一步完善热贡文化产业体系

以丝绸之路文化产业带、藏羌彝文化产业走廊建设为契机,挖掘整合热贡文化资源,构建以文化艺术品、演艺娱乐、民俗节庆、特色展览四大产业为主导的文化产业体系,引进现代传媒、文化创意研究、数字通信、网络服务等机构,建设热贡文化体验馆和主题公园,提升文化产业整体水平。

2.做大以唐卡为重点的热贡艺术品产业

一是加大研发力度,创新和开发唐卡绘画内容、外包装、唐卡绘画矿物质颜料、绘画工具等其他上下游产品,形成以唐卡绘画为中心的文化产业链条。二是以培育龙头企业为重点,提高唐卡产业化水平。在产业发展战略上,依据唐卡产业特点,制定优惠政策,鼓励众多的中小民营企业参与唐卡的生产、加工、包装和销售,互相竞争、降低成本、延长链条,走产业集群发展的路子。按照"政府主导、企业主体、群众参与"的原则,通过加大资金投入、项目支持、资源配置力度,积极筹建热贡集团公司、唐卡集团公司、热贡传媒集团公司等大型文化产业经营企业,推动文化企业向集约化、规模化方向发展。采取"公司+文化专业户"的模式,给予一定优惠扶持政策,激励、培育和发展一批中小文化企业。三是着重培育热贡唐卡品牌。以青海国际唐卡艺术节为平台,牢固树立热贡唐卡在全国乃至世界唐卡领域的龙头形象,把黄南打造成全国最大的唐卡生产加工基地和贸易集散地。

3.推进文化示范点建设

实施"千家万户"工程,实现"六区千家万户"发展目标。"六区"包括后弘文化园区、热贡文化园区、热贡艺术园区、热贡传媒动漫园区、草原生态文化园区、藏民俗文化园区。尖扎县以坎布拉景区为核心,加快后弘期文化园区建设,辐射带动坎布拉、康杨、马克唐沿黄三镇,形成设施完善、功能齐全、服务一流的后弘文化旅游带和黄河文化风情休闲度假区。同仁市以隆务河流域为中心,统筹推进隆务河流域综合治理工程与城镇建设步伐,打造热贡文化园区、热贡艺术园区、热贡传媒动漫园区。河南蒙古族自治县以蒙藏文化为核心,打造以有机畜牧业为主的草原生态文化园区。泽库县以麦秀风光和藏民俗文化、和日石刻技艺为核心,建设藏民俗文化园区。

4.建设以文化体验为主导的旅游产品体系

依托热贡文化资源优势,发展特色旅游产品。大力发展热贡文化体验旅游产品、热贡六月会等民俗节事会展旅游产品,同时开发高原生态和黄河流域观光旅游产品、宗教文化旅游产品,以及高原生态休闲旅游产品和生态考察特种旅游产品等。

（五）以热贡藏戏、热贡六月会舞蹈、土族"於菟"舞蹈、藏民族风情舞蹈为重点，启动热贡演艺市场

演艺市场和文艺创作是文化产业发展的重点之一。黄南有丰富的演艺资源，热贡藏戏在藏族地区独树一帜，独具特色。热贡六月会、土族"於菟"舞蹈融合藏族、土族、汉族等民族的舞蹈艺术特点，成为具有独特地域特点的文化表现形式，具有强烈的震撼力。发展热贡文化演艺产业，一要依托现有的专业剧团和民间艺术团体，挖掘传统演艺资源，在继承传统、注意保护的前提下，适应市场变化和游客需求，进行创作和演出。持续打造具有热贡文化、神箭文化、蒙藏文化、游牧民俗文化等特色的精品剧目，重点做好大型藏戏《意卓拉姆》《松赞干布》《金城公主》等特色文旅演艺产品推广，展现优秀民族文化艺术魅力。

（六）创新发展模式，不断增强文化产业园区集聚拉动效应

目前，黄南州一市三县立足当地文化优势，逐步建立了热贡文化园区、藏传佛教后弘文化园区、草原生态文化园区及游牧民俗文化园区等。在乡村振兴的宏大战略中，黄南州应把文化园区建设作为振兴文化旅游业的重要支撑点和突破口，加大建设力度，以园区建设拉动乡村文化旅游产业发展。一要凸显文化产业园区特性，把同类或者关联性强的企业聚集在一起，这是文化产业园区的一个基本要求。同时，园区内要有品牌企业和品牌产品或特色产品，这是反映园区是否具有影响力的重要因素。对当地经济发展是否具有较大的带动作用，这是评价一个文化产业园区的重要标准。一市三县文化产业园区的建设，应遵循这一标准和要求，引进一批具有影响力的文化重点企业、相关机构及产业资源，加大招商引资力度，通过国家投资、招商引资、民间投资、金融支持等措施，盘活园区。使园区真正成为有人气、有特色、有观赏性和对公众有吸引力的理想园区。二要壮大上下游产业集群。积极吸引有实力的文化企业，特别是利用产业博览会等活动，加强与省内外行业对接合作，争取集平台建设、孵

化运营、品牌宣传、产品营销于一体的文化企业入驻产业园区。利用龙头企业的示范带动作用,培育一批有潜力的小微企业,使其在市场对接、人才聚集、资源重组、信息共享中发挥优势。三要培育创新创业新业态。在文化园区通过平台建设,投资融资招才引智等合作,重点孵化有发展潜力的中小企业,使他们快速成长,培育壮大新业态。园区在金融、人才、政策、品牌策划等方面提供优质服务。

(七)统筹规划,推动文化资源与旅游产业深度融合

1.培育文化旅游线路

积极融入"大美青海·生态旅游"文化旅游大环线,培育以"西域胜境·神韵黄南"为品牌的旅游精品线路。重点打造"山水黄南文化探秘""金色河谷热贡艺术""黄河丹霞户外运动""最美坎布拉地质研学""生态泽库游牧休闲""黄河之南最美草原"等文化旅游线路。

2.加快文化景区创建创评

立足独特的文化资源优势,加大同仁历史文化名城、热贡艺术博物馆、尖扎昂拉千户院、同仁保安古城等文化型景区的创建创评力度,加快优势文化资源向优质项目转化。积极创新主题民宿、博物展览、时尚演艺、创意文化等业态,打造综合性消费空间,营造文化赋能旅游带动的主题生态场景。持续举办青海·热贡文化旅游节系列活动,努力办成具有国际影响力和知名度的品牌活动。做好做实藏戏艺术展演周、安多民歌艺术展演周、热贡唐卡绘制大赛、藏族谚语演说大赛。

3.强化宣传推介力度

深化与各大新媒体营销平台合作,运用短视频、微电影、网红代言、网络直播等渠道进行创新营销,推出多语种视频、图片、广告语等全方位宣传推广品牌,进一步拓展国际国内旅游市场。用好用活用足国家政策和帮扶支援资源,加强与援青省份的文旅交流合作,建立互利共赢的文旅援青新模式。整合文艺演出、文化遗产、文创产品等资源,广泛组织参加国内外文化产业博览会、交易会,加大特色文化产品和项目的宣传推介,推

动对外文化贸易发展,宣传特色文化,提高黄南文化艺术精品在国际国内的影响力。

4.以同仁是国家级历史文化名城为依托,打造中国两千年屯垦戍边史活化石旅游品牌

在隆务河谷地不到100平方公里的地域内,分布着12座古城,这为文化资源的展示提供了良好的条件。打造中国两千年屯垦戍边史活化石的品牌,首先要注重现有古城遗址的保护、恢复和建设,重点建设保安古城、吾屯古堡、年都乎古堡和隆务古街道,形成各具特色的古城堡模式,展示屯垦戍边遗迹。其次注重屯垦戍边历史研究,挖掘古遗址、屯垦戍边军制、屯垦戍边过程中的民族融合及屯垦戍边文化,对屯垦戍边活化石景区形成强有力的文化支撑。结合隆务寺、吾屯下寺等5个国家级文物保护单位,吾屯、年都乎等文化产业示范基地,建成热贡文化及屯垦戍边旅游环线,将热贡文化及屯垦戍边景区建成国家4A级旅游景区。

(八)加强人才队伍建设

培养文化旅游研究、历史文化保护、环保技术运用、生态资源经营管理、国际水准导览解说人才队伍,加强导游队伍建设,全面推进文化旅游人才队伍专业化、市场化、国际化。多渠道聘任、招募、培育文化旅游专家、导游、讲解员、文旅企业家,建立黄南州文化旅游人才专家库。制定人才引进计划,出台或完善人才引进、落户、创业等方面的扶持政策。有计划地引进具备生态保护、旅游服务、商业运营、国际服务等多方面的专业人才。实施导游、讲解员、旅游礼仪等培训工程。

四、延伸阅读

(一)热贡艺术历史沿革

热贡艺术是热贡文化的重要组成部分。其内容主要包括唐卡、雕塑、图案、壁画、沙画等多种艺术门类。

热贡艺术产生和兴盛于黄南州隆务河流域热贡地区,包括绘画、彩塑、堆绣、雕刻、建筑装饰等多种艺术形式。改革开放后特别是20世纪90年代后,在党和政府的大力扶持和广大艺人的不懈努力下,热贡艺术得到空前发展,形成了独有的艺术风格,走上了产业化经营的新路子,促进了当地经济文化的繁荣发展。2006年5月,经国务院批准,热贡艺术被列入第一批国家级非物质文化遗产名录。2009年9月,热贡艺术与黄南藏戏一起被联合国教科文组织列入人类非物质文化遗产代表作名录。作为人类非物质文化遗产,热贡艺术不仅是黄南州非物质文化遗产最有代表性的文化艺术形式,也是青藏高原文化遗产宝库中一颗璀璨的明珠。

　　10世纪末至13世纪初,属藏传佛教"后弘期",是藏传佛教美术的转变期,也是热贡艺术发祥时期。这一时期,日渐民族化的藏传佛教已经形成广泛信仰。作为其形象说教的藏传佛教美术,也开始自觉地从外来风格向符合本民族审美习惯的方向转变。

　　转变期的藏传佛教美术遗存比较丰富,以绘画为例,如阿里古格王国的《历代赞普和王子世系像》壁画,造型质朴,设色单纯而稳重,呈现浓厚的西藏高原的文化色彩。还有日喀则那当寺的《那当建庙喇嘛》《滚嘎吉泽喇嘛》等富于装饰韵味的唐卡。

　　热贡艺术发源于雪域文化的中心西藏地区,但主要源自三方面:一是藏拉多的年智合尖措三兄弟在尼泊尔学画后到安多热贡定居传播佛画艺术;二是在四五世纪时萨迦派智合那哇及其徒弟们在热贡地区传播佛画艺术;三是1710年,桑俄才培修建拉卜楞寺时,他的曼唐派画法传入热贡地区。所以,不同的渊源使早期的热贡艺术画匠们的画法呈现各自的特点。

　　早期,热贡地区的艺人们长年累月地外出作画,足迹遍及中国青海、西藏、甘肃、四川、新疆和内蒙古地区,以及印度、缅甸和尼泊尔等国,广泛接触到西藏塑绘、甘孜木刻、敦煌壁画以及其他民族或友好国家的艺术,吸收了丰富的营养,经过总结、提炼,逐渐形成了细腻生动、富有热贡地方特色的艺术风格。数百年来,在热贡地区的吾屯、年都乎、郭麻日、尕沙日等藏族、土族聚居村，男子十有八九都传承着从宗教寺院走出来的民间佛教绘塑艺术，其从艺人员之众多、群体技艺之精湛，令人叹为观止，故这些村自古就有"藏画之乡"的美誉。到17世纪中叶，热贡艺术风格日臻成熟，逐步进入鼎盛时期。这一时期的代表人物是曲巴仁巴切·洛桑丹贝嘉措，他在隆务寺绘制的《至尊遍观文殊菩萨》是人们公认的艺术佳作。经过几个世纪的风风雨雨，早期、中期优秀的绘塑作品存世不多，但是在隆务寺、年都乎寺、吾屯寺院里仍能零星地见到早、中期匠师们留下的气势宏伟的巨幅壁画和技艺精湛的唐卡作品。19世纪以后，热贡艺术的代表人物有更藏、尖木措、夏吾才郎（20世纪40年代曾随师受聘协助张大千赴敦煌临摹壁画）等，他们的作品充分展现了热贡艺术在人物造型、整体构图、表现手法、颜料使用、色调处理、线条勾勒等方面的突出特点与不同凡响的艺术效果。热贡艺术作为藏传佛教艺术中的一个流派区别于其他涉藏地区绘塑艺术，在这一时期表现得最为突出。到20世纪90年代，热贡艺术进入新的发展期。

热贡艺术初称"吾屯艺术"，因其主要发祥地在今同仁市吾屯村及年都乎、曲麻、郭麻日、尕沙日等村而得名。20世纪50年代末，青海美协在同仁市吾屯等地调研绘画、堆绣、雕塑艺术，首次提出"吾屯艺术"名称。1960年《人民画报》在专题报道同仁地区绘画、堆绣、雕塑艺术时使用"吾屯艺术"这一名称。此后，省内外一些报刊、广播在报道中有的将吾屯艺术称为"同仁艺术"。20世纪80年代初，鉴于同仁市隆务河中游地区史称热贡地区，其绘画、堆绣、雕塑艺人既有吾屯村的，还有隆务河畔年都乎村、郭麻日村、尕沙日村等村，根据年都乎、郭麻日、尕沙日等村藏族群众的要求，黄南州及同仁市政府同意将原称"吾屯艺术"更名为"热贡藏族艺术"。1981年，中共青海省委命名同仁地区的绘画、堆绣、雕塑为"热贡藏族艺术"。鉴于这门艺术发祥于隆务河谷的热贡地区，州政府及同仁市政府将以往所称的"吾屯艺术""同仁艺术""热贡藏族艺术"统一定名为"热贡艺术"，一直沿用。1986年，时任中共中央总书记胡耀邦视察黄南州时，题写了"热贡艺术馆"馆名。

热贡艺术在它产生后的几百年历史中,之所以能够在民族艺术之林中独树一帜,就在于它具有以下鲜明的艺术特色:构图疏密有致,造型准确生动,色彩鲜丽和谐,工笔精细绝美,画面既有一种统一感,又显得生动活泼,富于装饰性,强调整体的完美性,用料华贵,画风质朴,刻画细微,设色匀净,神态惟妙惟肖,充分体现出热贡艺人们对生活的理解,对文化艺术品的价值追求。许多作品在北京、上海、天津、香港、广州、深圳、西藏、甘肃、青海等地展出时,获得极大成功和高度评价。

(二)热贡六月会

热贡六月会,藏语称"周贝勒柔",是隆务河流域范围广、时间长、富有特色的一项古老祭祀表演民俗活动,农历六月十七日至六月二十五日之间举行,五十多个村庄密集举办,包括煨桑、请神、龙鼓、舞蹈、祭祀等,还有上口钎、开山、山歌等表达各族人民对和平安宁、风调雨顺、安康吉祥、美好生活的向往。热贡六月会期间供奉和祭祀的神灵,包括二郎神、龙王爷、阿米尤拉(文昌帝君)、阿米达力加、阿尼玛卿、念青唐古拉等,是不同信仰包容和谐、和睦共存的重要体现。2006年5月,热贡六月会经国务院批准列入第一批国家级非物质文化遗产名录。

1.热贡六月会的历史起源

热贡六月会的渊源有三种相关的传说。传说一,在很久以前,同仁地区有许多猛兽危害人类,后有大鹏鸟(藏语称大鹏鸟为"夏琼")自印度飞来,降伏了这些毒蛇猛兽。为了供奉夏琼神,也为了保佑风调雨顺、五谷丰登,沿隆务河两岸12千米内的藏族、土族村庄都会举行盛大祭祀活动,由村里的法师带领抬着供奉着夏琼神的神轿进村做法事,大家载歌载舞,场面非常壮观。传说二,唐蕃和解时,为了庆祝和平的到来,守卫当地的吐蕃将军于当年的六月十六日至二十五日向当地的诸守护神叩拜,并隆重祭祀,由此发展成热贡六月会。传说三,元末明初时,元朝一支蒙古族和汉族混编的军队在隆务河谷接受了明朝的招安并在当地解甲务农。为了庆祝和平安宁,他们举行隆重的祭典活动,祈求消灾去难、人寿年丰,热贡六月会即从此发展而来。

2.热贡六月会主要活动

农历六月十七日,热贡六月会的祭祀活动在隆务镇藏族村庄四合吉村拉开序幕。而后,在隆务河中游地区的几十个藏族、土族村庄相继展开。各村祭祀活动的天数不尽相同,长则5天,短则2天。凡举办热贡六月会的村庄都有一座神庙,庙内供奉着本村和本地区的保护神。参加热贡六月会的是举办活动村庄的所有男子和年轻未婚少女,其他人只是观赏者。

热贡六月会期间,节庆气氛热烈而庄重。村民们的服饰十分讲究,舞者必须身着盛装。男子头戴白色或红色高筒毡帽,配藏刀;女子身着色彩艳丽、以自然宝石作为装饰的藏袍,服饰显得异彩纷呈、琳琅满目。

热贡六月会蕴含着宗教历史、民俗风情等丰富的文化内容,充满了神奇与欢乐。热贡六月会主要通过拉则祭、煨桑祭、歌舞祭、血祭等祭祀方式敬神护法,祈求平安、吉祥丰收。主要活动有诵经祈祷、祭神、上口钎、上背钎、跳舞、爬龙杆、打龙鼓、法师开山等。热贡六月会中最神奇刺激的是上口钎、上背钎和开山。

(1)诵经祈祷仪式。举行祭祀活动的村庄都有1~2名"拉哇"(藏语,意为神人,汉语称为法师或巫师),在祭祀活动中"拉哇"扮演着特殊角色。法师被认为是人与神的沟通者,能使神降临附体,代神言事。法师不是藏传佛教的神职人员,因此他的生活完全是世俗化的。但祭祀活动开始前几日,法师必须保持身体洁净,不能接触女性,并要到寺院里接受活佛的洗礼,举行诵经祈祷仪式。这是一项在热贡六月会祭祀活动开始前的重要仪式,也是热贡六月会祭祀活动的重要特点。

(2)以舞娱神。热贡六月会祭祀活动中最突出的特点就是"以舞娱神"。热贡六月会从头到尾贯穿歌舞表演,其歌舞主要分为拉什则(神舞)、勒什则(龙舞)和莫合则(军舞)三大类,在不同村庄呈现不同特点。如铁吾、苏乎日村擅长跳拉什则(神舞),这类舞类似巴西的桑巴舞,由健壮的青年男子执鼓表演,动作铿锵有力,勇武之中又不乏洒脱,特别是苏乎日村、浪加村的血祭最为神奇、刺激。浪加村擅长跳勒什则(龙舞),这类舞姿态轻盈奔放,向龙神唱赞歌、念颂词、跳舞、上香、焚纸,保佑村民人寿年丰。尕沙日、郭麻日村擅长跳莫合则(军舞),这是一种古代藏族军队舞蹈,它是同仁地区三大舞蹈之一,舞者左手执弓,右手持剑,头戴圆形红顶丝坠帽,身佩红绿彩带,头戴虎豹面具,高喊"喔哈喔哈——喔哈"的口号,舞出两军交战的场面,表演威武彪悍。这些舞蹈,再现了青藏高原古老的军事文化和民间文化风貌。

在祭祀活动中,各村的表演队在本村法师的带领下到邻村进行礼仪性客串表演,表演队伍10到20人不等。当客串表演队伍到达某村庄时,所到村的全村老少出村举行隆重的欢迎仪式,茶饭招待。而后,客串表演队与所到村表演队在各自法师的带领下进行跳舞表演,共同娱神。同时,向众人展示其各自舞蹈的独特风采。

藏族、土族群众通过"以舞娱神"这种古老的舞蹈祈求神灵保佑五谷丰登、六畜兴旺、风调雨顺,这是这一古老民间祭祀活动的目的。整个祭祀活动处处显现出原始风俗的遗迹,其舞蹈规模之大、人数之多、时间之长、体系之完整规范,在当今现存的民间舞蹈文化形态中较为罕见。

(3)上口钎、上背钎及开山。上口钎,是指法师为自愿的年轻人在左右腮帮扎入钢针,也称为"锁口",据说此举可防止病从口入。上背钎,是指将10~20根钢针扎在舞者的脊背上,舞者赤裸上身,右手持鼓,左手击鼓,边敲边舞。独特节奏的龙鼓、粗犷优美的舞姿、多彩华贵的服饰、神秘虔诚的祈祷,给喜庆丰收的热贡藏乡带来欢乐和浪漫。开山是法师用刀划破自己的头顶,把鲜血洒向四面八方,这是一种古朴奇特的祭祀方式,充分表现出藏族人民勤劳、朴实、智慧和勇敢的品格。

3.热贡六月会文化特色

一年一度的热贡六月会,是黄南州同仁市境内隆务河谷地藏族、土族村庄特有的以愉悦神灵为主的传统文化节日,据说已有七百多年的历史。热贡六月会的祭神方式在涉藏地区独一无二,追溯其渊源尚无史料记载。热贡六月会主要有以下几个特点:

一是有固定的阶段时间。每年农历六月十七日到二十五日举行。但并不是所有村庄都同时开始,而是各村庄时间相互错开,以利于互相邀请观赏。二是属宗教性节日活动。活动的实质是以舞娱神,活动的场所主要在供奉神的庙中(而不是供佛的寺中,意为取悦二郎神及其他山神而专门献演)。传说受人们尊敬的山神在这一天到庄子中做客,主人要极尽热情好客之道。只有山神高兴,才能保佑村庄的吉祥平安。三是寄托对美好生活的向往。节日活动的主持者是村庄中德高望重的长者和本庄的法师。长者代表着民意;法师作为人与神的沟通者,上达民意,下传神旨,可代神言事,除灾祛病。四是形式多种多样,气氛热烈而庄重。各村庄的活动大同小异,日程短的主要举行煨桑、跳舞、祭祀等活动,日程长的则还有上口钎、上背钎、开山、唱拉伊等,总体讲,都是为了愉悦神灵,活动始终贯穿着祭祀内容。五是祭祀方式古朴独特。热贡六月会是一种奇特、罕见的民俗活动,最为吸引人的是上口钎、上背钎和开山,表示虔诚的人们奉献自己的肉体和鲜血取悦山神。

热贡六月会具有鲜明的传统文化特点,蕴含着青藏高原千百年来的宗教历史、民俗风情,是集仪式、庆典、歌舞、民间小戏表演为一体的综合性民俗活动,具有艺术学、宗教学、人类学、民俗学、文化学等方面的研究价值。热贡六月会神奇与欢乐的表现形式,既与当地群众的文化生活交织在一起,又带有浓厚的苯教遗俗,是热贡地区民间宗教保持多神崇拜的原始形态,也是民间艺术得以存活而又兴盛不衰的根本所在,体现出当地人民的淳朴、虔诚、热情的性格。

现今的热贡六月会,已不是单纯的祭祀活动,更包含着当地藏族、土族人民对传统文化的传承,对生活的理解,对民族文化的自信,成为当地群众庆祝美好生活、活跃文化生活的重要方式,成为发展文化旅游业的一道亮丽的风景线。

青海热贡非物质文化遗产
保护与传承问题研究

  文化是民族的血脉,是人民的精神家园。热贡文化作为中华民族文化体系中的一种特有文化,它在藏族文化发展中有着十分重要的地位,也是青海高原特色文化的重要组成部分。做好青海热贡非物质文化遗产保护与传承工作,对推动当地文化大繁荣大发展有着十分重要的作用。

  "热贡"一词是对青海黄南州同仁市的藏语称谓。热贡,旧称榆谷、允谷、捏工等。汉文典籍中最早出现榆谷一词是在公元前61年(汉宣帝神爵元年),至今已有2000多年了。青海热贡地区地处青藏高原东北缘,是青藏高原和黄土高原两大自然地理单元的接合处,也是两大地理单元的过渡地带。特殊的地理位置使热贡地区自古便与东部的汉文化和北部的阿尔泰文化联系密切,历史上曾是羌族、吐谷浑,以及吐蕃、蒙古、汉族等诸多民族的交往活动地区;也历来是民族迁徙、兵家必争之地。

  凭借其地理位置、自然环境和诸多独特的地貌特征,形成这里多民族的文化融合,特别是藏族、土族和汉族文化的融合,对热贡文化的形成有深刻的影响,使热贡文化与其他藏族地区的藏文化有着明显不同。同时,热贡文化的孕育、发展、传承地——隆务河流域,自然环境独特、优越,既有适合于畜牧业发展的广阔草原,又有适合于农业生产的、有厚层黄土的肥沃河谷,形成隆务河流域宜耕宜牧的优势。农牧业文化的紧密接触与相互融合,贯穿着大部分历史时期。农业文化与牧业文化的紧密结合、农耕民族与游牧民族的通融和文化共存,加之河谷相对封闭的地理环境成为古老文化的庇护所,才使得许多古代文化得以繁衍生成并保存至今。

可以说,特殊的自然地理及气候条件,不同民族、文化的进入、融合与历史变迁,形成了独特的热贡文化。

热贡文化是以藏族文化为主体的多民族文化交融并存,是安多藏族地区具有代表性的一种地域文化。其历史可以上溯到三四千年前的新石器时代,是热贡地区历代先民在长期的生产实践中,为适应高寒农牧交错区的自然地理环境、传承藏传佛教文化和中原文化等各民族优秀文化的基础上,融合升华成的一种特色区域文化形态,是以藏传佛教艺术为代表,以各类物质和非物质文化形式为载体,是能够体现热贡地区多元文化元素的集合体。

热贡文化有着复杂的文化积淀,是在西羌先民奠定的文化基础上,又融入了吐谷浑、吐蕃、蒙古、汉族等多民族文化,历经东汉时期、魏晋时期、唐宋时期、蒙元时期及明清时期五个历史阶段,使热贡地区在成为藏传佛教文化圣地的同时,也遗存了西羌族群原始宗教、北方游牧民族萨满教、西南藏族苯教、东方汉族道教等多元宗教文化,体现了热贡文化内涵具有多样性,文化主体具有多民族性的特征。具体来说,热贡文化包括热贡六月会、热贡艺术、壁画、堆绣、雕塑(泥塑、木雕、石雕)、藏戏、民间歌舞、藏传佛教文化、民俗风情、建筑形态、地方方言、人与自然关系等各种以非物质文化遗产为核心的表现形式,并与昆仑文化、三江源文化、河湟文化共同构成支撑青海文化的四大体系。

一、青海热贡非物质文化遗产分类

非物质文化遗产又称无形遗产,根据2003年10月联合国教科文组织第32届大会通过的《保护非物质文化遗产公约》的定义,"非物质文化遗产"指被各社区、群体,有时为个人,视为其文化遗产组成部分的各种社会实践、观念表述、表现形式、知识、技能及相关的工具、实物、手工艺品和文化场所。黄南作为全国第一批国家级文化生态保护区,文化多彩、非遗丰富,保护有力。全州现有各级非遗名录项目701项,其中人类非物质文化遗产代表作名录2项(热贡艺术、黄南藏戏)列入联合国教科文组织的《人类非物质文化遗产代表作名录》,国家级8项(热贡艺术、黄南藏戏、土族於菟、泽库和日寺石刻技艺、同仁刻板印刷技艺、热贡六月会、尖扎达顿宴、蒙古包营造技艺),省级24项,州级219项。

表1 黄南州国家级非遗名录项目代表性传承人名单

序号	姓名	性别	民族	项目名称	类别	公布时间(批次)
1	更登达吉	男	藏	热贡艺术	传统美术	2007.6(第一批)
2	启加(已故)	男	土	热贡艺术	传统美术	2007.6(第一批)
3	阿吾	男	土	土族"於菟"	传统舞蹈	2008.2(第二批)
4	仁青加	男	藏	藏戏(黄南藏戏)	传统戏剧	2008.2(第二批)
5	多杰太(已故)	男	藏	藏戏(黄南藏戏)	传统戏剧	2008.2(第二批)
6	西合道	男	藏	热贡艺术	传统美术	2009.7(第三批)
7	娘本	男	土	热贡艺术	传统美术	2009.7(第三批)
8	罗藏旦	男	土	热贡艺术	传统美术	2009.7(第三批)
9	夏吾角	男	土	热贡艺术	传统美术	2009.7(第三批)
10	贡保才旦(已故)	男	藏	石雕(泽库和日寺石刻)	传统技艺	2009.7(第三批)
11	李先加	男	藏	藏戏(黄南藏戏)	传统戏剧	2013.1(第四批)
12	当增本	男	藏	热贡六月会	民俗	2013.1(第四批)
13	夏吾才让(已故)	男	藏	热贡六月会	民俗	2013.1(第四批)
14	桓贡	男	土	热贡艺术	传统美术	2018.5(第五批)
15	夏吾他	男	藏	雕版印刷艺(同仁刻板印刷技艺)	传统技艺	2018.5(第五批)

具体非遗种类有:

1.民间文学

包括黄南歌谣、安多叙述诗、黄南民间故事、黄南民间谚语、河南蒙旗仙女湖传说、斯协(藏族谚语演说)、阿尼措日更圣湖传说、藏族谜语、吉冈山的传说、李恰如山的传说、河南蒙古族谚语、阿柔灵巴的故事、俄毛拉热传说、热贡八大仙人洞的故事和格萨尔等。

2.传统音乐

包括拉伊、泽库民歌、蒙古族民间长调、知母宵央乐、南宗尼姑诵经乐、安多则柔、安多酒曲、藏族逗曲、康杨花儿、藏族鹰笛长调、藏族扎木念弹唱、阿柔拉让唱腔、南杰才洛说唱、藏族摇篮歌、智巴活佛的悲歌等。

3.传统美术

包括热贡艺术、藏族唐卡(曼唐画派)、藏文书法(赤干乌金字体)、尖扎五谷画、尖扎刺绣、河南蒙古族刺绣、仁青尖措格萨尔绘画艺术、热贡艺术(铜雕)等。

4.传统舞蹈

包括黄南藏戏、龙藏神舞、土族"於菟"、城上社火、河南蒙古族安代舞、萨吾尔登舞、尖扎锅庄舞等。

5.传统技艺

包括黄金烧制打磨技艺、金汁书写技艺、藏族鹰笛制作技艺、青稞酿酒技艺、安多藏式木屋营造技艺、藏族牧区服饰制作技艺、藏式竹笔制作技艺、尖扎泥塑、藏式面具制作技艺、安多荣拉服饰制作技艺(农区藏服)、吉尔克(达拉饭)制作技艺、泽库俄尔恰(抛石绳)制作技艺、藏族毛绒结编技艺、酸奶酿造技艺、牛羊骨饰制作技艺、泽库传统木雕技艺、风干牛肉制作技艺、热贡藏刀锻制技艺、热贡青靓蓝纸制作技艺、唐卡装裱技艺、阿柔丹雪酸奶制作技艺、阿柔黑帐篷制作技艺、萨特勒(酥油糕)制作技艺、奥啁奶饼制作技艺、粑勒肉饼制作技艺、乌兰缨帽制作技艺、牛皮生活用品制作技艺、曲拉糖制作技艺、蒙式蕨麻点心制作技艺、河南蒙古族服饰制作技艺、河南蒙旗烤全牛技艺、河南蒙旗烤全羊技艺、更盼秀曲(防虫喷雾水)制作技艺、河曲包子制作技艺、河南毛毡被制作技艺、蒙旗盘肠制作技艺、藏式金丝制作技艺、藏式石煮羊肉制作技艺、藏族氆氇纺织技艺、隆务老街汉族婚宴"老八碗蒸菜"制作技艺、达顿藏茶制作技艺、泽库和日石刻技艺、热贡藏式建筑技艺、保安剪纸、热贡石雕、藏土族墙体夯造技艺、昂拉果馍切、五彩神箭木箭制作技艺、河南蒙旗牛羊毛手工编制技艺、河南蒙古族自治县蒙古包制作技艺、泽库和日石经雕刻技艺、"坛城"制作技艺、热贡牛角雕刻技艺、热贡皮革制作技艺、热贡土烧馍制作技艺、泽库黑帐篷制作技艺、毛毡制作技艺、藏式点心制作技艺、蒙式鹿皮祆制作技艺、蒙古族擀毡技艺、藏香制作技艺等。

6.传统医药

包括藏医诊断方法、藏族民间秘方、藏医药浴、藏医正骨疗法、五种特色藏医药制剂法、藏药足浴汤散制作技艺、藏药三十味疏肝丸配制技艺、藏药"仁青佐太"炮制技艺、藏医能秀推拿疗法、七十味珍珠丸欧太炮制技艺、藏医"建么兹"疗法、藏医蒸浴疗法、藏医舌诊、藏医五味甘露药浴法、藏药六味灵芝散配制技艺、藏药七味紫草散配制技艺、藏药胆结石利康散配制技艺、藏药血栓利清散配制技艺、藏药三十一味营养剂配制技艺、藏药阑尾安乐散配制技艺、藏医"甲日沽觉"脉泻疗法、藏医"阿日赛泻"腹泻疗法、藏医"八味主药散"卡擦药疗法、藏医药浴疗法、藏医对症配伍法、藏药十一味葡萄散配制技艺等。

7.民俗

包括热贡年俗、保安社火、热贡六月会、尖扎达顿宴、保安花儿、保安对联习俗、隆务庙会、泽库藏餐、蒙古族祭敖包仪式、尖扎能果儿童罗雅节、热贡拉则、河南蒙旗那达慕盛会、河南蒙旗古列延大营、河南蒙古族自治县蒙藏医院德孜曼制庆目(炼药仪式)等。

8.传统体育与游艺杂技

包括西卜沙赛马节、草原赛牦牛、太凯游戏、藏式摔跤、藏族棋艺、河南蒙古族自治县密布传统棋艺、蒙式摔跤、土尔扈特游泳、密芒(藏棋)、孜久(藏棋)、巴(石子游戏)、啪多游戏、射箭竞赛、藏传瑜伽、河南蒙旗驯马术等。

二、青海热贡非物质文化遗产价值分析

青海热贡非物质文化遗产不仅是地区历史文化的宝贵见证,也是今天文化生活的主要内容,表现出独特非凡的科学与艺术、宗教与民族、社会与民俗价值,是中国世界文化遗产中具有特殊价值的一朵奇葩,代表了

我国西北地区多民族聚居和文化交融的特征。

（一）社会价值

青海热贡地区世居民族有藏族、土族、撒拉族、汉族、回族等。热贡文化是这个区域内各民族的集体记忆，是民族文化身份和独特个性的象征，是培育民族精神的土壤，是人们赖以栖息的精神家园。同时，它也给人们力量，启迪革新与创造，帮助人们应对众多挑战。正因如此，它成为当地民族赖以生存的基础、发展的根基，更是一个民族凝聚力和创新力的不竭源泉。回溯历史，考察现实，热贡文化发展成果，如哲学、宗教、文学、艺术、科学等，成为当地民族的文化传统，塑造着各民族的民族精神、价值观念、思维方式、审美标准、科学素养等。青海热贡非物质文化遗产鲜活生动地传承着当地丰富的历史文化，是民族的生命动力、精神依托，是民族文化整体可持续发展的源泉，具有传承民族精神的重要作用和价值。

1.青海热贡非物质文化遗产是热贡地区各民族人民在长期的生产劳动、生活实践中积淀而形成的民族精神，是世代相传沉积下来的民族的思想精髓、文化理念，深深蕴藏着当地各民族的文化基因、精神特质

在漫长的历史发展过程中，各民族共生共荣，携手并肩创造了绚丽多姿的热贡文化。各民族独特的语言、文字、音乐、舞蹈、建筑、服饰、工艺、宗教信仰、生活习俗，构成了丰富多彩的民族文化，逐步形成了乐观、豁达、朴实、包容、坦然和坚韧的高原民族精神。这些绵延不绝的民族精神和情感品格，不断化作民族凝聚力与亲和力，成为维系民族团结和发展的重要纽带。

2.青海热贡非物质文化遗产中含有大量的传统伦理道德资源，能够促进社会和谐，具有社会和谐价值

历史已经证明，一个民族的文化积淀和文化向善程度，决定了这个民族的伦理道德和社会文明程度。因为伦理道德是促进个体与社会和谐相处的平衡机制,是协调个体关系、化解社会矛盾的基本调节方式和手段。为此需要我们倡导传统伦理道德,鼓励向善的个人美德,而在青海热贡非物质文化遗产中就含有大量的宗教理念、民族信仰和传统伦理道德资源。比如,热贡艺术原本作为一种宗教艺术,里面更多体现的是藏传佛教向善、慈悲、平等、友爱的理念。很多口头传说和民间故事,主要突出的是善有善报、恶有恶报的主旨,知足常乐、明礼诚信、意志坚定等。尽管有些传说和故事在实际中会带来一些息事宁人的导向,但总的来说,青海热贡非物质文化遗产中这些方面的内容在促进人内心的平和、人际关系的友爱方面还是产生了明显效果的。还有藏族的传统生态伦理观,在人与自然环境的关系上,坚持生命世界整体共生的原则。他们坚信生命世界的统一性。神灵与自然、人生与自然、灵魂与身体、活动与环境、必然与自由达到相互融合、互为一体的境界。自然界一切动物与植物作为有生命的主体,它们的生命尊严理应受到尊重。所以在保护、传承青海热贡非物质文化遗产的过程中,撷取、展示、宣扬其中的美好向善的伦理道德资源和内容,将会极大地助益于我们当今的和谐社会建设。

(二)文化价值

青海热贡非物质文化遗产是鲜活的文化,是热贡文化的活化石。其文化价值体现在:

1.青海热贡非物质文化遗产包含丰富的文化资源,是热贡文化的独特性、原生态性以及多样性的具体反映

保护、传承青海热贡非物质文化遗产,有利于保护青海的传统文化和民族文化的多样性。青海热贡非物质文化遗产中,蕴含着当地藏族、土族、撒拉族、蒙古族等民族的传统文化的精髓,原生态地反映着他们的文化身份和特色,放射着他们的思维方式、审美方式、发展方式的神韵,体现出当地历史文化发展踪迹。这些非物质文化遗产在当地各民族的交往过程中不断碰撞、渗透、交叉、融合,形成了文化的特异性与适应性并存共生的"和而不同"的局面。比如热贡的土族服饰文化。作为一项重要的民俗文化传承,服饰负载着民族发展史上诸多信息,从物质文化和精神文化双重层面上,折射着一个民族在成长史上吸纳别族文化、构建本民族文化过程中形成的种种文化形态,是观照民族文化的一扇重要窗口。热贡四寨子居民尽管在某种程度上实现了一定意义上的小聚居,但其所处地域却是在同仁地区各民族尤其是藏民族的全方位包围之中。在四寨子形成的近几百年历史进程中,当地藏民族与土族相处和睦,彼此间在生活习俗、语言、服饰等方面产生了很深的互动关系。纵观热贡地区的土族服饰,我们发现其男装已演变为藏族男装,女装在吸收藏装部分特点的同时,形成了自身既有别于藏装,又有别于其它地区土族服饰的独特风貌,是研究热贡地区土族服饰的重要参照。

2.青海热贡非物质文化遗产承载着丰富的历史,是过去时代流传下来的历史财富,带有特定时代的历史特点

例如,泽库和日寺石刻是以石材为原料的一种藏族民间雕刻艺术,流传于青海省泽库县和日乡和日寺及周边地区。它起始于清代嘉庆年间和日寺寺主三世德尔敦迎请石刻艺人刻制经文和佛像,其后经过了罗加仓活佛和几代民间艺人的传承,至今已有百余年历史。"文革"期间石刻制作一度停顿,宗教政策恢复后,寺僧公保才旦老人带徒传艺,使传统石刻技艺得到振兴。和日寺石刻包括经文雕刻和佛像雕刻两大类型,以及线刻、浮雕、圆雕等技艺形式,它工艺精湛,图案精美,形象生动,字迹清晰,刻成的作品质地细腻滑润,石刻经文字体清秀工整、遒劲有力,石刻佛像造型舒张丰满、线条流畅,带有鲜明的佛教艺术特色。泽库和日寺石刻为藏学及藏族艺术的研究提供了弥足珍贵的"石书"资料,具有很高的历史文化价值。今天,在推进乡村振兴的新征程下,和日村村民靠着传承于祖辈的"琢石"技艺,将石刻产业搞得红红火火。目前有376人从事石刻产业,占全村人口的1/3,其中有1名国家级、1名省级、6名州级和37名县级非遗传承人。村里通过石刻获得产值300余万元,户均增收1.4万元～2万元,最多的可达4万元,石刻业已成为全村支柱产业。

3.青海热贡非物质文化遗产作为过去的某一重要事件、重要的发展阶段和重要人物密切相关的线索与物证,能够告诉我们人类历史即一个民族、群体的文化史或一个地区的发展史的相关方面内容

例如,热贡"於菟",是国家级非物质文化遗产,是一个民俗系列。其内容十分丰富,涉及村居的族属、族源、语言、历史及信仰等层面,传承有序。其文化渊源有多种观点,有认为是江南的楚风古舞,有认为是古羌文化遗存,也有认为是热贡多民族文化交融的产物。这种古风所蕴藏的文化含量是异常丰富而独特的,既有原始宗教遗迹,亦有藏传佛教并行;既有娱神性质,又有娱人功能;既是祛疫除邪活动,又是丰产巫术活动;既有丰富的饮食文化,又不乏禁忌内容;既有严格的组织制度,又有全民参与特征。如此等等,各种文化因子交汇相融,形成其独有的民俗风貌。"於菟"系列活动作为传统民俗文化活动,调适着民众的身心,维系着群体的自我认同,也为村属其他文化事项提供了延续的可能性。从其现有的习俗管制及文化内涵而言,其中蕴藉了先民们原始而纯朴的思想观念,同时在历史传承中又汇集了多民族、多区域文化,是研究中华文明历史形成的"活化石",从而成为中华民族多元一体格局的文化实证,对研究青藏高原民族文化具有不可替代的学术价值。

(三)科学认识价值

科学认识价值是青海热贡非物质文化遗产价值体系的价值规范。其科学认识价值主要表现在:

1.青海热贡非物质文化遗产作为历史的产物,是对历史上不同时代生产力发展状况、科学技术发展程度、人类创造能力和认识水平的原生态的保存和反映

这些东西可能存留了当时人们的思想认识水平、生活情感态度、科学发达程度,具有一定的科学认识和研究的价值。例如,热贡刻板印刷技术,于2012年列入国家级非遗保护项目,它产生于13世纪末期,经历了700多年历史。这门技艺以家庭作坊式传承发展至今,其主要内容有刻板经书、绘画图案、人兽和睦图、八卦图和各种佛像等。作品以供奉、观赏以及祈求风调雨顺、五谷丰登和吉祥如意为主，是古老朴实的农民在农耕社会生活和民俗活动及藏传佛教文化的缩影。对于研究涉藏地区的历史变迁和宗教文化，以及民俗风情、意识形态、天文、地理、医学、历算等具有重要的参考价值和历史研究价值。

2.青海热贡非物质文化遗产的科学认识价值还指某些非物质文化遗产本身就具有相当高的科学含量和内容，有较多的科学成分和因素

比如热贡地区是藏医药的发祥地之一，藏医药吸取了中医、古印度医学和古阿拉伯医学的长处，融汇了古代哲学、天文历算、生物学、物理学和化学知识，历经千年而不衰。在历史上曾涌现过许多名医名家，特别是改革开放以来，热贡地区制作的曼唐（表现藏医学内容的唐卡）作为藏医学院的教科书和挂图遍布全省，为藏医药的发展做出了贡献。特别是近年来，随着科技进步和人们生活水平的提高，人类对疾病的认识不断发生变化，加上化学药品对人体的毒副作用日渐明显，抗药性及药源性疾病逐年增多，大家更加崇尚利用天然药物，藏医药中的尿诊、药浴等诊疗方法被越来越多的人所认可。所以要继续挖掘整理研究藏医药传统诊疗技术和方法，在保护和继承的基础上不断总结、创新，提高藏医药服务能力和普及率，特别是总结心脑血管疾病、肝炎等重大疾病的藏医药防治经验，形成规范并加以推广使用，提高藏医药对群众健康的贡献率。

（四）艺术审美价值

青海热贡非物质文化遗产在精神气质和表现方式上呈现艺术审美的特点。尽管我们说热贡文化从本质上说是"包括全部的知识、信仰、艺术、道德、法律、风俗，以及作为社会成员的人所掌握和接受的任何其他的才能和习惯的复合体"①。但从精神气质和表现方式上看，青海热贡非物质文化遗产具有艺术的禀赋，如热贡藏画艺术、藏戏艺术、仪式化了的热贡

---

① ［英］爱德华·泰勒:《原始文化》,连树生译,上海文艺出版社,1992年。

六月会、"於菟"、各民族婚丧礼仪等,无不在唯美的艺术程序中展开,甚至许多宗教仪式,如晒佛、羌姆、辩经等都给以善的安抚和美的感染。中国艺术研究院方李莉博士指出:"在没有文字的时间和空间中,艺术有着比在现代社会里多得多的意义和价值。"①青海热贡非物质文化遗产的艺术性表现方式同时决定了艺术在热贡文化中的重要地位,人们用图画的方式、歌舞的方式、艺术化了的节庆仪式的方式来表达对世界意义的感受和人生价值的体验,青海热贡非物质文化遗产中的审美品格正是来自这种属于感性的、情感的、想象的艺术追求。

1.青海热贡非物质文化遗产中的许多艺术创造,无与伦比的艺术技巧,独一无二的艺术形式,能深深打动人类心灵,触动人类情感

例如,热贡艺术,是热贡雪域文化和中原佛教艺术完美结合而成的一种独特的艺术形式,包括唐卡、堆绣、雕塑等十个门类。唐卡是独具藏族风格的卷轴画,题材十分广泛,主要内容是佛像,佛本生故事、佛传故事、藏传佛教发展史中的重大事件,以及天象星座、年季时轮、医药解剖等。堆绣是用各种色彩艳丽的绸缎剪贴而成的,内容以佛像为主,装饰性极强。雕塑主要包括泥塑、木刻、砖雕、石刻、酥油花等。这些艺术具有浓烈乡土气息和民族特色,体现着佛教教义的许多理念,也体现着藏族、土族等民族追求平等、友爱、互助、幸福的理想,人们在欣赏中会获得悦目怡情的艺术享受。通过这些艺术作品,我们可以形象地看到当时的历史事件、人的生存状态和生活方式、不同人群的生活习俗,以及他们的思想与感情、艺术创作方式、艺术特点和艺术成就。

2.青海热贡非物质文化遗产中有大量的文化艺术创作原型和素材,可以为新的文艺创作提供不竭的源泉

当代许多小说、戏剧、舞蹈等优秀文艺作品就是从其中孕育而出的,很好地发挥了青海热贡非物质文化遗产的审美再造功能,充分利用了其审美艺术价值。例如,曾经获得第三届全国少数民族题材戏剧创作银奖

---

① 方李莉:《走向田野的艺术人类学研究》,《民间文化论坛》2006年第5期。

的现代藏戏《藏王的使者》，就是根据当地历史传说改编创作，剧情歌颂了汉藏民族之间源远流长、根深蒂固的友谊，反映了我国各民族文化交融的悠久历史。语言优美如诗，比兴运用恰当，具有很强的文学性。还有根据当前文化旅游的需要，青海黄南州民族歌舞团编排的大型舞剧"大美青海·精美热贡·民俗风情歌舞剧"以春、夏、秋、冬四季为序演出，分"热贡祈愿大法会""春耕""转经""热贡六月会""於菟""和谐家园"六个乐章，对热贡地区原生态的宗教、民俗元素进行提升和加工，加以唯美的舞台艺术手段，将季节性较强的土族"於菟"舞、热贡六月会等民俗资源，用充满诗情画意的创意呈现在舞台上。使广大游客从形式和内容上，都能较为直观地感受到藏文化的魅力。在青海热贡非物质文化遗产中，口头文学、民间文学、社会习俗、民族服饰等也普遍涉及美的内容，具有重要的审美艺术价值。

(五)经济开发价值

经济开发价值是市场经济和社会条件下青海热贡非物质文化遗产的一种重要价值形态，是青海热贡非物质文化遗产价值体系的价值利用。青海热贡非物质文化遗产的经济开发价值主要表现在：

1.经济旅游开发可以促进黄南经济社会全面发展

无论是青海热贡有形文化遗产，还是无形文化遗产，都应该在确保青海热贡文化遗产不被破坏的前提下，尽可能进入市场，并通过切实可行的市场运作，完成对青海热贡文化遗产的保护及其潜能的开发，并实现文化保护和经济开发的良性循环互动。根植于青海热贡非物质文化遗产的经济旅游资源十分丰富。作为世界级非遗项目的"热贡藏戏"，在藏族地区独树一帜、独具特色；唐卡、堆绣、雕塑等热贡艺术品制作技法精巧绝伦，工序精细，用料独特，作画过程极具观赏价值；作为国家级非遗项目的热贡六月会和"於菟"节是一种独一无二的全民传播的民俗资源。这些都会为游客提供超值的文化享受，达到民俗旅游的目的。可以说，热贡艺术、热贡民俗、热贡藏戏和同仁古城等是"高原热贡文化之旅"的重要元素，具有重要的旅游开发价值。2023年，黄南州完成旅游综合收入24.9亿元，同比增长91.3%。因此,对这些文化资源从维护文化生态、保护文化多样性的角度给予极好的保护、传承,大力发展文化旅游业,可以创造良好的经济收入。

2.青海热贡非物质文化遗产成为黄南州文化产业的优势所在

热贡地区是青海省世界级和国家级非遗项目最为富集的地区。随着黄南州热贡文化生态保护区的成立,青海热贡非物质文化遗产的保护与传承问题受到青海省委、省政府和黄南州委、州政府的高度重视,明确提出保护区建设的指导思想:"着力推进热贡文化生态的抢救、保护、传承和发展,维护热贡文化生态系统的平衡与完整,转变发展方式,以文化引领农牧民脱贫致富,让各族人民群众共享保护区建设的成果。"加大青海热贡非物质文化遗产的保护与传承,发展热贡文化、旅游产业,对于兼具文化生态保护区和欠发达地区二重性的黄南来说,既是区域优势又是现实需求。目前,黄南州初步形成以唐卡、雕塑、堆绣、藏戏、石刻技艺、民间歌舞为主的文化产业群体,文化的经济效益日益显现。这种做法既利用传统工艺、传统文化资源取得了经济收入,更重要的是推动了传统文化的传承和发扬,促进了青海热贡非物质文化遗产的保护和传承发展。总之,在强调对青海热贡非物质文化遗产进行本真性、原生态保护的同时,也要有适度的经济观念,有以开发促保护的头脑和意识。对那些既能显示青海热贡文化特色又有经济开发价值、市场开发前景的优势文化资源、非物质文化遗产,要敢于树立产业化的发展思路,进行科学的品牌定位、制定合理的营销战略,集中力量培育优势文化品牌,将文化资源优势转化为经济优势,充分实现青海热贡非物质文化遗产的经济开发价值。

三、青海热贡非物质文化遗产保护与传承现状

(一)青海热贡非物质文化遗产保护与传承的重要成就

1.成功申报设立了国家级热贡文化生态保护区

由于热贡地区的文化表现形式独特,具有突出的地域特点和文化多

样、形态完整、原生态及活态性的要求,被文化部于2008年8月正式批准设立为我国第三个文化生态区——热贡文化生态保护实验区。2019年底,顺利通过文化和旅游部验收,正式成为热贡文化生态保护区。其范围涵盖同仁、泽库、尖扎三县县域,总面积1.16万平方公里,人口约20万。保护区发展模式是建立以热贡非物质文化遗产保护为核心的整体保护,以文化传承发展为根本目的,将保护与发展相统一,实现"人与自然、保护与开发、经济与多元文化共生并存与和谐共生"的可持续发展的"热贡模式"。2023年,黄南州立足热贡文化生态保护区建设及非遗保护传承工作实际,以国家级文化生态保护区建设及非遗保护传承工作的政策为导向,从数字化保护、传承体验设施租借或修缮、普及教育、宣传推广、重点区域保护等8个方面申报2023年国家级文化生态保护区建设项目49个,落实补助经费1311万元,占全省国家下达非遗保护专项资金的三分之一以上,位居全省第一。历年来都是青海省三个国家级文化生态保护实验区中落实建设补助经费之最,保障了黄南州非遗保护传承工作的顺利开展。

2.全面、扎实地推进了青海热贡非物质文化遗产的普查工作

2006年以来黄南州先后进行了大规模的文化遗产专项普查、民间文学搜集整理、民间艺人及热贡艺术传承人普查登记,这是青海热贡非物质文化遗产保护的重要基础性工作。经过普查,初步建立了非物质文化遗产、古文化遗存数据库和基本档案,梳理上百种民间非物质文化遗产项目,并及时公布了首批九大类非物质文化遗产项目。

3.认真做好青海热贡非遗项目的申报及保护工作

非物质文化遗产申报工作是青海热贡非物质文化保护的核心工作。2009年10月,热贡艺术、藏戏被正式列入联合国教科文组织人类非物质文化遗产代表作名录;热贡六月会、土族"於菟"、和日石刻技艺、同仁刻板印刷等8项被列入国家非遗保护项目名录;被列入省级非遗保护项目名录的42项;列入州级非遗保护项目的219项。

表2 黄南州中国工艺美术大师名单

序号	姓名	性别	民族	项目名称	类别	公布时间（批次）
1	夏吾才让（已故）	男	藏	热贡艺术	传统美术	1988
2	启加（已故）	男	土	热贡艺术	传统美术	2006
3	更登达吉	男	藏	热贡艺术	传统美术	2006
4	西合道	男	藏	热贡艺术	传统美术	2006
5	斗尕	男	土	热贡艺术	传统美术	2006
6	娘本	男	土	热贡艺术	传统美术	2012
7	夏吾角	男	土	热贡艺术	传统美术	2018
8	罗藏旦巴	男	土	热贡艺术	传统美术	2018
9	扎西尖措	男	藏	热贡艺术	传统美术	2022
10	当周加	男	藏	热贡艺术	传统美术	2022

4.非遗与旅游融合发展水平不断提升

黄南州依托丰富的文化旅游资源,充分利用国家级热贡文化生态保护区、藏羌彝文化产业走廊核心区等建设契机,以文旅融合发展助推青海打造国际生态旅游目的地。坚持贯彻"保护为主、抢救第一、合理利用、传承发展"的工作方针,深入实施非物质文化遗产传承发展工程,非遗保护成效显著,成为全国文化生态保护区建设的典范。"青海黄南热贡非遗特色之旅"入选全国非遗特色旅游线路,非遗旅游线路中有非遗传习中心126家、非遗宣传展示点78家、非遗示范户158户,热贡艺人之家326家,非遗传承和文化产业基地12家,非遗工坊、培育企业和扶贫车间34家,形成集传承、体验、培训、宣传等功能于一体的文旅融合点,每年可培训非遗传承人2000余人次。

表3 黄南州世界级、国家级非物质文化遗产保护项目名录(8项)

一、联合国教科文组织人类非物质文化遗产代表作名录(2项)							
序号	编号	项目名称	项目类别	申报单位及项目保护单位	公布批次	公布文号及日期	备注
1	Ⅶ-49	热贡艺术	传统美术	同仁市文化馆	第一批	2009.10.13	

| 2 | Ⅳ-80 | 藏戏（黄南藏戏） | 传统戏剧 | 黄南州歌舞团 | 第一批 | 2009.10.13 | |

二、国家级非物质文化遗产项目名录(6项)

序号	编号	项目名称	项目类别	申报单位及项目保护单位	公布批次	公布文号及日期	备注
1	Ⅲ-40	土族"於菟"	传统舞蹈	同仁市文化馆	第一批	国发〔2006〕18号 2006-5-20	
2	Ⅹ-43	热贡六月会	民俗	同仁市文化馆	第一批	国发〔2006〕18号 2006-5-20	
3	Ⅶ-56	石雕（泽库和日寺石刻）	传统技艺	泽库县和日寺	第二批	国发〔2008〕19号 2008-6-7	
4	Ⅷ-78	同仁刻板印刷技艺	传统技艺	同仁市文化馆	第三批	国发〔2011〕24号 2011-5-24	不在州级名录
5	Ⅹ-181	尖扎达顿宴	民俗	尖扎县文化馆	第五批	国发〔2021〕8号 2021-5-24	
6	Ⅷ-181	蒙古包制作技艺	传统技艺	河南县、格尔木市文化馆	第五批	国发〔2021〕8号 2021-5-24	

表4　黄南州省级非物质文化遗产保护项目名录(34项)

序号	编号	项目名称	项目类别	申报单位及项目保护单位	公布批次	公布文号及日期	备注
1	Ⅹ-5	热贡年俗	民俗	黄南州	第三批	青政〔2009〕57号 2009-9-25	
2	Ⅹ-6	保安社火	民俗	黄南州	第三批	青政〔2009〕57号 2009-9-25	
3	Ⅰ-9	安多藏族民间叙事诗	民间文学	黄南州群艺馆	第五批	青政〔2018〕2号 2018-1-15	
4	Ⅲ-2	热贡"羌姆"	传统舞蹈	黄南州	第三批	青政〔2009〕57号 2009-9-25	
5	Ⅷ-35	隆务老街清真老八盘烹饪技艺	传统技艺	黄南州同仁县文体广电旅游局	第五批	青政〔2018〕2号 2018-1-15	
6	Ⅷ-36	热贡皮革制作技艺	传统技艺	黄南州同仁县文体广电旅游局	第五批	青政〔2018〕2号 2018-1-15	
7	Ⅱ-6	同仁嘛呢调	传统音乐	黄南州同仁县文化馆	第三批	青政〔2009〕57号 2009-9-25	
8	Ⅲ-7	龙藏神舞	传统舞蹈	黄南州泽库县文化馆	第五批	青政〔2018〕2号 2018-1-15	

序号	编号	项目名称	项目类别	申报单位及项目保护单位	公布批次	公布文号及日期	备注
9	Ⅵ-1	热贡马术	传统体育、游艺与杂技	黄南州同仁县文体广电局	第四批	青政〔2013〕75号 2013-11-25	
10	Ⅹ-2	热贡"获康"祭祀活动	民俗	黄南州同仁县文化馆	第三批	青政〔2009〕57号 2009-9-25	
11	Ⅱ-1	南宗尼姑寺诵经乐	传统音乐	黄南州尖扎县文体广电旅游局	第四批	青政〔2013〕75号 2013-11-25	
12	Ⅷ-33	昂拉果馍切(昂拉土烧大饼)	传统技艺	黄南州尖扎县文体广电旅游局	第五批	青政〔2018〕2号 2018-1-15	
13	Ⅷ-34	五彩神箭制作技艺	传统技艺	黄南州尖扎县文体广电旅游局	第五批	青政〔2018〕2号 2018-1-15	
14	Ⅷ-37	藏式点心制作技艺	传统技艺	黄南州泽库县文化馆、海南州贵南县文化馆	第五批	青政〔2018〕2号 2018-1-15	
15	Ⅰ-12	斯协(民间调解词)	民间文学	黄南州泽库县	第六批	青政〔2013〕12号 2023-2-20	
16	Ⅲ-1	苯教法舞	传统舞蹈	黄南州同仁县文化馆	第三批	青政〔2009〕57号 2009-9-25	
17	Ⅱ-5	隆务寺佛教音乐	传统音乐	黄南州同仁县文化馆	第三批	青政〔2009〕57号 2009-9-25	
18	Ⅹ-6	同仁保安花儿	传统音乐	黄南州同仁市	第六批	青政〔2023〕75号 2023-2-20	
19	Ⅶ-4	蒙古族刺绣(河南蒙古族自治县蒙古族刺绣)	传统技艺	黄南州河南蒙古族自治县	第六批	青政〔2023〕12号 2023-2-20	
20	Ⅶ-14	藏式石灼羊肉制作技艺	传统技艺	黄南州泽库县	第六批	青政〔2023〕12号 2023-2-20	
21	Ⅷ-17	传统帐篷编制技艺(泽库黑帐篷制作技艺)	传统技艺	黄南州泽库县	第六批	青政〔2023〕12号 2023-2-20	
22	Ⅷ-29	热贡牛角雕刻技艺	传统技艺	黄南州同仁市	第六批	青政〔2023〕12号 2023-2-20	
23	Ⅷ-35	热贡靛蓝纸制作技艺	传统技艺	黄南州同仁市	第六批	青政〔2023〕12号 2023-2-20	
24	Ⅷ-38	传统藏香制作技艺(尖扎藏香制作技艺)	传统技艺	黄南州尖扎县	第六批	青政〔2023〕12号 2023-2-20	

序号	编号	项目名称	项目类别	申报单位及项目保护单位	公布批次	公布文号及日期	备注
25	Ⅷ-41	河南蒙古族自治县牛羊毛手工编织技艺	传统技艺	黄南州河南蒙古族自治县	第六批	青政〔2023〕12号 2023-2-20	
26	Ⅷ-43	河南蒙古族自治县蒙古族擀毡技艺	传统技艺	黄南州河南蒙古族自治县	第六批	青政〔2023〕12号 2023-2-20	
27	Ⅷ-44	尖扎藏族氆氇纺织技艺	传统技艺	黄南州尖扎县	第六批	青政〔2023〕12号 2023-2-20	
28	Ⅷ-55	安多藏式木屋营造技艺	传统技艺	黄南州尖扎县	第六批	青政〔2023〕12号 2023-2-20	
29	Ⅸ-7	藏医"建么兹"疗法	传统医药	黄南州	第六批	青政〔2023〕12号 2023-2-20	
30	Ⅸ-8	藏医蒸浴疗法	传统医药	黄南州	第六批	青政〔2023〕12号 2023-2-20	
31	Ⅸ-9	藏医能秀推拿疗法	传统医药	黄南州	第六批	青政〔2023〕12号 2023-2-20	
32	Ⅹ-5	河南蒙古族自治县那达慕	民俗	黄南州河南蒙古族自治县	第六批	青政〔2023〕12号 2023-2-20	
33	Ⅹ-7	热贡拉则	民俗	黄南州	第六批	青政〔2023〕12号 2023-2-20	
34	Ⅹ-12	河南蒙古族自治县蒙古族婚俗	民俗	黄南州河南蒙古族自治县	第六批	青政〔2023〕12号 2023-2-20	

（二）青海热贡非物质文化遗产保护与传承中存在的突出问题

1.对青海热贡非物质文化遗产保护与传承的重要性认识不足

目前有些人尚不知"非遗"的概念,认识不到"非遗"属于不可再生资源,缺乏保护的紧迫感、责任感和使命感;重申报、重开发、轻保护、轻管理的现象仍然存在,这已成为"非遗"工作的一大阻碍。问题的根源在于某些地方申报"非遗"的目的存在偏差,申报不是出于对遗产进行保护,而是出于对经济效益、旅游开发等功利性的追求,把申遗成功当成一项政绩来追求;有的基层主管文化工作的党委和政府领导对青海热贡非物质文化遗产知识了解甚微,概念模糊,工作的中心仍停留在抓"经济建设""经济指标"等,对本地区的非物质文化遗产资源家底不清,保护目标不明确;广大基层文化工作者渴望深入了解非物质文化遗产知识,希望有关部门进行相关知识的业务培训,以便有效开展保护工作。另外,只有政府单方面在承担青海热贡非物质文化遗产保护工作,还没有形成全社会广泛参与的氛围和局面。

2.青海热贡非物质文化遗产传承人保护机制还不成熟

一是部分项目后继乏人。青海热贡非物质文化遗产作为活态文化,传承人是决定它们能否传承下去的关键因素。当前热贡艺术的传承发展,由于老艺人辞世、学龄儿童辍学学艺等,都严重影响了热贡艺术的传承。热贡艺术中的立堆、砖雕等技术面临失传。年都乎土族"於菟"舞的传承人阿吾年事已高,面临着后继无人的困境。传统戏曲出现艺人老化、演出范围缩小的情况。热贡六月会中远古的舞蹈动作如"开山""上口钎"等亟待保护,等等。同时,那些市场需求萎缩的遗产项目出现了无人愿学或学艺无法持续的问题。二是代表性传承人的认定和考核存在复杂性。从认定角度看,戏曲音乐类"非遗"项目门派较多,传承分支复杂,传承人不好确定。有的项目如热贡艺术门类较多,只确定个别门类和传承人难以囊括和反映行业的全貌和成就。

3.青海热贡非物质文化遗产的保护传承受外来文化和经济模式的影响和冲击

随着热贡艺术知名度的提高,文化旅游业的不断繁荣,传统的热贡艺术受现代化、市场化的影响,在创作理念、创作技法、取材用料、经营理念、技艺传承等方面发生急剧变化。部分艺人的浮躁和急功近利,使热贡艺术在繁华的表象下隐藏着更多的忧患,有些艺人把热贡艺术当成发家致富的主业,赝品、复制品和粗制滥造的现象也越来越多。热贡艺术一些原本固有的重要精神内涵、物质表现及文化根基逐渐被淡化,影响了热贡艺术的传承和发展。

4.青海热贡非物质文化遗产保护与传承经费严重匮乏

一是财政投入不足。青海热贡非物质文化遗产保护与传承经费基本上靠政府。国家每年下拨的非遗保护专项资金主要用于国家级名录项目和国家级传承人的保护,对于省级名录中的项目和省级传承人的保护经费很少。由于黄南州、县财政困难,县乡两级财政用于非遗保护的专项资金少,县乡政府基本处于"守摊子"的状况。二是传承基地建设经费匮乏,虽然有的传承基地已列入省级传承基地名单,但还有一些自发组织的、小型传承基地,如泽库县和日藏戏团、同仁牙什当藏戏团、同仁江什加民间藏戏团等,组成人员5~35人不等,传承基地陈旧、简陋。大部分资金靠自筹完成,国家投入仅占极少部分,限制了基地规模的扩大和作用的发挥。三是老龄化的传承人因身体状况等原因,有时无法进行正常的文化传播活动,文化传承可能出现断层现象。四是热贡地区的宗教建筑和场所,是热贡文化的精神根基所在,但因经费短缺,部分寺院年久失修,经堂、壁画以及大量遗存损坏严重,亟待修缮保护。

5.青海热贡文化产业发展层次不高

文化产业是青海热贡非物质文化遗产保护与传承的重要载体,但热贡文化产业发展相对滞后。一是部分特色产业布局分散,集中度低,产业链条不完整。二是缺少龙头企业,带动力弱,产业层次低。如唐卡产业95%以上都是家庭作坊式加工,做大、做强又很难保持其特色。三是绘制唐卡的矿物质颜料从取材到加工都面临失传。四是产业发展资金投入不足,筹资困难,融资途径较为狭窄。许多农户在发展热贡文化产业方面有好的想法,但在向银行贷款时遇到困难,银行惜贷、惧贷、少贷和担保落实难等现象普遍存在。农户普遍反映贷款很困难,而且数额十分有限,满足不了企业、农户生产经营的需求,限制了农户扩大规模、拓展市场。五是从事热贡文化产业人员整体素质参差不齐,高层次专业技术人才、经营人才缺乏。

四、青海热贡非物质文化遗产保护与传承的途径

(一)遵循科学发展理念,坚持保护与利用并举

对于青海热贡非物质文化遗产,保护与利用同等重要,不可偏废任何

一个方面。实践证明，要想使文化遗产"延年益寿"，就必须遵循科学发展的理念要求，以科学方式去保护和传承青海热贡非物质文化遗产，"保"与"用"并举。

1.切实加强青海热贡非物质文化遗产保护和传承工作的宣传引导

青海热贡非物质文化遗产根植于群众的日常生产生活中，具有丰富的表现形式和广泛的群众基础。青海热贡非物质文化遗产保护工作只有引起全社会上下一致的关注，只有在提高全体民众文化自觉的基础上，才能取得成效。通过加大宣传引导力度，使社会公众特别是各级政府领导充分认识到青海热贡非物质文化遗产不仅是一笔历史财富，也是黄南州经济社会高质量发展不可或缺的重要资源，是推进黄南经济社会全面进步的精神动力之一，在全社会形成保护青海热贡非物质文化遗产的社会环境和舆论氛围。建立非遗创新传播机制，创新传统文化表达方式。加强运用新媒体对非遗进行宣传，对新媒体语境下诞生的优秀非遗传播项目提供政策扶持。通过新媒体创新传播可以让更多的用户看见非遗，感受传统文化之美。

2.推动热贡非物质文化遗产的创造性转化、创新性发展

要注重实践与养成、需求与供给、形式与内容相结合，借助非物质文化遗产馆、传承体验中心等场所和载体，把热贡文化内涵更好更多地融入百姓生产生活各方面。热贡文化生态保护区内非遗资源十分丰富、传承有序，要进一步做强非遗主题特色景区，培育非遗主题旅游线路。利用隆务古街区、古村落古城堡等非遗空间，推出研学旅行线路等。加强非遗项目梳理，建立非遗与旅游融合发展推荐目录，为文旅企业打造非遗旅游产品提供指导参考。

同时，在乡村全面振兴过程中，要发挥非物质文化遗产服务基层治理的作用，将热贡非物质文化遗产保护与美丽乡村建设、农耕文化保护结合起来，挖掘家风家训、乡规村约等相关非遗项目在培育良好民风习俗、培厚社区文化中的作用，保护文化传统，守住文化根脉。

（二）以青海热贡非物质文化遗产分布空间为载体，实施区域整体保护战略

1.空间区划保护

采用空间保护区划的规划技术，综合考虑文化类型、特征、遗产分布、价值特点等因素，将热贡文化保护区划分为重点保护区和一般保护区，并采取相应的保护措施，加大对青海热贡非物质文化遗产的保护力度。重点保护区范围为整个同仁市域及泽库和日村，总面积3275平方千米。在重点保护区内将最具代表性的文化遗产分布区域又划定为核心保护地域，核心保护地域呈现"一片两带"的空间结构，"一带"为隆务河谷带，范围涉及60千米长的整个隆务河谷区，"两片"为双朋西片、泽库和日石经墙片等文化遗产群，是青海热贡非物质文化孕育、发展及传承的重要区域，也是青海热贡非物质文化遗产分布最为密集的地区。所以要对青海热贡物质文化和非物质文化遗产、遗产项目与代表性传承人、文化遗产与其自然生态环境，采取整体性保护战略，保护文化生态系统的真实性、完整性。一般保护区的范围包括整个泽库和尖扎县域，将对其自然环境及人文环境进行保护，使其成为一个有利于青海热贡非物质文化遗产保存、保护和传承发展的地域空间。

2.以聚落为单元，实施整体保护战略

热贡文化聚落是自然与人文及物质空间不断融合、进化而形成的整体，是青海热贡文化传承的核心载体。根据热贡文化聚落特点及保存情况，选取具有突出价值的20个聚落(隆务镇、四合吉、保安、双朋西、浪加、年都乎、郭麻日、吾屯、尕沙日、向阳、夏卜浪、木合沙、江什加、江龙、瓜什则、多哇、麻什当、牙什当、和日、尖巴昂村)，将其列入重点保护范围，在抢救濒危文化遗产的同时，对构成文化聚落的自然环境、人工环境、社会环境进行整体保护。

3.构建"前台、后台"模式,进行青海热贡非物质文化遗产可持续保护和传承发展

"前台、后台"模式,是美国社会人类学家马康纳提出的文化生态保护理论。"前台"即为文化传播概念,"后台"即为原真性的保护传承概念。根据黄南州热贡文化生态保护区内社会与文化经济建设内容,在隆务河流域内构建"前台、后台"模式,有利于青海热贡非物质文化遗产的保护、传承与展示。所谓"前台",主要是青海热贡非物质文化保护传承与展示性的文化传播区,位于隆务河谷上游隆务古镇内,主要进行青海热贡非物质文化的交流、传播、展示与研究。"前台"是青海热贡非物质文化遗产实现最为广泛地向社会传播的前沿之地。所谓"后台",是指热贡文化生态敏感区,是青海热贡非物质文化遗产保护与传承的重点,也是优先保护的区域,主要分布在隆务河谷下游(以与曲麻河河汊口为界)村落聚集区域。该区域中集中分布着热贡六月会、土族"於菟"、热贡唐卡、堆绣、泥塑等众多非物质文化遗产项目及其代表性传承人。"后台"是保留传统的生产方式和生活习俗、传统制作技艺的地区,也是青海热贡非物质文化的基因库、文化涵养区。

构建"前台、后台"模式,"前台"为游客可深入、可参与的地区,通过文化旅游和文化产业发展,在深入挖掘青海热贡非物质文化内涵的同时,带动文化振兴、实现经济发展;"后台"则为相对独立的文化保护性空间(如吾屯、年都乎、郭麻日、曲麻为传统文化的研习之地),通过"前台"收益对其进行补偿,既保留传统生产生活方式,又使经济得以发展,同时传承了民族文化。"前台、后台"模式可从根本上解决原生文化保护与传承发展的关系,实现非物质文化保护与传承可持续的目的,为青海热贡非物质文化遗产保护与传承提供新的途径。

(三)建立科学、有效的青海热贡非物质文化遗产动态保护和活态传承机制

由于青海热贡非物质文化遗产具有的活态性和流变性,使动态保护

和传承成为符合其青海热贡非物质文化遗产传承特性的一种保护传承方式。青海热贡非物质文化遗产保护与传承大体可以分为生产性保护与传承、节会保护与传承与传习保护与传承三个方面。

1.生产性保护与传承

是指通过生产、流通、销售等方式,将青海热贡非物质文化遗产及其资源转化为具有经济价值的产品,产生经济效益,并促进相关产业发展,使青海热贡非物质文化遗产在生产实践中得到积极保护和传承发展,实现青海热贡非物质文化遗产保护与经济社会协调发展的良性互动。属于工艺、美术类的热贡艺术、泽库和日石刻本身就具有生产性,因此最适宜采取生产性保护和传承方式;藏戏、花儿、道歌等传统戏曲、音乐、舞蹈等非物质文化遗产具有很强的表演性,通过展演、表演等形式而产生社会效益或经济效益也符合遗产属性,也可采取生产性保护和传承;属于知识性的藏医药药材、疗法也通过加工、使用,实现遗产的经济价值。生产性保护和传承必须严格遵循原有的生产过程、生产技艺,不能随意进行商业性的加工、改造,不能改变其本真性、整体性和手工核心技艺。

2.以节会形式进行保护与传承

热贡地区拥有众多丰富的节日节会活动,其中具有地区特色的传统民俗节会,如热贡六月会、土族"於菟"、保安社火、五彩神箭等民俗节会及集会,并伴有加洛毛兰姆、跳欠、上口钎、上背钎、开山、莫合则(军舞)、勒什则(龙舞)、拉什则(神舞)等活动内容,这些活动与热贡人民的生活习俗、宗教信仰、自然认知紧密相关,因此只能在特定的时间、特定的场所,以特定的方式进行。同时,节日节会期间还往往伴随丰富多彩的民俗风情、传统歌舞活动,具有极强的表演性。因此,应积极保护各类传统节日及民俗活动,并将节会保护与相关非遗项目保护、文化展示相结合,在节会期间通过传统表演进行保护与传承。

3.传习保护和传承

青海热贡非物质文化遗产依赖特定的人群和特定环境而存在,保护与传承青海热贡非物质文化遗产不仅要保护其文化形态,更要注重以人为载体的知识和技能的保护。将传承人的保护和传习保护结合起来,实现青海热贡非物质文化遗产的保护与传承发展。一是对非物质文化遗产项目传承主体进行保护,特别是国家级代表性传承人保护。二是结合村落、学校建设各类民间传习所,对应采取展示、生产、研究、宣传、体验、传习等保护与传承方式,形成综合、立体的文化传播途径。对热贡艺术(唐卡、堆绣、泥塑),主要是以隆务寺为核心的各级寺院、吾屯、年都乎、郭麻日、尕沙日等热贡村落,以及热贡文化展示馆建成其传习之地;对传统表演艺术(黄南藏戏),设立各类专业、民间藏戏表演场,建立民间藏戏演出团队,成立黄南藏戏传承与保护研究院,从理论层面对藏戏进行研究;对土族"於菟"、苯教法舞、热贡"羌姆"、隆务寺佛教音乐、同仁嘛呢调等,主要通过民间、寺院及专业团队传承;对热贡六月会、热贡"获康"祭祀活动、热贡年俗、保安社火以群体传承为主,尊重传统习俗,营造社会环境,发挥民众的主体性;对传统医药,成立藏医学会,加强理论研究,以便传承发展。

(四)建立完善青海热贡非物质文化遗产传承人保护和传承体系,实施人格化载体保护和传承战略

非遗传承人是直接参与青海热贡非物质文化遗产传承、使青海热贡非物质文化遗产能够沿袭的个人或群体,是青海热贡非物质文化遗产最重要的活态载体。青海热贡非物质文化遗产的保护和传承主要是活态保护和传承,关键是对传承人的保护,如果没有了传承人,活态的文化便立即中断。青海热贡非遗传承主体分为各级非遗项目代表性传承人、民间艺人、从艺僧人等。建立健全传承人培养机制最根本的措施是要保护传承人和培养新的传承者,设法使这种活的遗产得以继承和延续。一是要建立适合黄南地区的传承人保护制度,明确传承人的地位,在技能传授、生活补贴、设备更新等方面给非遗传承人以必要的资助,保护传承人立位仪式和成年礼仪,解决老传承人的福利待遇,鼓励他们对后人的传、帮、带,努力培养和造就新一代的传承人,做好传承人的认定和培训,在社会

地位、经济保障、专业技术资格等方面给予传承人政策支持和制度保障。二是要建立合理可行的传承机制,帮助建立培训基地和师徒关系,通过授课、带徒授业等方式培养接班人。政府采取相应的优惠政策,鼓励国家级、省级工艺美术大师和传承人全力带学生,提高他们的知识技能和文化自觉,使其技艺能够得到完好地传承。三是建立热贡艺术学院,设立培养培训专项资金,建立健全培养机制,培养和造就一批青海热贡文化保护与文化产业发展急需的各类专业技术人才、掌握现代传媒技术的专门人才、高层次的经营管理人才和经纪人队伍。四是培养、选拔、使用一批热爱黄南本土文化、有一定理论基础和专业知识的当地学者、专家、优秀的翻译者,用他们的专长来研究热贡文化。五是有计划地对现有非物质文化遗产保护工作人员进行培训,做到经常化、制度化、形成一支专业的保护队伍。

(五)大力发展热贡文化产业,对青海热贡非物质文化遗产进行产业化载体保护和传承发展

发展热贡文化产业,可以促进青海热贡非物质文化遗产的动态和可持续性发展,将原本零散分布在各地的青海热贡非物质文化遗产资源进行有机地整合,从而取得一定的规模化效益,节约社会和经济成本。应根植于产业化的拉动作用,借助文化产业化载体,特别是现代旅游业和文化产业发展的双重拉动,加大市场运作力度,提升热贡文化产业化水平。通过产业化的手段寻求青海热贡非物质文化遗产在新的环境下传承与传播的空间,真正提高大众对青海热贡非物质文化遗产的了解和认知,实现青海热贡非物质文化遗产保护与产业运作的二元互动和良性循环,获得可持续发展的动力。

1.做大以唐卡为重点的热贡艺术品产业

一是加大研发力度,进一步创新和研发唐卡、堆绣、泥塑等艺术作品,延长热贡艺术品文化产业链条。二是以培育龙头企业为重点,提高唐卡为重点的热贡艺术品产业化水平。在产业发展战略上,鼓励众多的中小

民营企业参与唐卡等热贡艺术品的生产、销售，延长产业链条，走产业集群发展的路子。积极筹建热贡集团公司、热贡传媒集团公司等大型文化产业经营企业，推动文化企业向集约化、规模化方向发展。采取"公司+文化专业户"的模式，给予一定优惠扶持政策，激励、培育和发展一批中小文化企业。三是着重培育热贡唐卡品牌。以青海国际唐卡艺术节为平台，牢固树立热贡唐卡在全国乃至世界唐卡领域的龙头形象，把黄南打造成全国最大的唐卡生产基地。

2.推进文化产业园区建设

文化产业园区包括坎布拉后弘文化园区、热贡文化园区、草原生态文化园区、藏民俗文化园区。即，尖扎县以坎布拉景区为核心，加快后弘文化园区建设，辐射带动坎布拉、康杨、马克唐沿黄三镇，形成设施完善、功能齐全、服务一流的后弘文化旅游带和黄河文化风情休闲度假区。同仁市以隆务河流域为中心，统筹推进隆务河流域综合治理工程与城镇建设步伐，打造热贡文化园区。河南蒙古族自治县以蒙藏文化为核心，打造以有机畜牧业为主的草原生态文化园区。泽库县以麦秀风光和藏民俗文化、和日石刻技艺为核心，建设藏民俗文化园区。

3.培育创新青海热贡文化品牌

重点培育唐卡、堆绣、泥塑、铸造、石刻、木雕，以及隆务古城、保安古城、郭麻日古堡等为主的文化旅游品牌。塑造唐卡博览会、热贡艺术节、五彩神箭、那达慕、草原盛会、保安花儿等文化节庆品牌。创新"於菟"舞、藏戏、热贡六月会等民族民间文化活动品牌。开发唐卡、堆绣、泥塑、铸造、石刻等热贡文化产品和纪念品，力争在产品生产、包装、研发、设计、创新上更加适合市场消费，满足广大消费者的需求。

4.健全和规范青海热贡文化艺术品市场

一是加大市场培育力度。热贡艺术品的核心价值是文化，艺术品的发展有其自身的规律，它跟人们的收入水平直接相关。随着经济社会的发展，人们的收入不断增加，文化消费需求和消费水平不断提高，社会对热贡艺术品的热情还会剧烈增长，所以发展空间还非常大的，这个市场应该加大力气培育。二是狠抓热贡艺术品制作标准。根据《热贡唐卡地方标准》，由政府和热贡艺术协会、唐卡鉴定委员会做好职业技能鉴定和唐卡鉴定，重视热贡艺术品创作的质量监督，确保其原真性。三是加强市场监管。热贡艺术品市场经营的准则是诚信，严格按照公平、公开、公正的交易规则进行，建立行业协会，加强自我管理。在产业化的视角下，使热贡非物质文化遗产所蕴含的文化、艺术、经济价值与市场相结合，建立起热贡非物质文化遗产市场化后的评估、监测、规范等管理机制与收入分配体系，避免单纯以盈利为目的的开发，在保护中开发，在开发中保护。

（六）科学、适度地挖掘青海热贡非物质文化遗产内涵，以旅游产业形式进行保护和传承发展

青海热贡非物质文化遗产的旅游开发是指将具有开发价值的非物质文化遗产转化为旅游资源，并开发为具有旅游吸引力的产品或项目的一种行为。青海热贡非物质文化遗产保护开发可以增加旅游资源吸引力和文化内涵，提高旅游开发层次、促进旅游经济发展、提升旅游目的地形象。将青海热贡非物质文化遗产保护和旅游开发有机结合，在旅游开发中赋予热贡非物质文化遗产鲜明的地域特色和文化内涵，使青海热贡非物质文化遗产保持原有的生机和活力，充分挖掘，强调旅游开发中的文化意识，向世人立体、综合地展示青海热贡非物质文化遗产在历史与现实的交汇中呈现出的多元内涵，这就会为旅游者提供一种超值的文化享受。

一是黄南应利用得天独厚的文化资源，努力挖掘和利用热贡非物质文化遗产资源的丰富内涵和人文意蕴，充分运用当地群众喜闻乐见的优秀传统表演艺术形式开拓旅游项目，形成引人关注的民族民间艺术旅游经典景区。二是依托青海热贡非物质文化遗产资源优势，发展特色旅游产品。包括青海热贡文化体验旅游产品、青海热贡六月会等民俗节事会展旅游产品，以及高原生态休闲旅游产品等。三是青海热贡非物质文化遗产的保护和传承主要采取整体性保护、抢救式保存、博物馆保存、传习机构传承、学校教育传承、民间活态保护和传承等多种方式，这些保护和

传承方式都可与旅游相结合,通过旅游使人们了解到青海热贡非物质文化遗产的精髓,按照尊重该遗产的文化空间"原人、原地、原时、原味"地进行。适度的旅游开发是促进青海热贡非物质文化遗产保护与传承的有效途径,开发必须是良性的、合理的和可持续发展的。政府大力引导、公众及传承人参与和监督、专家指导、企业化运营、旅游者积极参与构成青海热贡非物质文化遗产保护传承发展体系。

(七)建立健全青海热贡非物质文化遗产保护与传承的保障机制,进一步加大政府的引导和扶持力度

在青海热贡非物质文化遗产保护与传承中,政府是一个不可缺少的主导性角色。"没有政府的政策支持和资金扶助,非物质文化遗产就不可能得到妥善保护;如果远离了政府主导性力量,现代工业文明下的非物质文化遗产将会更快的消亡。"①因此,黄南州各级政府在青海热贡非物质文化遗产保护传承体系中具有重要的地位,承担着重要职责。

1.建立健全青海热贡非物质文化遗产管理机构

政府应建立健全责任明确、运转协调、分级负责的区域联动协调机制,搭建层级保护网络。设立由黄南州政府分管领导、州文体广电局、财政局、热贡文化生态保护区管委会主要负责人等为成员的保护工作领导小组;设立由黄南州文体广电局负责人、黄南州非物质文化遗产保护中心及保护主体为成员的保护工作小组;设立由各县(市)政府分管领导和相关负责人为成员的保护实施小组。这些分层管理机构对青海热贡非物质文化遗产进行规划、协调、指导、管理、监督、奖惩和保护,构建互动合作领导组织,构成以多元保护主体为核心的青海热贡非物质文化遗产保护格局,促使青海热贡非物质文化遗产保护与传承工作落到实处。

2.制定保护与传承的方案规划

《国务院办公厅关于加强我国非物质文化遗产保护工作的意见》中指

---

① 赵德莉:《主导主脑主体——非物质文化遗产保护中的角色定位》,《宝鸡文理学院学报(社会科学版)》2006年第1期。

出："地方各级政府要加强领导,将保护工作列入重要工作议程,纳入国民经济和社会发展整体规划,纳入文化发展纲要。"黄南州政府制定保护与传承的方案规划是实现保护与传承青海热贡非物质文化遗产的必然途径,应根据黄南的实际情况,在青海热贡非物质文化遗产的确认、立档、研究、保存、保护、宣传、弘扬、传承等方面应科学合理地制定详细的方案。同时州、县(市)政府对在保护与传承青海热贡非物质文化遗产的过程中所采用的法律、技术、行政及财政等手段也要进行相应的统筹规划。

3.给予保护与传承的资金支持

《保护非物质文化遗产公约》强调了政府财政措施对非物质文化遗产保护与传承的重要性,并且专门建立了"保护非物质文化遗产基金"。有效地保护与传承青海热贡非物质文化遗产离不开政府的资金支持,政府的资金支持是青海热贡非物质文化遗产保护与传承的最基本的物质保障。黄南州、县(市)政府应在中央财政资金支持的前提下,在地方政府的财政预算中加大对青海热贡非物质文化遗产的保护与传承方面的预算支出。一是各级财政增加对文化的投入量,保证文化遗产保护经费在基层尽快落实。二是设立热贡文化发展基金,集中力量就品牌保护、产品创新、规划设计、开拓市场、宣传促销,以及重点文化企业发展等方面给予扶持。三是加强金融部门对文化建设的支持。四是制定基层公益性文化事业单位经费基本保障标准。制定公共文化基础设施建设和文化用地优惠政策,在返还土地收益、减免建设规费、税收政策、项目建设等方面给予优惠。五是抓好招商引资工作,努力实现青海热贡非物质文化遗产保护与传承可持续发展。

五、延伸阅读

(一)黄南藏戏

青海华热藏戏、果洛藏戏、甘肃甘南藏戏及四川阿坝藏戏等统一都用安多方言来演唱,所以统称为安多藏戏,黄南藏戏是安多藏戏的一个重要分支,是青海省内影响较大的安多藏戏剧种中的一个重要流派,产生于17世纪。在19世纪至20世纪中期,流传区域曾经覆盖黄南州以及相邻的循化撒拉族自治县、化隆回族自治县的部分地区,此后主要流行于黄南地区。

黄南州同仁地区在明末清初时隆务寺就形成了藏戏的雏形。该寺夏日仓一世撰写了有名的《噶丹道歌》,其中的训诫诗采用了多种民间说唱诗歌的句式,便于传唱记忆,为黄南藏戏唱腔的形成起了启蒙作用。到夏日仓二世阿旺成列嘉措(1678—1739年)主持教务时,该寺大批僧人到西藏各大格鲁派寺院进修,而多数僧人去哲蚌寺,在一年一度的"雪顿节"期间,参与演出,并将演出内容和形式带回隆务地区。该寺称之为"呀什顿"的活动中,僧人们唱歌跳舞,成为形成隆务藏戏的前奏。至夏日仓三世根敦陈列拉杰(1740—1790年),经过僧人们的努力,将传统藏戏《诺桑王传》的部分故事情节和人物,以折子戏的形式,在夏季"呀什顿"活动中演出,经过长期的孕育,到夏日仓六世尕藏丹贝坚参(1859—1915年)主持教务时,隆务藏戏进入成熟时期。尕藏丹贝坚参非常喜爱藏戏,并支持僧众对藏戏脚本进行加工,主要剧目有《文成公主》《曲结诺桑》《朗萨姑娘》《卓娃桑姆》《智美更登》《白马文巴》《苏格尼玛》《顿月顿珠》八大藏戏。

甘南与黄南同属安多方言区,因此,同仁市、泽库县和甘南夏河县的藏传佛教寺院在藏戏艺术上互相观摩学习,经过历代藏戏艺人的创新,逐步形成了以甘南和黄南两州地区为代表的"安多藏戏"。

藏戏是以歌舞形式表现文学内容的综合性艺术,有其独特的风格。演出有一套完整的程式,一般分为三部分。第一部分称为"顿",意为"出场",主要是开场酬神、祈祷、祝福,并介绍人物,属于开场式。第二部分称为"雄",属于藏戏的正文部分,剧中人物依次出场演唱,每一段落都插入舞蹈,循环表演。第三部分称为"扎西",是剧的收尾,以歌舞形式祝福迎祥。

新中国成立以后,藏戏的演出从寺院向民间传播。1959年,同仁市苏乎热村在隆务寺戏师多吉加指导下,排演过《诺桑王传》,对该剧情节有不少改动和艺术加工。这是黄南地区首次民间演出的藏戏。到1979年，在同仁市曲库乎乡江什加村，成立了第一个业余藏戏团，排练并演出了《智美更登》，于国庆节在隆务镇公演，产生了很大反响。此后，同仁市麻巴乡浪加村、双朋西乡娘加村、保安乡双处村等也相继成立了业余藏戏演出队，演出了《松赞干布》《朗萨姑娘》《文成公主》等剧目。逢年过节和重大喜庆时即在村中筑台表演，在群众中形成了一股藏戏热。同仁市人民政府在1980年春节期间组织了首届藏戏会演。1981年由黄南州人民政府组织了全州藏戏调演。自此，黄南藏戏进入了一个新的发展阶段。

黄南藏戏是传统民间藏戏与现代舞台艺术、人民群众生活有机结合的产物，展现了一定时期黄南州在传承、创新藏戏方面所取得的重要成果，形成了具有浓郁地方特色和民族特色的藏戏艺术风格，其艺术特点主要表现在以下四个方面：

一是广采博纳，服务民众。黄南藏戏艺术家在创编藏戏的过程中，始终坚持文艺服务人民群众的根本宗旨，广泛吸纳民间艺人、专家学者和各族群众的意见，使之贴近藏族群众的现实生活，彰显出浓郁的生活气息，深得群众喜爱。

二是雅俗共赏，突出特色。黄南藏戏既保留了宗教诵经音乐成分，又吸收了当地民歌、说唱、舞蹈音乐素材，由寺院诵经音乐、民间歌舞音乐和打击乐构成藏戏唱腔体系，具有鲜明的时代特征和独特的地域特色。

三是传承基因，推陈出新。黄南民族歌舞剧团在挖掘、整理、排演《诺桑王传》《松赞干布》《智美更登》《顿月顿珠》《白玛文巴》(卓娃桑姆)、《郎萨姑娘》《文成公主》等传统优秀藏戏剧目中，按照时代发展和人民群众的审美要求，对《诺桑王子》《意乐仙女》《藏王的使者》等传统藏戏的故事情节进行一系列创新改动，使藏戏突破了娱神的传统理念。特别是创编的《金色的黎明》《纳桑贡玛的悲歌》等现代藏戏剧目，以藏族人民的现实生活为题材，反映藏族人民群众对幸福生活的追求，丰富了藏戏艺术宝库，增强了藏戏的感染力和艺术效果。

四是博采众长，丰富造型。黄南藏戏既保留了《公保多吉听法》等原始戏剧的基本表现形态,又广泛吸收寺院壁画人物造型、汉族戏曲、宗教舞蹈、民间舞蹈、藏族生活等多元素动作形态,创作出一系列行当及成套的表演程式、手势指法、身段步法和人物造型,体现了传承与创新的有机统一,形成黄南藏戏独有的表演体系和艺术风格。黄南州民族歌舞剧团根据藏族民间八大藏戏中的代表剧目而改编的藏戏《诺桑王子》《意乐仙女》《藏王的使者》等,在北京、上海、广州、南京、香港等地进行演出,引起了强烈的反响。短短20年,黄南歌舞剧团、青海藏戏团为中国剧苑奉献出《意乐仙女》《苏吉尼玛》《藏王的使者》《金色的黎明》《纳桑贡玛的悲歌》等六大精品,获得了文化和旅游部主办的历届少数民族题材戏剧"孔雀奖"金、银奖及"五个一工程"奖。

2006年5月20日,经国务院批准,黄南藏戏被列入第一批国家级非物质文化遗产名录;2009年9月30日,黄南藏戏被联合国教科文组织列入人类非物质文化遗产代表作名录。

(二)"於菟"

"於菟"是古人崇拜虎图腾的一种遗俗,是流传于青海省同仁市年都乎乡年都乎村与其附近几个村子冬季祭祀活动(邦祭)中的一个祭祀舞蹈项目,是年都乎村特有的一种民俗文化形态。土族"於菟"于每年农历十一月初五至二十日举行,包含念平安经、人神共娱、祛疫逐邪等仪式,流传至今已有数百年历史。2006年5月20日,土族"於菟"经国务院批准列入第一批国家级非物质文化遗产名录。

1.历史渊源

"於菟"一词最早出自《左传》,属于古代楚人对虎的方言称谓。关于"於菟"习俗的历史渊源,有楚风说、羌俗说、苯教仪式说等多种观点,民间也有多种说法。一是属于楚风古舞遗存之说。古代楚地楚人有信巫崇虎的传统,随着明代军队在此戍边屯田,汉人不断移居此地,一批拥有楚文化背景的移民带来了"於菟"文化,并且一直流传至今。二是古羌人崇拜虎图腾之说。青海自古就是羌人的主要活动区域,古羌族大多有崇虎的习俗，"於菟"舞是古羌民族部落崇虎图腾的曲折反映，是古代羌楚文化融合的遗存，羌人对虎的崇敬和楚人跳"於菟"、祭山神的仪式结合在一起，慢慢演化为一套完整的仪式。三是民间崇虎驱魔之说。在同仁市热贡地区的当地人认为，每年的农历腊月二十日为"黑道日"，妖魔鬼怪会纷纷出来作乱，此时举行跳"於菟"（即模仿老虎动作）的祭祀活动，可驱逐妖魔，保佑太平。土族"於菟"现仅存于同仁市年都乎乡年都乎村。由于流传地的生态环境近似原生地，加之地处边远，较少受外界文明干扰，其原生地的生产、生活方式在一定程度上得以存留，从而使传统的宗教信仰、图腾崇拜、祭祀礼仪也随之得以保留。同仁市年都乎乡年都乎村的土族至今依然继承着跳"於菟"舞的习俗，维系着他们的传统信仰、传统习惯、传统礼仪，这也是土族跳"於菟"得以流传至今的重要原因之一。

2.主要活动

（1）挑选"於菟"。在跳"於菟"舞之前，需挑选"於菟"表演者。即每年农历十九日下午"拉哇"（法师）和"店觉窝仓"（简称"店窝"，即法师助理）到二郎庙中（当日只许村中男子上山，女人不得上山），对前来报名参加"於菟"表演的男子，根据其年龄、体质等情况，挑选出"於菟"表演人员，一般挑选岁数在十四五岁以上、身体矫健的人参加表演。而每年的报名者络绎不绝，这主要有三方面的因素：一是家中有病人，想通过扮演"於菟"角色，除病祛疫；二是希望自己及家人来年平安吉祥；三是村委会决定，凡参加"於菟"表演的人，可以表演"於菟"时间抵参加村集体劳动时间。

挑选"於菟"的程序是：当晚，法师根据报名人员情况，选取其中的报名人员各持酥油灯、"邦漠""线香"等六种物品，由法师带领他们在二郎庙殿内围成圈，按顺逆时针各转三圈，法师敲鼓，副手敲锣，以鼓点数量和缓急调整步伐。然后，围坐一圈，法师逐个与报名跳"於菟"的人选进行问答，问完一人，便掷牛角卜卦，卦象圆满则继续与下一位问答。在问询其中一人时，其他人员可喝酒，边喝酒边唱拉伊，众人喝彩，直至尽兴后"邦会"结束。最后法师宣布所选"於菟"人员名单（一般是两只大"於菟"和五只小"於菟"），被选定的"於菟"向二郎神像作磕头礼。至此，十九日"邦会"及选"於菟"活动结束。据说从前"於菟"人数为8人,约在百年前,某次举行"於菟"活动时,有人鸣枪,其中一名小"於菟"不幸中弹身亡,此后便将"於菟"减为7人。

(2)化妆。农历十一月二十日下午二时前夕,村内各户男子到二郎庙煨桑,有些进殿磕头。清晨,挑选出的7名"於菟"集合于山神庙前,在严冬凛冽的寒风中脱去上衣卷起裤腿,使上身及大腿裸露,先由旁人协助或自己动手以庙内香灰涂抹全身,在发间也拌以香灰。涂抹后呈蓬头垢面、肤色青灰状。而后由村内画师以墨汁(也有用锅底烟灰兑水自制成"墨汁")将其脸部化为虎豹相,涂画虎豹斑纹于裸露的身体和四肢,也有用豹皮斑纹状绒毛裤和豹纹靴代替的。用白纸条扎起头发,向上竖立,装扮成"於菟"像。据说白纸条上原有祛妖镇邪的符咒经文,因原印版及样本在"文化大革命"期间被毁,无法复原,以后仅以白纸条剪成图案代替。

(3)"於菟"表演。约在午后二时许,二郎庙主吹响海螺。此刻法师头戴五神帽(帽分五片,意为东西南北中五方神像,后用"五佛帽"代替),手执长柄单面羊皮鼓,带领持锣的副手及"於菟"聚集在二郎庙殿及其他山神庙中。"於菟"腰系布带,脚穿圆口布鞋,双手各持一根两米多长的荆条棍,荆条棍顶端贴有福旗,底端系有写着经文的白纸条。在法师的主持下,"於菟"们诵读经文,跪拜二郎神与山神,祈求神灵保佑全村平安。然后由会师一一灌酒,授予"於菟"驱魔神力,使虎魂附体于"於菟"。而后"於菟"们在庙院内列队围圈作舞,以示虎威。此时,这些不能再说话的"於菟"们,在民众的心目中已将原有的人格转为神格,而获得了驱鬼逐疫的能力。舞蹈后,"於菟"们出院门在院外小广场围火堆做舞数圈。

随着一阵炸响的铁镜与鞭炮声(拟枪声),五名小"於菟"奉"山神"之命飞速奔向村庄,或翻墙入院,或蹦跳于各户屋顶之上,进行驱魔逐邪。他们每到一家,在各房间跳来窜去,以示驱除暗藏在村民家中的妖魔鬼怪,保佑其全家来年人吉业兴。蹦跳一番后,见肉就叼,见馍就拿,或口衔生熟肉块,再继续从屋顶进入另一家院落。在"於菟"翻墙入户之时,法师在寺院住持陪同下,率领锣手及两只大"於菟"边击鼓锣边以缓步蹦跳姿态走街串巷,以荡涤游离于各家宅院之外的妖魔鬼怪。在小"於菟"们驱除完各家各户的室内妖魔之后,个个口叼鲜红的生肉块,双手各执一根串满圆饼的木杆,兴高采烈地结队来到村庄巷道。在仪式进行中,无论大小"於菟",都会接受群众将圈圈馍套在荆条棍上,使之获得灵气。一些患病者还主动仰卧于"於菟"必经之路上,等待"於菟"从身上跨过,以期带走病魔获得痊愈。此时群众再次齐放鞭炮,"於菟"在鸣炮声中奔向村外的河沟里,用腊月冰冷的河水将从民宅里驱来的妖气连身上画的虎豹斑纹状一同洗去。此时,法师和副手(锣手)也跪在河边高声诵经焚烧纸钱,以示驱赶邪魔远离村寨。土族群众欢呼四起,庆贺祛除妖魔。最后"於菟"们还要从一堆燃烧的草火堆上跳过,示意已把妖魔和自己身上带来的妖气全部除尽。历时约两个小时的活动到此全部结束。

3.特点

"於菟"舞乐器为一鼓(单面羊皮鼓)、一锣。舞者均为男性,由7人表演。"於菟"舞以"前端腿跳"构成其舞蹈特色,表演风格狂放,是独特的土族祭祀舞蹈,表演时,舞者以跑、跳、吸腿垫步等拟虎动作为基本特征,"垫步吸腿跳"是整个舞蹈的主干动作,以前端腿跳、双椎棍跳的动作显示虎威。舞蹈语汇与节奏相对单一,因舞者双手持约两米长的树棍,所以上身及手势动作较为简单。腿部跳跃动作的幅度和动势,与其舞蹈情绪的发展、变化相适应。从"於菟"的舞蹈形态来看,它是一种原始拟兽舞在当代土族民俗活动中的表现。拟兽舞与原始人的狩猎生活紧密相连,是原始舞蹈中最常见、最有代表性的舞蹈形式。

4.传承保护

"於菟"舞原始而古朴,是受古代人虎图腾崇拜影响的民族民间舞蹈,也是土族重要的舞蹈文化遗产,反映了土族传统文化风貌。保护"於菟"舞文化遗产对展示土族传统文化的原创性和丰富性、增强土族的民族认同感和文化自觉具有较大意义。

"於菟"舞系列民俗活动曾在隆务河流域部分村落中流传,后来仅在年都乎村传承沿袭。"於菟"活动传承人有两个体系,作为"啦哇"(法师)传承体系的"拉哇仓"传承机制和法师助理"店觉窝仓"传承体系,均为家族式世居传承。"拉哇"只能在"拉哇仓内"传承,据有关资料,曾担任过"拉哇"的人有公保、红克、白吉尔、索南、他热、年智合、南科、多杰热旦。"拉哇"助理"店觉窝仓"只能在被称为"店觉窝仓"的家族传承。2010年时"店觉窝仓"家族有傲赛、居尼、南太尔、杨本加、夏吾、勒毛等几家,但只有南太尔家族和杨本加家族具有"於菟"仪式中的副手资格。

2008年2月,同仁市年都乎乡民间艺人阿吾(男,土族,1950年生)被批准为第二批国家级非物质文化遗产项目土族"於菟"代表性传承人。

进入21世纪,黄南州各级政府将土族"於菟"作为重要的非物质文化遗产,制定保护措施,实施挖掘、传承、保护工作,组织有关部门积极开展土族"於菟"申报省级、国家级非物质文化遗产项目。每年"於菟"节期间,同仁市政府举办热贡文化冬季采风活动,吸引游客和摄影爱好者摄影采风。在黄南州举办重要节庆、重要文化活动期间,都将土族"於菟"作为重要文化品牌做重点宣传推介和展示。

郭麻日古堡历史渊源探析

早在新石器时代晚期郭麻日村就有人类生活的痕迹。从第三次文物普查结果来看,在村北、村南、村西等多地出土了众多属于马家窑文化、齐家文化和卡约文化类型的彩陶和泥质夹砂陶残片,出土器物有盆、钵、双耳罐等器物,陶罐多为夹砂绳纹陶,也有大件器物如瓮,瓮内且有小孩骸骨。从石器、陶器标本分析看,约在四千年前就有人类在此繁衍。

据《山海经》《穆天子传》记载,青海有关于羌人的史迹,与"虎豹为群,於(乌)鹊与处"。当然神话传说只是人类童年时期的产物,它虽不是历史,却也折射出历史的影子。拂去历史的尘埃,从浩繁的典籍中或能找寻到些许蛛丝马迹。据《后汉书·西羌传》载:"河关之西南,羌地是也。"这里的河关、西南正是甘肃临夏与青海交界的包括同仁在内的青海东南境内。从郭麻日村发现大量的新石器文化遗址,证明早在三苗迁来之前,郭麻日就有土著先民。

秦汉时,羌人无弋爱剑部落广泛分布于黄南地区,特别是在隆务河谷地带牧耕。汉宣帝神爵元年(前61年),西汉势力深入青海,赵充国平定西羌设立郡县,上《屯田奏》,屯田戍边、开发边疆在历史上产生了深远的影响。随后至东汉,屯田的规模更大更广,从湟水流域发展到黄河两岸,自邓训占领大小榆谷后主张对羌胡"以德怀之"以恩信取民,"分以屯田,为贫人耕种",这种宽柔政策使许多羌人部落相继归附,邓训令屯卒修城郭、筑坞壁,保护归降羌人的农业生产。西汉东汉的屯田主要是军屯,目的是充军需之备巩固边地之意。

汉魏以后,民族大融合兴起,前凉、前秦、后凉、北凉、西秦、南凉、吐谷浑政权的兴衰,动荡角逐、交流融合贯穿始终。魏晋时期,建都乐都的鲜卑族秃发部南凉政权的势力曾到达这里,隆务河流域隶属南凉浇河郡管辖。隋朝时同仁归达化县所辖,唐初归廓州所辖。随着吐谷浑国的败亡、吐蕃的兴起,唐蕃的争夺日趋激烈,唐高宗后吐蕃占领青海,对被统治下的各部、各族推行统一融合和强制同化政策,大量羌人部落和吐谷浑人融入到吐蕃民族当中,故唐以后青海地区几无诸羌及吐谷浑人的踪迹可寻。唐朝总结前代沿边屯田的经验,在黄河两岸广置屯田并设检校营田大使,督领本地区的屯田,当然隆务河流域也在其中(崔永红《青海经济史(古代卷)》)。

青唐政权解体后,宋、金、西夏交替统治,统治阶级大力扶持佛教,佛教僧侣在社会中拥有很高地位,甚至参与政治。据嘉萨格西《热贡宗谱》记载,热贡地区形成的村落有三,上有古德,中有四合吉,下有郭麻日,惟郭麻日最早建立。到元朝时,郭麻日归贵德州,按《元史·地理志》及所附《河源录》,贵德州隶属于治在河州的吐蕃等处宣慰使司都元帅府。不过贵德州在元前期曾一度隶属于陕西等处行中书省河州路,贵德是下州,其州治名为必赤里。在蒙古帝国的支持下,藏传佛教在黄南逐渐盛行起来,并建立了许多寺院。据《唐史·吐蕃传》《红史》《布顿佛教史》等载,唐初,吐蕃势力进入青海,消灭吐谷浑,又将青海羌人纳入吐蕃政权之下,进一步融合发展,形成今天的统一的藏族。另据藏文传抄本《热贡琼江》记载,隆务河流域瓜什则三村落和和日七哇森部落,其先祖为吐蕃名相噶尔东赞的属民。吐蕃灭吐谷浑后在隆务河流域驻军、移民,并吸收融合当地其他民族成分,形成了隆务河流域的藏族。近年在郭麻日村不远处,发现一处被盗掘的古墓,根据考古断定此乃唐代初期的吐蕃墓葬。

元朝建立后,在前朝的基础上广泛推行土官制度,也就是在少数民族地区设置的统治机构中,任用少数民族头人酋长为长官,代表封建王朝行使对当地的统治权。这种统治往往通过政教合一的统治体制来实现的,黄南属元河州都元帅仲哇喀巴龙树、仲巴南木喀森格统治地区,必里万户长官即今同仁阿哇日囊索之先祖。元至元元年(1264年)八思巴主持总制院后,西藏派阿米拉结扎那哇到今同仁地区传教,其裔隆钦多代本即为隆务土官。

据传郭麻日村原由吐蕃时期的先辈朵迪军在特莫科地所建,位于今向阳村的台地上,古称热合德古城,今能一窥其残垣断壁。据藏文史资料记载,藏历第六饶迥土龙年即元顺帝(1328年)时在今郭麻日村建堡,历时5年,耗大量人力、物力、财力于1332年建成,并集体搬迁至此。另据明史资料记载,郭麻日古堡建于明代洪武年间,明万历二年(1574年)扩建。据明代《王廷仪记功碑》载:"以故是地无官守防,无军所恃,如彼中廷仪,向为屯首,心怀赤忠,汉番皆并推誉,以是倡义率众并咨,各部院道筑堡,曰保安,设官曰防御,并于计、吴、脱、李四寨选士兵五百名,均之以月饷。"从碑文中可见,明万历后,在千总王廷仪带领下,保安堡已建成,具有防御功能的计、吴、李、脱四屯也早已成寨(堡)。

郭麻日古堡建在一片二级台地上,堡内由数百个大小不一的房屋组成。建造风格多为木土二层结构的廊房式建筑,构造方正,由幽闭狭长的道路连通,道内只能人员通过,车马不能通行。每家屋顶相互连接,仅有矮墙相隔,居民可通过屋顶前往其他住户家中,若遇危急时刻,这可成为逃生的一条高空通道。古堡南北两侧各有一条溪流绕寨而过,相当于两条护城河,西侧有起伏的山脉,东侧有隆务河,形成了背山面水的防御格局。堡有三门,东门为正门,位于村道旁,也是人流聚集的地方,西门、南门是为方便人员进出而设,三个堡门之间由巷道相联。从整体布局、墙体夯筑来看,古堡具有明显的军事防御功能。据说东门沿用了热合德旧城的铜门,称为"郭麻日赤孜城门",故该村得名"郭麻日(红色之门)",门上方用红色颜料绘有先辈兵士英烈们的形象,用于纪念先烈。

明洪武元年(1368年)明朝建立,元顺帝弃大都北遁,元朝的统治宣告结束。洪武三年(1370年),邓愈由临洮进克河州,经略西北藏区。吐蕃等处原元朝宣慰使司宣慰使何锁南普、镇西武靖王卜纳剌分率所部归附邓愈,明朝统治势力由此进入青海东南部藏区。明洪武四年(1371年)

改积石州为千户所,隶河州卫,立起台、保安二堡屯兵戍边。保安堡建立之后,连同之前建的郭麻日堡、年都乎堡、吾屯堡,统称为保安四屯。四堡中唯郭麻日古堡保存最完整。四座古堡由南至北呈带状分布于隆务河两岸,并在西山、东山建有两座驻军的烽燧。登上郭麻日古堡房顶远眺周边形势,可清晰看到烽火台上升起的孤烟。

明代在青海地区的建政施治与当时北方地区民族关系及政治军事斗争紧密相关。为了孤立、阻止蒙古势力南下,明朝又取法汉武帝创河西四郡切断羌匈联系的做法,设置卫所,因此明朝在青海的经略带有明显的保守防御色彩,通过设立卫、所两级军事单位来兼摄地方行政,如河州卫、西宁卫、塞外四卫、积石州千户所等,以确保这一地区的安宁。明洪武八年(1375年)置归德守御千户所,直隶于陕西行都司,属河州卫,下辖百户10个,分屯于今贵德、尖扎及同仁保安一带,所谓"贵德守御共十屯,而保安有其四"。这四屯分别是季(计)屯(藏语称年都乎,意为霹雳降魔)、吾屯(藏语称森格浔,意为狮子滩,因其地形像狮子,有上、下两个寨子,即吾屯堡)、脱屯(藏语称脱加或脱嘉,意为汉人住的房子或住在高处的汉人,也有说是指脱姓村庄,即保安堡)、李屯(后来分为上李屯与下李屯,上李屯,藏语称郭麻日,意为红色大门,寨东门为红色;下李屯,藏语称尕沙日,意为新修之渠)。周边藏族群众称之为"保安四屯""保安四寨子"(藏语称"蔡孜德裕"),李屯(郭麻日)乃十屯之一。

归德千户所于明永乐十年(1412年)开展屯田生产,明代给士卒分配屯田以"分"计,每军50亩为一分,农具、耕牛由国家提供,屯军则按规定向国家交纳租粮,称为"屯粮"。军屯除军士屯田外,军士家眷也往往入屯垦种,可见屯军家属入屯事农是常有之事。到嘉靖、万历时期为了能够恢复屯田生产,明朝廷一方面差员对西北各卫所屯田进行清理整顿,一方面对旧有屯制进行修正,屯田不再按"分"给授,而是不拘军民身份,准予量力承佃,除军屯外在青海同仁也有民屯。根据《临洮府志》《循化厅志》等方志资料,在今同仁保安地区的吾屯、李屯、季屯和脱屯,军户落籍屯地,这些屯寨都逐渐发展成为规模较大的村落。

据藏文史籍记载,和硕特移来青海之初,黄南就有蒙古部众,和硕特统治青海时在隆务河两岸征调贡赋和差役。顾实汗去世后,诸子不和,和硕特部的整体势力渐趋衰落,到清乾隆五十六年(1791年)循化及贵德两厅所属76个"熟番"部落和77个"生番"部落也交由西宁办事大臣管辖。清雍正四年(1726年)青海办事大臣达鼐会同西宁总兵官周开捷着手在藏族地区清查户口,划定地界,因俗设官,给各部落首领分别授以土千户、百户等职,郭麻日也有百户、乡约。为了解决藏族部落的北移南返问题,时任陕甘总督那彦成查办番案,并派员与循化、贵德两厅官员分立千户、百户、百总、什总分别管辖,郭麻日有百户、乡约、里长,由年都乎土把总控制。屯地在明代是军屯地,清初仍由官府掌握,后逐渐化为私田,一部分成为"香田""供养田",自此军屯退出了历史舞台。

郭麻日土族从何而来,说法不一。吐谷浑人在7世纪中叶被吐蕃打败后,涉居到各处。据《佑宁寺创建记》载,1227年成吉思汗率兵进入青海,其部将格日利特及其部属在互助县一带留居,与霍尔人(吐蕃对游牧民族的通称)通婚,这大概是土族来源的普遍说法。土族的民间传说中霍尔人与吐蕃打仗的故事似乎也能印证这一点。许多土族人也认为,霍尔人是自己的先祖,在土族广泛分布的海东市互助县及黄南州同仁市,就有一些地名为"贺尔屯""贺尔川""霍尔加"等。这里的"霍尔""霍尔人",据明清时资料可见,指的是吐谷浑人与蒙古人的融合。两汉之后,北方民族的融合发展显得复杂,有羌人、突厥、东胡、鲜卑等杂居,互通婚姻。据《隋书·吐谷浑传》《唐书·吐谷浑传》《晋书·吐谷浑传》《宋书·鲜卑吐谷浑传》等书记载,吐谷浑出陇西迁是事实,至吐蕃时霍尔人本身就不是单纯的一个族群,后经蒙古人的统治就形成了土族,郭麻日土族是霍尔人在蒙古人、藏族统治下互嵌形成的。

郭麻日土族何时来居,目前尚无定论。按吐谷浑建国三百年的历史,特别是唐高宗龙朔三年(663年)吐蕃灭吐谷浑国的历史事实来看,郭麻日土族先祖或许早在西晋咸宁、太康年间(《晋书·吐谷浑传(卷九十七)》)之时就已到达隆务河畔。而在蒙古人征服青海时,霍尔人(土族先民)已广泛分布于青海东南部地区。随着吐蕃政权的瓦解、元朝的统一,土族已形成。土族在热贡地区小有聚落,年都乎、郭麻日、尕沙日、吾屯、霍尔加、加查玛就是几个典型的村落。从隋唐以后,土族与各民族杂居通婚,和谐共处融合发展,既有相对独立性,又有共同的融汇特点。

从民族语言来看,土语属阿尔泰语系蒙古语族,土语成为土族民族独立性的突出表现,是其本民族的语言工具,日常于族群、家庭中用土语交流。同时他们也学习包容其他语言,大多数土族人已学会汉语、藏语,方便与其他民族交流,而且即便在族群与家庭中,他们也会使用多种语言交流。

从服饰着装看,热贡土族服饰特点鲜明,色彩亮丽,设计精巧,突出地域特点,男女服饰有明显差异,体现出民族特色和深厚的文化底蕴。热贡地区的土族服饰与互助土族服饰有很多不同,吸收借鉴了其他民族服饰的元素,同时体现出与现代文明结合的特征。

就宗教而言,历史上,藏传佛教在土族地区普遍流行,包括四寨子在内的十二部落是隆务寺的溪卡,郭麻日寺宗教节日、佛事活动及宗教舞蹈"羌姆",与藏传佛教寺院格鲁派的内容基本相同,但又有自己的表演特点。从宗教信仰上看,土族信仰主要是藏传佛教,在土族聚居地有格鲁派寺院,土族深受藏族历史和文化影响,特别是藏传佛教对土族的影响,许多人皈依格鲁派,钻研佛学经典,成为活佛,如章嘉佛、土观佛、松布佛为土族中最为著名的活佛,还有却藏佛、王佛、丹麻佛……特别是被清朝康熙皇帝封为"大国师"的章嘉佛,与达赖喇嘛、班禅博克多和蒙古国的哲布尊丹巴活佛并称藏传佛教"黄教四圣"。郭麻日土族中也有罗桑切丹,系郭麻日村头人喇嘛然卜丹之子,为第一世夏日仓噶丹嘉措弟子,并搬迁寺院于现址;阿旺扎西,曾任隆务寺金刚上师等高僧大德,为藏传佛教格鲁派在郭麻日的传播发展做出了自己的贡献。郭麻日寺是隆务寺的属寺,故而许多土族家中有佛堂,格鲁派成为主要宗教信仰。

土族同时是一个多宗教信仰于一体的民族,有的人信仰苯教中的山神,有的人信仰二郎神,有的人信仰真武大帝等。比如郭麻日古堡内建有七座庙宇,黄教寺庙、格萨尔庙、二郎庙、真武帝等,多座寺庙共建于古堡内,堡内居民先拜格萨尔,再拜其它庙。堡内可分三个部落,即红果日、得让、利冈部落,三个部落下又共有十个小部落,每个小部落的信仰不尽相同,有的信黄教,有的信二郎神,还有的信真武神。如东门小部落就崇信真武大帝,据说明朝时守门人丹布十分崇拜真武大帝,他制强扶弱、行侠仗义,面对外部矛盾时总能冲锋在前出奇制胜,成为青年人心中的英雄。他的故事至今仍在传颂,从丹布老爷故居中供奉真武大帝的墙面有磕头刻画计数上可见他是多么的虔诚。

从民俗活动看,土族经历了漫长的历史演变而延续下来的约定俗成的集体活动,早为土族人民所认知,并成为人们生活中不可或缺的组成部分。就原始信仰而言,土族多保留了萨满教的原始信仰,主要表现在土族地区保存着图腾崇拜、巫术等原始宗教活动。其中包括原始舞蹈,如同仁土族的"於菟"舞、热贡六月会等。同仁地区的土族与朝夕相伴的藏族共同创造了灿烂的文化。

此外土族的音乐、舞蹈、建筑、艺术、民间文学等方面,杂糅了汉、蒙、藏、回等各民族的优秀成果,具有鲜明的地域性,同时也保持了自己民族的特点。

综上所述,郭麻日村历史悠久,文化底蕴深厚,是一个多元交流、交汇共存的传统村落,2006年被评为中国历史文化名村。郭麻日古堡则以其久远的历史、神秘的传说、独特的价值、丰富的文化、现实的存在,令人赞叹;郭麻日以其众多的猜想、难以廓清的迷雾、无法解释的融汇、令人费思的沉浮向我们走来,因此需要我们走近它,解秘它,活化它,并续写时代新篇。

黄南州脱贫攻坚典型案例分析及经验启示

一、黄南州巩固拓展脱贫攻坚成果同乡村振兴有效衔接基本情况

黄南州辖一市三县,总面积1.89万平方千米,总人口27.68万人。少数民族占总人口的93.9%,藏族占总人口的69%。全境属四省涉藏地区集中连片特困地区,三县和19个乡镇属深度贫困地区。黄南州委、州政府把脱贫攻坚作为首要政治任务、头等大事和第一民生工程,主动自觉地履行脱贫攻坚的重大政治责任,实现了贫困村包抓全覆盖、贫困户帮扶全覆盖、工作队进驻全覆盖。突出强化"党政同责、一岗双责"领导责任体制,构建起了州负总责、县为主体、乡村落实、部门配合的脱贫攻坚工作机制。制定出台《抓党建促脱贫攻坚"十项行动计划"》,着力实施"党建+"行动,走出了一条党建引领农牧区脱贫致富奔小康的新路径。截至2018年底,全州4.1万贫困人口脱贫,贫困发生率从2015年的20.68%下降到2018年底的4.17%。2019年底,贫困人口全部清零,取得历史性胜利。2023年,黄南州深入贯彻落实党中央国务院和青海省委、省政府关于巩固拓展脱贫攻坚成果同乡村振兴有效衔接各项决策部署,聚焦监测帮扶、资金投入、产业就业、乡村建设等,落实政策措施、抓实有效衔接,全州巩固脱贫攻坚成果同乡村振兴有效衔接工作取得阶段性成效。

一是守牢底线防返贫。精准落实"2411"防返贫动态监测和帮扶机制,风险消除率达到55.3%。深入巩固拓展"3+1"保障成果,农牧区供水

工程受益人口达到14.2万人。发放城乡低保保障金1.74亿元、特困供养资金1265.2万元、临时救助资金387.7万元。扎实做好脱贫人口小额信贷工作，发放小额信贷1389万元，极大激发了脱贫户内生发展活力。

二是抓产业促增收。衔接资金用于产业发展的比例提高至69.71%，实施产业项目99个，特色产业发展质效齐升。全州800人实现跨省跨区就业，实现劳务收入600余万。累计为基层定向开发村级公益性岗位5801个，解决就业6000余人次。通过发展产业、帮助就业、开发公益性岗位等方式，促进农牧民群众和脱贫人口持续增收。

三是强化帮扶促发展。落实东西部协作资金0.9亿元，其中投资4974万元，实施产业发展项目9个，占东西部协作资金总量的55.26%。扎实开展产业协作、消费协作、劳务协作、人才交流等，销售各类农畜产品达到656.3万元。

四是加强建设夯基础。全州完成56个村庄的村庄规划并批准建设，新培育建设乡村建设示范村20个、乡村产业发展示范村22个、乡村治理示范村4个。

尽管取得一定成效，但作为一项长期、复杂和庞大的系统工程，其仍面临很多困难和挑战。

一是自然条件严酷，巩固脱贫成果任务艰巨。黄南州地形复杂，82.4%的耕地为干旱山地。人均耕地面积仅2.82亩，牧区人均草场面积187.9亩，畜均草场12.12亩，分别比全省平均水平少129亩和4.53亩。农牧民仍以经营第一产业为主，农村、牧区二、三产业发展较慢，收入仍然以牛羊养殖、农作物种植和政府补贴为主。

二是产业振兴选择空间小，产业同质化问题突出。有些乡村产业集中为效益不明朗、特色不突出和低端化、同质化的产业。有些村集体经济产业规模小，整体竞争力弱，特别是龙头企业抗市场风险能力弱，农畜产品缺乏精深加工，科技成果转化率低。

三是党组织引领作用有待加强。农村富不富，关键在支部。黄南州农牧区大多数基层组织是好的，但有些村级党组织在巩固脱贫攻坚成果与乡村振兴有效衔接中作用发挥不充分,村"两委"班子成员综合素质能力不高,开拓创新意识不强,组织动员群众的能力不足,战斗堡垒作用没有充分发挥出来。

四是村集体经济发展薄弱。近年来,黄南州农村集体经济得到较好发展,但同时也面临着发展不平衡、政策难落实等问题,虽然全州261个行政村实现集体经济"破零",但村集体经济发展壮大任务依然艰巨。

五是人才队伍薄弱。农牧区群众文化程度普遍偏低,人才队伍青黄不接,农牧民技能素质不强。农牧业生产中缺少有文化、懂技术、善经营、会管理的致富带头人,导致技术力量薄弱。技术指导服务滞后,在培育和发展新型经营主体、推动产业发展、壮大集体经济等方面,缺乏高素质人才和能人带动效应。

二、脱贫攻坚工作中典型案例及分析

党的十八大以来,黄南州认真贯彻落实习近平总书记关于脱贫攻坚的重要指示精神,紧扣党中央国务院和青海省委、省政府精准扶贫、精准脱贫的基本方略,在党建引领脱贫、产业支撑脱贫、搬迁加快脱贫、基础促进脱贫、激发精神脱贫中创新做法,总结经验,选树典型,扎实推进脱贫攻坚工作。现分享五个脱贫攻坚工作中的典型案例及分析。

典型案例一:创新致富渠道 实现富民兴村

河南蒙古族自治县优干宁镇荷日恒村,全村共有牧户213户,1027人,现有党员44名。昔日的贫困村,在村党支部引领下,通过产业发展走上致富路。①大力发展主导产业。荷日恒村党支部把生态畜牧业合作社作为主导产业来发展,整合资产收益扶持资金101.76万元,购买优质雌牦牛185头,争取省级农业切块资金340万元用于合作社牦牛高效养殖基地建设和欧拉羊繁育基地改造。②融合发展合作社产业。实行"党支部+合作社+牧户"一体化发展模式,把牧民组织起来,投入100万元建设合作社冷库。在退化草场开展优质多年生牧草种植807亩,投入100万元建设荷日恒村畜产品加工厂。③兴办实体产业,壮大集体经济。初步形成了以畜牧业为主导产业,二、三产业融合发展的新格局。村内贫困户统筹人均6400元的扶持资金,通过集资购买商铺、入股合作社或小微企业的方式,建设荷日恒村合作社汽车修理中心梅朵赛青民族服装加工厂。目前,村集体经济年收入达到80余万元,牧民群众实现了稳定增收。

案例分析:打赢脱贫攻坚战,必须坚持党的领导。荷日恒村的经验证明,只有建立起一个好的党支部,实行“党支部+合作社+牧户”一体化发展模式,壮大牧民专业合作社,发展特色牧业型经济,拓宽群众增收渠道,才能够实现党统一领导抓脱贫的目标,才能够把促脱贫的各个力量整合起来,才能激活贫困村、贫困户的内生动力,并把脱贫成果巩固好、发展好。

典型案例二:“拉格日模式”助脱贫 牧民走上幸福路

2008年以前,泽库县宁秀乡拉格日村是泽库县64个牧业村中最贫困的村,全村人均纯收入仅为2512元。2011年,拉格日村确定7名能人为合作社领导班子成员,牵头组建合作社。截至2018年底,拉格日合作社入社牧户达172户,入社人数872人,入社率98.9%,整合草场面积为8.82万亩,牲畜入股为5019头(只),牧户、牲畜、草场等资源整合率平均达到98%,入股资金达2416.2万元,总折股数48323.81股,群众收入呈增长趋势。

2018年,合作社创收1254万元,现金分红565.5万元,人均收入15330元,分红户数181户共818人。拉格日模式是当地政府和村民尊重市场规律,科学配置草场、资金、劳动力、管理、科技等生产要素,进行“资源变资产、资产变资金、资金变股金、牧民变股东、牧业变产业、社员变职员”的股份制改造,形成了优质高效的生产力。拉格日模式在全省推广,拉格日村成为青海省乡村振兴示范村。

案例分析:发展产业是扶贫开发的根本之策,产业扶贫贵在精准。昔日贫困的拉格日村变为今天的乡村振兴示范村,走的是现代化生态畜牧业发展之路,体现了扶贫产业选择之精准。党委、政府的正确引导和扶持是拉格日生态畜牧业合作社发展的强力动力,体现了产业扶贫的支持方式之精准。挖掘草地潜力实施多元发展,走生态畜牧业可持续发展路子,体现了产业扶贫经营方式之精准。拉格日村民全部脱贫,收入不断增加,体现了贫困人口受益之精准。

典型案例三:易地搬迁　荒沙滩变身"全国休闲美丽乡村"

尖扎县昂拉乡德吉村位于尖扎县、化隆回族自治县两县交界处,为县内易地搬迁首选地。尖扎县委、县政府结合"一方水土养不起一方人"县情实际,提出"山上问题山下解决"的易地扶贫搬迁安置思路,编制《昂拉乡河东易地搬迁安置点总体规划》,投资8326.8万元修建安置房251套,建筑面积17899.2平方米,公路5.9千米,统筹推进搬迁点基础设施建设。将农牧区无草场、无牲畜、无耕地,以及生存条件恶劣、就地无法脱贫的两镇五乡农牧户251户946人(建档立卡贫困户226户866人)在德吉村进行整村整社集中搬迁和分散搬迁集中安置。德吉村的主要做法有,①建立基层党支部。县乡两级党委把党的阵地建设作为重点来抓,率先整合来自7个乡镇13个村党支部的41名党员,及时成立临时党支部,健全完善基层党建工作机制。2018年9月,德吉村正式成立党支部,使搬迁群众有了"主心骨""领头雁",让基层党员有了"家"的归属感。②大力发展乡村文化旅游业。德吉村大力发展乡村旅游业,开设农家乐30家。据统计,2018年旅游总收入达215万元,2019年上半年,接待游客18万人次,旅游总收入达530万元,德吉村被评为"中国最美休闲乡村"。③培育特色产业。通过流转租赁土地230亩,创办苗木合作社、藏茶种植合作社和农事体验园,不断壮大村集体经济。④积极开发光伏产业。通过华能集团对口援建,支持帮扶德吉村251户易地搬迁贫困户发展户用光伏扶贫项目,每年可实现4200元以上稳定收入,251户共计可收入100万元/年。⑤多措并举促进就业。安排生态公益性岗位181名、旅游服务人员22名、光伏管理员及其他岗位51名。据统计,德吉村解决就业352人,真正实现让群众就近就地就业。

案例分析:扶贫工作必须因人制宜、因地制宜,德吉村的发展经验在于对症下药,充分考量当地的优势与特点,做大做强乡村扶贫旅游业,走出了一条特色扶贫之路。易地扶贫搬迁必须重视后续工作,德吉村着力推进基础设施和公共服务、产业培育、就业帮扶、社区治理等各项工作,实现了建档立卡搬迁群众"搬得出、稳得住、能脱贫"的目标。

典型案例四:基础建设解难题　牧民生活大变样

河南蒙古族自治县宁木特镇属纯牧业镇,共有11个牧委会,42个牧业合作社,有苏青、夏拉、卫拉、赛尔永4个重点贫困村和一般贫困村浪琴村,贫困人口538户2099人。宁木特镇狠抓基础设施建设,改善群众生产生活条件。

(1)提升牧民生活质量。对群众用水用电进行提级改造,投资1300万元实施饮水巩固提升和河道治理工程项目,共修建水源保护27处,新建小口机井203眼,改造水源引水口10座,埋设供水系统管道8.46千米,水源地管道6千米。确保水质安全、取水方便、用水充足。通过大功率太阳能等多项电力设施建设项目,已解决各村的生活用电,全镇目前通信信号覆盖率达73%。

(2)解决群众出行难问题。共投资2880万元修建道路111千米。其中,投资1000万元修建优干宁镇至赛尔永、作毛村的两条四级砂石公路共50千米,投资160万元修建尕群村砂石路8千米,投资1100万元修建镇至夏拉村四级水泥砼公路22千米,投资620万元修建浪琴至作毛村砂石路31千米。所有贫困村都通上了砂石路,牧民群众彻底告别了"晴天一身土,雨天一身泥"的过去。

(3)优化村级办公环境。对村级公共服务设施进行升级改造,各村均建立了标准化村卫生室和村级综合服务中心,组织活动更加丰富,居民健康水平得到提高。

案例分析:基础设施状况不仅关系一个地区的居民生活状况,更关系该地区的未来发展。宁木特镇着力解决贫困群众饮水难、出行难、住房难问题，有效改善贫困村基本生产生活条件，提高贫困群众的生活质量，逐步实现"从农牧民单一的种植养殖生态看护向生态生产生活良性循环转变"的发展目标。

典型案例五：激发内生动力　增强脱贫信心

同仁市保安镇是一个以藏族为主，汉、土、蒙古、回、撒拉等民族共同聚居的地方，共有2917户10891人。其中，贫困户324户1285人。保安镇认真落实各项扶贫政策，创新实施精神扶贫，增强发展信心，群众"幸福感"稳步提升。

（1）用典型事迹感化，激发主动脱贫信心。奖励勤劳致富的脱贫光荣户6户，宣传和号召广大贫困群众学身边典型、做身边典型。建立带头脱贫"光荣榜"和积极上进"光荣榜"，通过正反两面激励，贫困群众慵懒痼疾得到根治。

（2）扶志引领，广泛开展劳动技能培训。结合雨露计划、技能工程，每年在各村开展实用技术培训，共培训1350人。劳务输出共计3740人，涉及行业包括唐卡绘画、石雕、建筑、交通运输等，群众从事行业逐渐趋于多元化。

（3）开展移风易俗、家庭道德实践行动。把养成好习惯、形成好风气作为推动移风易俗工作的着力点，围绕文明村镇、幸福美丽新村创建等内容，深化农村精神文明创建，现有五星级文明户1081户，其中标兵户47户，占全镇人口9.9%。

（4）积极开展减轻信教群众宗教负担活动。黄南州宗教影响深远，宗教捐献成为影响群众脱贫致富的隐形瓶颈。为了减轻信教群众宗教负担，保安镇严格执行《同仁市信教群众宗教负担工作制度》，开展"百僧联百户"活动，精心筛选热心慈善事业的活佛、经师、僧侣与贫困家庭结成"一对一""一对二"帮扶对子，开展精准扶贫。修改完善《寺规僧约》《村规民约》，成立行政村红白理事会，坚持勤俭办教、反对铺张浪费，让乡风文明融入贫困群众生产生活的各个方面。

案例分析:扶贫要同扶智、扶志结合起来。激发贫困群众脱贫致富的内在活力,教育和引导广大群众用自己的辛勤劳动实现脱贫致富。保安镇通过技能培训、推进移风易俗、创新宣传载体等方式营造勤劳致富、脱贫光荣的良好氛围,真正实现了群众在精神上摆脱贫困。特别是减轻信教群众宗教负担的创新做法,拓展了精神扶贫的路径和模式,对其他民族地区推进精神脱贫具有一定借鉴意义。

三、经验启示

2020年12月,习近平总书记在中央农村工作会议上强调,脱贫攻坚取得胜利后,要全面推进乡村振兴,这是"三农"工作重心的历史性转移。要坚决守住脱贫攻坚成果,做好巩固拓展脱贫攻坚成果同乡村振兴有效衔接,工作不留空档,政策不留空白。

(一)必须坚持和加强党的领导

习近平总书记强调:"办好农村的事情,实现乡村振兴,关键在党。必须提高党把方向、谋大局、定政策、促改革的能力和定力,确保党始终总揽全局、协调各方,提高新时代党全面领导农村工作能力和水平。"[1]黄南州各级党委和政府要把巩固脱贫攻坚成果与乡村振兴有效衔接作为重大政治任务,增强政治担当、责任担当和行动自觉。把夯实农牧区基层党组织同巩固脱贫攻坚成果和乡村振兴有机结合起来,充分发挥村级组织战斗堡垒作用。以强化"三基"建设为抓手,加强村党支部(村委会)班子建设。健全完善党员结对帮扶机制,探索建立"支部建在产业链、党员聚在产业链、群众富在产业链"模式,在条件成熟的合作社组建成立党小组,最大限度发挥党组织在促进产业发展、带动农牧民群众走向共同富裕中的核心引领作用。加大乡村干部的培训力度,培养强村富民带头人。规范管理村集

---

[1] 中共中央党史和文献研究院编:《习近平关于"三农"工作论述摘编》,中央文献出版社,2019年,第190页。

体经济"三资",完善村集体财务公开制度,使村民的知情权、参与权的到充分保障。进一步健全完善驻村第一书记和工作队制度,派出懂农业、爱农村、爱农民的选派干部,为农业强、农村美、农民富激发驻村担当作为。

(二)必须发展特色产业

产业振兴是乡村振兴的重中之重。习近平总书记强调:"要依托农业农村特色资源,向开发农业多种功能、挖掘乡村多元价值要效益,向一二三产业融合发展要效益,强龙头、补链条、兴业态、树品牌,推动乡村产业全链条升级,增强市场竞争力和可持续发展能力。"[1]过去,在脱贫攻坚中大力推进产业扶贫,增强了贫困地区经济发展动能,许多贫困群众通过发展产业走上致富路。这些产业在巩固脱贫攻坚成果、全面推进乡村振兴中发挥着重要作用。一是大力培育区域化特色产业。加快发展青稞产业、牦牛藏羊产业,积极落实青海省牦牛和青稞产业三年行动计划,通过"大牧场+大基地+大企业+大品牌+大市场""园区+企业+农户""基地+合作社+农户"等多种模式,鼓励农牧民因地制宜选择产业振兴路径,增强产业带动乡村振兴的成效。二是持续推进一市三县产业园区、唐卡艺术小镇等文化产业基地建设,加快发展以热贡艺术、民族手工艺为主的民族特色产业,辐射带动周边农牧民实现稳定就业。三是依托文化资源优势,大力发展乡村旅游业,不断拓展各族群众增收渠道。

(三)必须完善利益联结机制

习近平总书记强调:"要围绕农民群众最关心最直接最现实的利益问题,加快补齐农村发展和民生短板,让亿万农民有更多实实在在的获得感、幸福感、安全感。"[2]要不断完善农企利益联结机制,带动各族群众持续稳定增收。在发展乡村产业中始终坚持以人民为中心的发展思想,尊

---

① 习近平:《加快建设农业强国　推进农业农村现代化》,《求是》2023年第6期。
② 习近平:《把乡村振兴战略作为新时代"三农"工作总抓手》,《求是》2019年第11期。

重农牧民的主体地位,不断创新机制、模式,调动广大农牧民积极性、主动性、创造性。

习近平总书记强调:"当前和今后一个时期,要突出抓好农民合作社和家庭农场两类农业经营主体发展,赋予双层经营体制新的内涵,不断提高农业经营效率。"①要充分发挥政府引导作用,创新发展思路,积极探索和完善利益联结机制和模式,不断培育扶持龙头企业、农牧民专业合作社、家庭农牧场等经营主体,完善订单契约型、服务协作型、股份合作等多种模式,推动龙头企业与农牧民利益联结机制由松散的买卖型、较为松散的契约型向紧密的参股入股、资本合作型转变。积极发展"技术联结",鼓励龙头企业分享技术研究成果、推广创新服务模式;持续深化"金融联结",支持龙头企业发展产业链金融,弥补农牧业发展短板、满足农牧民资金需求;全面推进"产业联结",推动龙头企业产业升级,培育具有黄南特色的产业集群,带领农牧民增收致富;有效强化"风险联结",发挥龙头企业的担当作用,帮助农牧民抵御市场风险,实现龙头企业与农牧民的共建共赢共进。

(四)必须壮大乡村集体经济实力

习近平总书记指出,"集体经济是农民共同致富的根基,是农民走共同富裕道路的物质保障"②。要以财政扶持为手段构建村集体经济发展载体。

一是加大扶持经济薄弱村财政政策力度,测算村集体的刚性支出,并以此作为财政扶持的依据,确保经济薄弱村能够有效正常运转。

二是扩大公共财政覆盖面,根据公共事务和基础设施建设的需要,逐步将村集体经济组织的经费支出纳入财政预算,切实减轻村集体经济组织的公共财政支出压力,营造良好的发展环境。

---

① 习近平:《把乡村振兴战略作为新时代"三农"工作总抓手》,《求是》2019年第11期。
② 习近平:《摆脱贫困》,福建人民出版社,1992年,第143页。

三是以多元化发展为路径探索村集体经济实现形式。一方面,探索村集体经济有效实现形式。对于有资源优势的村集体,可以根据资源特点,因地制宜发展资源经济。对于没有区位优势、资源较少的村集体,建议走延长农牧业产业链、提高农畜产品加工能力、增加产品附加值的路子。对村集体所有的经营性资产,采取村集体直营、承包、租赁、外租、参股、资产置换等有效实现形式,提高村集体资产利用率。另一方面,探索多形态的村集体经济合作模式。加快村集体经济经营方式转型升级,选择适应市场体制的经营方式。

(五)必须增强脱贫群众内生发展动力

习近平总书记强调:"要更多在增强脱贫地区和脱贫群众内生发展动力上下功夫,把增加脱贫群众收入作为主攻方向,在促进脱贫地区加快发展上多想办法,推动各类资源、帮扶措施向促进产业发展和扩大就业聚焦聚力。要注重激发脱贫群众依靠自身力量发展的志气心气底气,让勤劳致富的受激励,防止'养懒汉'。"①

应夯实基础教育,强化职业教育,重点培养新型职业农牧民、产业发展带头人、种养能手等新型人才队伍。千方百计拓宽农牧民增收致富渠道,发展比较优势明显、带动能力强、就业容量大的富民产业,多措并举促进农牧民增收创业。普及社会教育,加强良好社会习俗和文化风俗的宣传教育,让广大农牧民树立正确的生产生活观念。推动乡风文明建设,加强对脱贫群众的思想教育引导,使其增强对党和国家的情感认同,牢固树立"勤劳致富""脱贫光荣"的思想意识,努力培养有文化、有技能、有知识、有头脑、有主见、有信心、有干劲的新型现代农牧民。实行更加积极、更加开放、更加有效的人才政策要积极培养本土人才,鼓励外出能人返乡创业,鼓励大学生村官扎根基层,为乡村振兴提供人才保障。

---

① 习近平:《加快建设农业强国 推进农业农村现代化》,《求是》2023年第6期。

（六）必须健全巩固脱贫攻坚成果与乡村振兴有效衔接的支撑保障体系

习近平总书记强调："要加大惠农富农政策力度，给农民的补贴能增加的还要增加，社会保障水平能提高的还要提高，农村各类资源要素能激活的尽量激活，让农民腰包越来越鼓、日子越过越红火。"①

一是健全金融服务体系。全力破解产业融资难题，充分发挥财政资金"药引子"作用，通过政府和社会资本合作，吸引金融和社会资本更多投向产业发展。统筹协调各类金融机构，强化金融扶持。

二是健全市场支撑体系。进一步推进黄南州一市三县的电子商务业发展。加大电子商务发展力度，建立农产品网上销售、流通追溯和运输配送体系。帮助龙头企业、合作社、农户建好网络平台，培训网络人员，用新的销售理念和销售模式解决农牧区特色产品销售难问题。加快农牧区物流配送体系和商品交易市场建设，对脱贫家庭开设网店给予网络资费补助、小额信贷等支持，扩大信息进村入户的覆盖面。

三是健全保险支撑体系。针对黄南州自然环境严酷、气候条件差、农牧区发展乡村产业存在较大风险的问题，政府、保险机构、企业等利益攸关方，不断创新思维，合力构建"保险+产业帮扶"新模式，保险机构可根据黄南州地域特色和产业发展特点，积极推进大众产品产量保险、收入保险、价格指数保险、天气指数保险等各类产品，进一步健全和完善"保险+政府"、"保险+银行"的多方信贷风险分担补偿机制，力破产业振兴保险缺位等问题。

---

① 习近平：《加快建设农业强国 推进农业农村现代化》，《求是》2023年第6期。

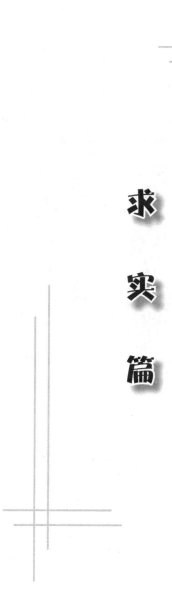

求实篇

加强传统村落保护
助力乡村文化繁荣发展

　　传统村落,又称"古村落",是指在历史长河中传承悠久、相对固定并具有特色文化底蕴的村落。建设美丽乡村,不能大拆大建,特别是古村落要保护好。新农村建设一定要走符合农村实际的路子,遵循乡村自身发展规律,充分体现农村特点,注意乡土味道,保留乡村风貌,留得住青山绿水,记得住乡愁。黄南州作为青海省传统村落的主要富集地,如何进一步加强传统村落保护工作,助力乡村文化繁荣发展,显得尤为重要。

一、黄南州传统村落保护现状

　　青海省黄南州是一个多民族聚居、多宗教并存、多元文化共融的地方,特殊的地理风貌和风土人情造就了丰富的传统村落资源和独特的传统村落类型。沿"两河"(黄河、隆务河)流域分布着92个传统村落,其中列入国家级传统村落名录54个,占全省总数的24.4%。这些传统村落与隆务河及东西两山一体,形成了黄南州特有的"历史文化带",是热贡地区古文化历史传承的缩影。从文化生态学的视角来看,黄南州的传统村落是由自然、历史、宗教、艺术等相互交往、交流、交融的结果,进而构成了特定的文化区域与生活空间,呈现多维的人文价值。近年来,随着国家、社会层面对传统村落生存现状的关注,黄南州传统村落保护工作已有起步,并开展了一系列富有成效的工作。

（一）传统村落保护立法工作不断加强

为加强传统村落保护发展，传承和弘扬优秀传统文化，建设美丽乡村，促进乡村振兴，根据《中华人民共和国城乡规划法》《历史文化名城名镇名村保护条例》等法律法规，黄南州于2024年5月正式发布《黄南藏族自治州传统村落保护条例》。条例的制定及实施，使传统村落保护工作得到法律保障，也进一步明确州、县（市）人民政府应当加强对传统村落保护发展工作的领导责任。强调传统村落所在乡（镇）人民政府应当履行的职责、村委会依法开展工作内容及传统村落保护发展规划方向等，为深化传统村落保护发展、落实保障措施、履行法律责任等提供了法律支持。《黄南藏族自治州传统村落保护条例》的发布将进一步加快推动各传统村落保护建设，更好体现当地民族传统特色、地域特色，有效促进黄南州传统文化、生态环境、经济建设可持续发展。

（二）保护力度不断加大

资金投入是传统村落保护和持续发展的物质保障。黄南州成功申报10个国家级传统村落集中连片保护利用示范州项目，获得中央补助资金1.5亿元，是青海省唯一入选的地区。自2012年申报中国传统村落保护项目以来，黄南州纳入中国传统村落保护名录54个村，其中同仁市36个村，尖扎县18个村。传统村落集中连片保护利用示范州项目推进中积极整合各类项目79项，整合资金14.485亿元，其中引入社会项目12项、资金1.042亿元，村集体和村民自筹5项、资金3360万元，不断加大传统村落保护力度，实施传统民居保护、环境综合整治及古树群、河道治理、村庄亮化、文化场地保护、绿化、游客停车场、旅游公厕、拓宽村庄道路等建设项目。

表 1　黄南州第一、二、三、四、五、六批国家级传统村落基本情况一览表

列入国家名录时间	地区	数量	村庄名称
第一批（2012.12）	同仁市	5	保安镇城内村、隆务镇吾屯下庄村、年都乎乡年都乎村、年都乎乡郭麻日村、曲库乎乡江什加村
第二批（2013.8）		1	扎毛乡牙什当村

列入国家名录时间	地区	数量	村庄名称
第三批(2014.11)		10	曲库乎乡江龙农业村、木合沙村、索乃亥村、年都乎乡尕沙日村、扎毛乡和日村、双朋西乡环主村、宁他村、双朋西村、黄乃亥乡日秀麻村、加吾乡吉仓村
	尖扎县	3	贾加乡贾加村、昂拉乡尖巴昂村、牙那东村
第四批(2016.12)	同仁市	3	兰采乡土房村、年都乎乡录合相村、隆务镇吾屯上庄村
第五批(2019.6)	同仁市	8	隆务镇隆务庄村、措玉村(保护资金未下达)、保安镇浪加村、新城村、银扎木村、扎毛乡立仓村、黄乃亥乡奴让村、曲库乎乡瓜什则村
第六批(2022.11.1)	同仁市	9	隆务镇牙浪村、保安镇东干木村、全都村、群吾村、城外村、年都乎乡曲麻村、曲库乎乡多哇村、双朋西乡协智村、加吾乡加吾岗村
	尖扎县	15	坎布拉镇直岗拉卡村、拉夫旦村、德洪村、茨卡村、尖藏村、马克唐镇如什其村、洛科村、解放村、康杨镇城上村、能科乡德乾村、贾加乡南当村、安中村、措周乡洛哇村、措香村、昂拉乡如什其村
黄南州		54	—

(三)传统村落保护方式不断创新

为进一步提升传统村落知名度,推动乡村旅游经济,促进传统村落保护、开发与利用,2023年,黄南州启动国家级传统村落上线中国传统村落数字博物馆专项工作,充分利用数字化手段,多方收集传统村落的文字、图片、音频、视频等资料,全方位记录它们的历史背景、建筑风格、民俗传统等。截至2024年11月底,黄南州同仁市36个国家级传统村落,尖扎县18个国家级传统村落全部"落户入馆",在中国传统村落数字博物馆正式上线。这为更好展示黄南州传统村落的原始风貌和乡土气息、让社会公众更好实现"云游"黄南州古村创造了条件、提供了平台。同时,黄南州将传统村落保护作为乡村建设的重要内容,多措并举让传统村落焕发出新的生机与活力,同仁市作为传统村落最为集中的地方,制定全面系统的保护策略,在自然环境、人文景观、民俗风情等方面强化顶层设计,编制完成34个村"多规合一"实用性村庄规划。合理确定公共基础设施配置和基本公共服务标准,加大环境整治力度,为保护传统村落筑牢良好环保基石。

（四）非物质文化遗产保护协调推进

传统村落作为非物质文化遗产的重要组成部分,蕴含着内涵丰富的非物质文化遗产。比如吾屯下庄以壁画、唐卡、泥塑见长,郭麻日、尕沙日两个土族村落以木刻佛像、建筑雕饰、印经、刻板最为突出等。黄南州自设立热贡文化保护区以来,投入非遗保护专项资金5000余万元,占保护区专项资金的54.3%,建成龙树画苑唐卡传习中心、仁俊热贡艺术传习中心、黄南州藏戏传习中心等99个各类非遗传习中心,宣传展示点42个,非遗示范户158户,非遗扶贫工坊3个。其中,非遗传习中心在传统村落内有60家,非遗宣传展示点在传统村落内有23家,非遗示范户在传统村落内有115家。从非遗抢救性保护、非遗数据库、传习中心及宣传展示点建设、非遗技艺培训等方面给予了支持。

（五）乡村旅游产业发展势头良好

"十三五"期间,黄南州建设高原美丽乡村105个,实施国家级传统村落项目29个,打造全国文明村镇6个,最美宜居村庄2个。2016年以来,全州投入资金4200万元,扶持14个村发展乡村旅游业,带动1712户6040人持续增收,使更多群众吃上"文化旅游饭"。倾力打造传统村落旅游精品线路,利用"旅游+""生态+"等模式,发展乡村休闲旅游产业,文化与旅游融合发展,2019年度全州累计接待国内外游客810.7万人次,同比增长21.5%。实现旅游收入23.5亿元,同比增长20.5%。

二、面临的困难及存在的突出问题

（一）传统村落自然衰败和损毁现象严重

传统村落大多年代久远,其中文化资源得不到有效保护,传统建筑和文物古迹破坏较为严重。如年都乎古堡内部整体风貌、宅院及建筑空间、建筑风格基本上保持了原有特征,但目前的宅院及建筑状况、质量堪忧。有些宅院年久失修,墙体开裂、歪斜,已无人居住。有些在维修、加固过程中,使用当代材料、构建技术,与原有风貌特征不协调的建筑不断增加。古堡寨墙截断、开洞、拆除的情况仍然存在。保安古城墙、尕沙日古城墙只剩一些残垣断壁,亟待保护。在现代化项目实施过程中,有些村落难以维持原有的文化空间及风貌,如江什加村的原有文化遗迹、民俗建筑等毁坏严重。隆务镇隆务庄村,是典型的"城中村",隆务寺、二郎庙、隆务古城等传统资源因乱拆乱建等原因,原有风貌损毁严重,古老的文化遗迹所剩无几。

(二)保护模式单一,基础设施薄弱

在传统村落的保护机制中往往缺少文化理念的植入,而偏重于硬性指标。如因缺少对历史文化的深入研究,缺少对价值的系统评估,缺少对历史建筑的科学建档,缺少对建筑修缮的经验积累,片面理解"修旧如旧"或者拆真建假,造成传统村落价值的损伤。保安城内村在美丽乡村建设中保护不力,当地居民在古城遗址上修建房屋,使古城遗迹损害严重甚至消失。近年来,虽然黄南州各级政府加大了传统村落保护力度,但整体来说,基础设施建设滞后。如郭麻日古堡内的道路、给排水、供电及消防设施等亟待完善;瓜什则村的垃圾道虽已修建,但尚未使用;江什加村的自来水管道老化,村民饮水问题突出;很多村落的寺院年久失修,亟待修缮等。传统村落居民提高生活水平、改善居住环境的意愿与现实条件之间的矛盾十分突出。

(三)传统村落保护资金匮乏

黄南州传统村落保护范围既包括物质和非物质文化遗产,又包括自然生态环境景观。当地物质和非物质文化遗产非常丰富,保护任务相当艰巨。再加上各地情况差别较大,保护对象较为复杂且有交叉,尤其是传统建筑数量多、维修规模大、费用高。黄南州传统村落的保护主要依靠国家投资,近年来,中央财政累积拨付2.5亿元专项资金支持传统村落保护,

覆盖村庄基础设施、环境整治、文物和非遗保护,但省级和州级没有配套的保护项目资金。加上黄南州财政收入拮据,地方财政投入普遍不足,撬动社会资本难度较大。

(四)传统村落产业发展和新业态培育滞后

自然条件艰苦,基础相对薄弱。大部分传统村落分布在偏远山区,靠天养畜、靠天吃饭,产业结构单一,自身发展条件和能力很弱。如索乃亥村、日秀麻村等9个传统村落地理位置偏远,交通不便,发展趋于边缘。虽然黄南州261个村全面"破零",但是很多传统村落产业发展和新业态培育滞后。有些村集体经济合作社刚刚成立,尚未创收,在增加村民收入方面作用甚微。乡村产业项目选择空间小,项目选择单一,特色产业优势不够凸显。部分村民思想观念落后,接受新生事物能力差,"等靠要"思想仍然较严重。

(五)传统村落保护中村民的社会参与度低

许多村民还没有意识到自己村落的多重保护价值,保护利用主动性不足的现象仍然广泛存在,甚至仍然抱着将传统民居推倒重建的方式实现安居的愿望。尚未形成保护传统村落的文化自信和文化自觉。村民在了解自己村落的历史与价值、保护和发展政策、表达自身诉求、提出发展想法与意愿等方面比较欠缺。目前,州、县(市)政府对于村民在村落保护中的应有权利和关键作用认识不足,未建立相应的体制机制为村民提供更多参与保护的渠道和机会。

三、加强传统村落保护,助力乡村文化繁荣发展之对策

传统村落作为黄南州十分丰富的民族文化特色的典型村落,如何在打造"山水黄南",推动"三区建设"高质量发展中不失自我,最终实现"望得见山、看得见水、记得住乡愁"的目标,既是一种挑战,也是一种机遇。一方面,这些传统村落必须从就业、产业、文化和传承保护等核心视角着手,积

极应对高质量发展对传统村落保护提出的要求；另一方面，依托自身优越的资源，通过有效的规划设计与资源整合，实现全新的保护利用与发展。

（一）继续做好传统村落普查调研、建立名录工作

首先，全面开展普查调研工作。黄南州、县(市)政府应对当地的传统村落尤其是已经列入国家传统村落的村庄进行全面普查，对具有保护价值的古民居、寺院和麻呢康、古树、古塔、古城墙及历史名人、民俗风情和自然生态环境等进行全面调查摸底，全面掌握当地古村落古城堡的数量、种类、分布、价值及其历史和生存状态。其次，申报和建立传统村落古城堡名录。州、县(市)组织相关人员，深入实地调研，系统清理传统村落遗产，做好价值评估。在此基础上，对传统村落进行甄别、分类、评级，建立名录档案，分类保护，分级管理，为传统村落保护利用与长远发展打好扎实基础。

（二）加强传统村落集中连片保护

黄南州传统村落沿隆务河谷形成了"一带六区多点"的空间格局。

1.一带

隆务河谷热贡文化生态保护带。沿隆务河谷带状分布，是当地人民繁衍生息之所，是热贡文化的原生地，也是热贡文化生态所依附的自然基质。保护隆务河流域的自然生态环境和河谷两岸的自然、人文景观，提升生态功能，打造热贡文化生态保护带。

2.六区

(1)藏寨民俗文化区，主要包括江龙村、江什加村、木合沙村、索乃亥村、麻什当村、牙什当村等传统村落，这些村落布局均呈现独有的"以寺为核心、一村一寺、上寺下村"的聚落形态，着力加强这些村落的自然环境、社会环境、人文环境的保护，使其形成隆务河谷地区典型的藏族聚居区的独特文化风貌和乡村景观。

(2)热贡民间艺术区，包括年都乎村、吾屯上庄村、吾屯下庄村、郭麻

日村、尕沙日村等村落,重点突出热贡文化的保护、传承与传播工作。严格保护非物质文化遗产及其传承人,同时加强保护文物古迹及历史建筑。依托热贡画苑、吾屯唐卡艺术之乡、年都乎堆绣文化等国家级文化产业示范基地,以及郭麻日村、年都乎寺、吾屯上寺、吾屯下寺、尕沙日寺、隆务寺等藏传佛教寺庙,传统民居、古镇街区等文化依存空间,建立以文化传承人为核心的文化部落(包含年都乎村、吾屯村、郭麻日村、曲麻村等),以及热贡村屯原生态的民间艺术展示区。

(3)军屯古堡文化区,包括城内村、新城村、东干木村等11个村落,此区域内分布着保安古城、铁城山古城、塔城古城等古城遗址,通过对现有古城遗址的保护、恢复和建设,形成各具特色的古城堡模式,突出对明代军屯文化历史研究,展示屯垦戍边遗迹,使之成为热贡文化历史演进的重点展示地区,成为重要的军屯文化保护展示区。

(4)藏文化体验区,以双朋西村为核心村,包括还主村、宁他村等村落,重点突出爱国主义教育基地——根顿群培故居,挖掘红色资源,展示红色文化,结合当地丹霞地貌等自然资源,大力发展红色旅游和乡村旅游。

(5)民族团结教育体验区,以尖巴昂村为核心村,包括牙那东村、德乾等7个村落,这些村落依黄河沿岸分布,气候宜人,自然风光优美。以统一战线教育基地昂拉千户府为核心,集中展示黄南州民族团结精神,加强统战思想研究,以统战工作成功典范为引领,带动该片区文化旅游融合发展。

(6)黄河文化体验区,包括以直岗拉卡村、贾加村、尖藏村等,根据不同的地形和气候特点,因地制宜发展乡村产业。依托黄河沿岸自然风光,打造农业采摘体验园等业态,实现黄河沿岸村庄的产业兴旺、生态宜居的发展目标。高山片区的传统村落,依托连片梯田、丹霞地貌等本地资源,打造特色民居,发展民俗旅游。

3.多点

民间活态文化保护点,包括吾屯村、年都乎村、郭麻日古堡、尕沙日村、江龙村、江什加村、木合沙村、麻什当村、牙什当村等众多传统村落,对其实施整体性保护。围绕当地民族文化与民俗文化,各村落的文化聚落形态、自然生态环境、宗教文化活动场所、古文化遗存点等,突出体现村落文化遗产的活态特性。

(三)突出传统村落文化延续性保护

一是发展壮大村集体经济。产业是兴村富民之本,坚持把培育富民产业作为传统村落保护与发展的核心任务。围绕"做优一产、做活二产、做强三产"的总体思路,把传统村落集体经济产业发展融入全州经济转型升级总体部署,结合实际发展生态有机畜牧业、特色作物种植业、乡村旅游业等产业,因地制宜发展黑青稞、牦牛酸奶、中藏药材等特色产业,培育形成一批"走得出、立得住、叫得响"的产业体系。推动村落文化产业提档升级,引导和支持江什加的藏靴制造、牙什当的经幡刻印等小微产业提档升级,逐步形成规模化产业。

二是创新村落文化旅游模式。结合各村落实际情况,有针对性地创新旅游发展载体,发展多种模式,主要有①"生态+文化"模式。距离隆务镇较近的江什加、江龙、东干木等村落,交通可达性相对良好,可依托其得天独厚的生态资源和村落特色文化,发展乡村旅游,做好多元经营的文章。②"景区+古城堡"模式。挖掘古城堡的文化内涵,特别是加强对屯垦戍边历史的研究,重点建设郭麻日古城堡、吾屯古城堡、年都乎古堡、同仁保安古城等,形成各具特色的古城堡模式。③"传统村落+游购"模式。打造特色乡村旅游产品和项目,实现向特色旅游产品转变,推动传统村庄向能够提供餐饮、住宿、娱乐、体验的农庄转变。

(四)建立传统村落文化数据库

为更好地保护黄南州传统村落文化,需要加快建立"传统村落数据库",成立专项工作队伍,运用数字化采集和存储技术等现代科学技术对传统村落地域分布与数量,以及传统村落历史沿革、发展轨迹、建筑风貌、风俗习惯、人口规模、物质与非物质文化、村民生计、自然与生态资源等进行专业的数据记录和建档管理。特别是对村落的藏式建筑技术、取材、用料等记录建档。对村落非物质文化遗产所涉及的作品、文字、图像、影音资料,以及代表性传承人谱系、实物、器材、表演道具、服装等进行完整保护和保存,以便保护和利用,并在留住乡愁的同时为后人存储数字记忆。

一是借助最新的数字采集和网络技术及虚拟现实技术,加强对传统村落的自然遗产、物质和非物质文化遗产存在形式的保存与保护,对传统村落文化进行学术分类,进行图、文、声、像相结合的立体方式记录普查,采用数字化的方式整理、分析、存储,保存文献、图片、声音、影像及历史资料,建立传统村落资料库和数字博物馆。

二是建立传统村落的资料库和展演中心,如将虚拟修复与演变模拟技术应用于濒危遗产的现场调查和保护修复等各个环节,实现艺术品的虚拟复原与演变模拟。

三是逐步建立传统村落网上展馆,这是黄南州传统村落信息资源和理论科研数据库的延伸。通过网络对传统村落文化进行展示、宣传和传播,构建良好的网络文化环境,形成全社会自觉保护传统村落的氛围。

(五)着力提升村民参与的文化自觉和行动能力

村民参与传统村落保护与利用行动的过程,是村民逐渐认识村落价值的过程,也是村民主体性发挥和话语权表达的过程。只有让他们生活得更有尊严,对自身的文化更有自信,这样的传统村落才是有魅力和可持续发展的。

积极发挥群众的主体作用,一方面,通过宣传教育提升村民的文化自觉和行动能力,引导、鼓励村民参与自己村落的历史资料整理、历史文物收集、村史编写和村落摄影,全方位介绍和展示自己的村落文化;利用互联网等新媒体,发布关于传统村落保护的相关信息;成立由省内外专家、学者、地方文化研究者等共同构成的传统村落保护和发展研究机构,挖掘村落文化,进行学术研究;积极为村民宣传国家保护传统村落的相关政策精神。

另一方面,通过参与方式提升文化自觉与参与能力。政府积极创造机会,让村民参与其中。比如在申报中国传统村落的过程中,需要征询村民的意见,了解村民的想法和愿望,得到村民的支持;在编制村落保护发展规划和实施过程中,做到实施前公示,实施中请村民进行监督;在实施涉及修缮文物古迹、传统建筑,以及建造公共基础设施等项目时,让当地民间艺人承担并完成,既可以在一定程度上解决村民的收入问题,也有助于优秀传统建筑技艺的传承和发展,更有助于提升村民的参与能力。

(六)推动传统村落保护与乡村振兴有机融合

遵循科学发展理念,推动传统村落保护利用与乡村振兴有机融合,既留住美丽乡愁,又带活村落经济,让人民群众在发展中实实在在受益。

一是持续加大传统村落保护的经费投入。黄南州各级政府和有关部门要在财政支持、用地保障、规费减免、工商登记等方面出台政策,为传统村落保护发展创造良好的政策环境。州、县(市)要将传统村落保护利用与发展工作费用纳入地方财政预算,并加强资金整合,加大对传统村落保护的资金投入。探索采取市场化运作方式,鼓励吸纳社会资金、风险投资基金、民间集资,吸引村集体和村民投入,积极开拓新的融资渠道。

二是整合乡村振兴战略实施中的各类建设项目资金,如古村落建设项目、乡村旅游建设项目、高原美丽乡村建设项目等,统一规划、统一实施,发挥各类建设项目最大效益。

三是建立政府主导、部门履职、广大群众以及社会各界力量共同参与的协同保护发展机制,形成强大工作合力。探索建立传统村落保护长效机制,增强传统村落的生命力,实现传统村落保护持续健康发展。

四、延伸阅读:昂拉千户府

昂拉千户府位于青海省黄南州尖扎县昂拉乡尖巴昂村内,是青海乃至安多地区规模宏大、保存完整、知名度高的藏式民居建筑之一。2019

年11月被列为国家级重点文物保护单位。

昂拉千户府是保留比较完整的藏式贵族庄园。融汉藏建筑、木刻、砖雕艺术之精华。昂拉千户府邸始建于清代，1941年由昂拉第七代千户长项谦东智重建，1948年竣工。总占地面积约为3492.74平方米，总建筑面积约2805.85平方米。

昂拉千户府坐北朝南，分前后两院。院落铺装为青砖铺墁，中轴线有方砖甬路，铺装基本完好，院内没有绿化。包括影壁、大门、下院、上院、东角楼、西角楼、佛堂等建筑。昂拉千户府建筑结构精巧，四合二层木质结构建筑为主，它是二庭两阶式院落，第一庭院四面背为七间进深两间的丁顶土木结构二层楼，第二庭院正面为单层山顶砖木结构正房，面宽五间，进深三间，西面建平顶土木结构厢房，正面两侧各有一座小角院，正中为大佛堂。大门为砖木雕刻带门楼，前有砖雕照壁。青砖影壁有砖斗拱，筒瓦硬山屋面，方砖博风，抹灰墙心。

下院：平顶屋面，局部筒瓦硬山屋面，砖木结构，二层。共33间，其中北侧7间，进深为4间，中间为门道。南侧为6间，进深为2间，东侧为10间，进深为2间。西侧为10间，进深为3间。

上院：平顶屋面，砖木结构，二层。开间共12间，进深3间，其中东侧为6间。西侧为6间。

东角楼：平顶屋面，砖木结构，二层。开间4间，进深2间，其中最东侧1间楼梯。

西角楼：平顶屋面，砖木结构，二层。开间4间，进深2间，其中最西侧1间楼梯。

佛堂：筒瓦歇山顶屋面，砖木结构，一层，周围廊。开间7间，进深5间，东西最外侧各有1间为券门。整座建筑共有97间房屋，素有"藏有帕拉庄园，麦有昂拉本仓"之说。

昂拉千户府的建筑装饰融入了诸多中国传统文化元素，最精彩的是木雕和彩画，其图案之生动，工艺之精湛，令观者无不惊叹。昂拉庄园全部选用优质木材，仅前后两院的回廊，粗壮笔直的立柱就达百根，几十年中历经风霜雨雪剥蚀,依然完好如初。

　　一座昂拉千户府,既有王朝治理边疆措施的历史文脉,也有世代千户主人过往的故事,昂拉千户府是尖扎和平解放的见证,也是中国共产党民族统一战线工作和执行民族政策的成功典范。争取青海昂拉部落第七代千户项谦归顺中央政府,是在西北地区解决民族问题的一起成功实践。2017年,昂拉千户府被青海省民委评为"民族团结进步教育基地"。

加强黄南州州级非物质文化遗产保护和传承

非物质文化遗产(简称"非遗")是中华优秀传统文化的重要组成部分。习近平总书记强调:"要扎实做好非物质文化遗产的系统性保护,更好满足人民日益增长的精神文化需求,推进文化自信自强。"①黄南州作为青海省非遗的主要富集地,底蕴厚重、优势突出。党的十八大以来,黄南州委、州政府深入学习贯彻习近平文化思想,作出了打造"青海国际生态旅游目的地东南门户"的战略部署,全力推进黄南州州级非遗保护和传承发展,非遗保护工作取得显著成绩。本文阐述了黄南州州级非遗保护情况,分析了存在的困难和不足,并提出了保护和传承发展的对策措施。

一、黄南州州级非遗保护现状

(一)州级非遗名录项目保护力度不断加大

积极开展非遗普查和非遗资源再调查活动,对全州非遗及在册的701项非遗名录项目通过实地收集资料的方式进行重新普查、登记,并逐级申报州级、省级、国家级非遗名录项目,壮大四级非遗名录项目体系。加强传习场所建设,州级非遗传习中心从6年前的2个增加到目前的15个。扶持黄南藏戏发展,民间藏戏团由10年前的6家增加到现在的22家。

---

① 《习近平对非物质文化遗产保护工作作出重要指示强调 扎实做好非物质文化遗产的系统性保护 推动中华文化更好走向世界》,《人民日报》2022年12月13日。

(二)州级非遗传承方式不断创新

加强乡土文化人才队伍建设,现有7名热贡文化领军人才,3家热贡文化人才培育示范基地,6家热贡文化人才培育示范企业,16家热贡文化人才培育示范户。设立2个非遗扶贫工坊、153个非遗传习中心,免费招收学员进行非遗技艺的专项培训。吾屯、年都乎、尕沙日、和日、卓隆等村依靠热贡艺术、和日石刻技艺、同仁刻板印刷技艺等非遗保护传承不断增加收入。

(三)州级非遗保护成果运用不断增强

积极开展组织黄南藏戏、藏族民歌等非遗名录项目到坎布拉、德吉村景区演出,不断拓宽非遗进景区渠道。打造非遗鉴赏体验游,带动旅游产业的发展。不断提升文化企业和从业人员创意创新能力,文创产品种类不断增多。积极组织非遗传习中心、文化企业设立对外宣传销售窗口。截至目前,民间艺人在国内城市设立热贡艺术对外宣传销售窗口达262处。

(四)州级非遗项目宣传推广不断提升

引导群众参与热贡六月会、土族"於菟"、河南那达慕、尖扎达顿宴等非遗传统节庆活动,举办自然和文化遗产日宣传活动、非遗成果展、五彩神箭等主题宣传活动,定期组织开展热贡文化旅游节、中国唐卡绘制大赛、中国藏戏艺术节等国内有影响力的大型活动和宣传营销活动。

二、存在的问题和不足

(一)非遗理论研究水平不高

黄南州州级非遗项目上百种,但是对很多非遗资源的历史渊源、文化形态、特征、价值等一系列理论问题,学术界的研究尚处在起步阶段。在研究对象上,大多停留在对某一具体个案的研究上。在研究内容上,也多囿于民俗学、历史学范畴,仅限于文化部门或非遗保护中心单打独斗,缺乏对州级非遗进行多学科、多方位、多视角的整体研究。长期以来,由于黄南州对当地非遗研究比较薄弱,加之有关非遗研究的实物与文献资料缺乏等诸多原因,研究成果甚微。有的仅侧重于某些个案的研究和记录。另外,从事非遗理论研究的机构和专业人员少,在一定程度上影响着非遗研究和保护传承工作的进一步提升。

(二)非遗文化产品创意研发设计能力不足

近年来,黄南州加大了非遗文化创意产品的研发力度,也涌现了一批有文化内涵和技术含量的文创产品。但大多数文化产品缺乏创意创新,体现地域特色和民族风情的文化精品不多。企业仍停留在传统产品的生产,消费群体面向不广,对消费市场和消费需求了解不够,转型发展意识不强,缺少与生产生活和消费需求对接的刚需产品。比如,去年市场上急需菩提叶唐卡60幅,当时需要5家企业联手才能完成。加上有些文化产品材料价格和手工艺人工资不断升高,相应提升了产品的价格,产品附加值低,销量反而萎缩。

(三)州级非遗保护传承经费短缺

州级非遗传承人没有传习补助资金。近年来,中央财政每年投入青海省非遗保护经费3千万元左右,主要支持国家级项目保护、国家级文化生态保护区建设及国家级传承人开展传习活动等。目前,国家级传承人每年有2万元传习补助资金,省级传承人补助标准8000元/年/人。在这方面,很多地方根据当地经济发展能力,设立传承人专项传习补助资金和项目保护资金。比如,西宁市争取资金为市级传承人发放2000元补助资金,海北州利用援建资金,为州级传承人补助3000元左右传习补助。相比较而言,黄南州州级非遗传承人没有任何传习补助资金。另外,非遗传承基地资金短缺。加上地方财政困难,投入不足,撬动社会资本难度较大,严重的资金匮乏成为制约非遗保护利用的关键难题。

(四)非遗保护机构不健全

全省单独设立非遗保护中心的只有西宁市1家,其他地区均未设立非遗工作机构。黄南州非遗工作机构多数设在群艺馆、文化馆,日常工作由群艺馆、文化馆业务人员兼任。对黄南州上百种民间资源进行全面普查登记建档,摸清其生存状况并应用有效手段进行挖掘保护,是一项十分艰巨而长远的文化工程。虽然近年来各级政府在州级非遗保护方面做了很多努力,但是保护经费、专门机构、专业人员等仍然比较缺乏。

(五)支撑非遗项目传承发展的文化人才比较匮乏

一是部分项目后继乏人。非遗作为活态文化,传承人是决定它们能否传承下去的关键因素。当前,由于有些非遗项目更多体现的是社会效益,无法带来很好的经济收入,一定程度上影响了年轻人的从艺兴趣,比如,非遗项目"同仁刻板印刷",只有一个省级传承人,全村50多户从事刻板印刷,一个刻板的销售额只有97元,所以能够长期坚持的人并不多。藏戏、同仁嘛呢调、热贡马术等非遗项目的保护传承对于提高传承人群的经济收入不明显,很难得到年轻人的青睐。二是创意研发人才短缺,尤其是缺乏懂文化、会经营、善管理的复合型人才和能够从事文化策划、工艺美术研发等专业技术创新人才。

(六)非遗项目的宣传推介工作有待加强

金玉在身不知其贵重。全民参与非遗保护的意识比较淡薄,氛围不够浓厚,有些非遗产品包装和宣传力度不够,市场化营销运作能力不强,酒香难出深巷子,如尖扎县达顿宴、河南蒙古族自治县的蒙古族刺绣等都存在这种情况。

三、加强黄南州州级非遗保护和传承对策

习近平总书记2022年1月27日在山西晋中考察时强调："历史文化遗产承载着中华民族的基因和血脉,不仅属于我们这一代人,也属于子孙万代。要敬畏历史、敬畏文化、敬畏生态,全面保护好历史文化遗产,统筹好旅游发展、特色经营、古城保护,筑牢文物安全底线,守护好前人留给我们的宝贵财富。"①要始终坚持"保护为主、抢救第一、合理利用、传承发展"的工作方针,深入实施非物质文化遗产传承发展工程,切实提升黄南州非遗系统性保护水平,为黄南经济社会高质量发展提供重要力量。

(一)做好州级非遗项目普查调研、建立名录工作

1.做好普查调研工作

按照非遗名录分类体系对州级非遗进行全面普查,对各种非遗形态、各类非遗作品、代表性传承人进行调查、登记、采录、建档工作,并按照国家标准进行登记和分级建档。进一步完善建立国家、省、州、县四级非遗名录体系,进一步完善建立四级名录项目代表性传承人认定体系。

2.加强档案数字化建设,妥善保存相关实物、资料

实施非遗记录工程,成立专项工作队伍,运用数字化采集和存储技术等对非遗地域分布与数量,非遗所涉及的作品、文字、图像、影音资料,以及代表性传承人谱系、实物、器材、表演道具、服装等,进行完整保存,以便保护和利用,并在留住文化根脉的同时为后人存储数字记忆。

3.加快地方性文化立法进程

建议出台《黄南州非遗保护条例》,制定《热贡文化生态保护区管理办法》《热贡文化生态保护区传习中心建设规范》等相关政策法规,进一步加强黄南州文化遗产保护方面的法治建设。

---

① 习近平:《加强文化遗产保护传承 弘扬中华优秀传统文化》,《求是》2024年第8期。

(二)积极构建非遗理论研究体系

黄南州非遗共涉及10大类,内涵丰富,是一个多元的文化复合体,涵盖了历史、宗教、部落、经济、方言、文学、考古、文物、习俗等各种无形的文化,也包含黄南州各民族先辈们在日常生产生活中日渐积累的宝贵经验。

1.重视非遗学术体系的构建

以当地各民族传统文化与精神世界、物质文化与非物质文化为主要研究内容,开展历史学、民族学、宗教学、文化学、艺术学等多学科交叉研究,多视角介入,构建起关于黄南州非遗研究体系。

2.开展非物质文化遗产的内涵、价值及特点研究

比如,唐卡、泥塑、木刻、砖雕的原生态特点;江什加、牙什当民间藏戏的艺术特点及其演变过程;藏传佛教在非物质文化遗产形成中的积极作用等。

3.加强非物质文化遗产专业研究力量

逐步建设一批非物质文化遗产研究基地,协调省内外研究机构和高等院校开展非遗研究,建立非遗教学、研究基地,设置相关专业和课程,培养非遗保护、传承等专业人才。开展非遗保护传承及保护区建设相关的理论、政策研究,围绕国家重大战略、重大文化工程中涉及非遗的重大问题等,建立多学科研究平台。

(三)加大州级非遗分类保护力度

1.生产性保护与传承

通过生产、流通、销售等方式,将非遗工艺、热贡艺术、泽库和日石刻等进行生产性保护和传承。藏戏、花儿、道歌等传统戏曲、音乐、舞蹈类非遗通过展演形式产生社会效益或经济效益。属于知识性的蒙藏医药药材、疗法也通过加工、使用,实现遗产的经济价值。生产性保护和传承必须严格遵循原有的生产过程、生产技艺,不能改变其本真性、整体性和传统工艺核心技艺。

2.以节会形式进行保护与传承

黄南州拥有众多丰富的节日节会活动,如热贡六月会、保安社火、尖扎达顿宴等民俗节会,以传统节日为载体将非遗文化表演传承。

3.传习保护和传承

非遗不仅要保护其文化形态,更要注重以人为载体的知识和技能的保护。一方面对非遗项目传承主体进行保护,另一方面,结合传统村落和传习中心,对应采取展示、生产、研究、宣传、体验、传习等保护与传承方式,形成综合、立体的文化传播途径。

4.以"非遗+研学"模式进行保护和发展

"非遗+研学"融合新模式,推动非遗传承发展。以热贡非遗为支撑,促进研学游的发展,让非遗在旅游中得到活态传承,为更好地传承发展非遗项目奠定坚实的基础。每年暑期,全国各地的很多大学生到热贡地区,通过研学旅行了解和体验唐卡绘画、民俗节庆、传统工艺等独特的文化魅力,也为文化交流和民族团结开辟了全新的渠道。"非遗+研学"的模式,不仅助力大学生、青少年加强对优秀传统文化的了解与传承,而且让更多人在感受热贡文化魅力的同时,助推热贡文化产业发展。

(四)积极促进州级非遗合理利用

在有效保护前提下,推动非遗与乡村旅游融合发展。立足非遗特点,优化产业融合发展。

1.提升内涵品质

挖掘乡村演艺、民间音乐和美术、民间手工技艺、民俗节庆、民俗旅游等各类文化资源禀赋,注重收集整理、创意提升、活化利用,丰富产品形态,提升品质内涵,塑造品牌特色。

2.推动融合发展

围绕"做优一产、做活二产、做强三产"的总体思路,把乡村产业发展融入全州经济转型升级总体部署,鼓励挖掘农耕文化内涵,传承弘扬蒙藏医药、传统美食等特色文化,发展创意农业、特色产业,推动各类非遗与乡村旅游深度融合,形成农文旅和第一、二、三产业有机融合的特色文化业态。

3.积极推进非遗进景区

组织热贡艺术、藏戏、藏族民歌等非遗名录项目到坎布拉景区、德吉村景区等进行销售、展演,不断丰富文化旅游市场,达到经济、文化、社会协调可持续发展的目标。

(五)加强州级非遗人才队伍建设

1.完善代表性传承人制度

进一步健全国家、省、市、县代表性传承人认定与管理制度,加强对代表性传承人的评估和动态管理。对集体传承、大众实践的项目,探索认定代表性传承团体(群体)。

2.实施非遗传承人研修培训计划

进一步强化培训工作,提升非遗传承人群及文化产业从业人员专业能力。发挥行业协会、非遗传习中心、非遗宣传展示点的传习、培训功能,开展非遗保护传承政策、保护成果转化运用及非遗技艺培训班,不断提升非遗传承人群保护传承意识和技艺水平。

3.探索建立黄南州文化创业创新人才培养模式

挖掘培养乡村手工业者、传统艺人,通过设立名师工作室、大师传习所等,传承发展传统技艺。要依托各类文化产业园、示范基地等,构建产学研一体化平台,推进乡土文化人才培育工程,通过"基地建设+人才培育""文化企业+人才培育、培养、使用",加大培养文化能人和非遗传承人力度。

(六)建立健全州级非遗保护机制

根据黄南州非遗保护工作需要,设立或明确非遗保护专门机构,配备与保护工作相适应的专职人员。加强非遗保护专业人才队伍建设,采取培训、进修、上挂、下派等方式,提升各级非遗保护管理工作者的专业知识、创新意识、管理经验和工作能力。建立非遗保护专家库,为非遗保护工作提供业务指导和决策咨询服务。结合实际成立非遗保护协会,建立非遗保护志愿者队伍。鼓励和支持社会力量或传承人设立非遗传习所,支持各级文化场馆、艺术团体、旅游景区和企业参与非遗的挖掘、收集、整理、研究和展演展示活动。

(七)加大州级非遗传播普及力度

1.加强宣传引导工作

非遗保护工作只有引起全社会上下一致的关注,只有在提高全体民众文化自觉的基础上,才能取得成效。因此,应通过加大宣传引导力度,使社会公众特别是各级政府领导充分认识到非遗不仅是一笔历史财富,也是黄南州经济社会全面发展不可或缺的重要资源,是推进黄南经济社会全面进步的精神动力之一,在全社会形成保护发展非遗的良好氛围。

2.促进广泛传播

适应媒体深度融合趋势,丰富传播手段,拓展传播渠道,鼓励新闻媒体设立非物质文化遗产专题、专栏等,支持加强相关题材纪录片创作,办好有关优秀节目,鼓励各类新媒体平台做好相关传播工作。利用文化馆(站)、图书馆、博物馆等公共文化设施开展非遗相关培训、展览、讲座、学术交流等活动。在传统节日、文化和自然遗产日期间组织丰富多彩的宣传展示活动。

3.融入国民教育体系

将非遗内容贯穿国民教育始终,在中小学开设非遗特色课程,鼓励建设非遗代表性项目特色中小学传承基地。在职业学校开设非遗保护相关专业和课程,鼓励非遗进校园。

(八)加大政府对州级非遗保护传承的引导和支持力度

1.提高认识

各级党委和政府要进一步提高对非遗保护工作重要性的认识,把非遗保护工作纳入经济社会发展相关规划,纳入考核评价体系。

2.确保财政投入持续增长

黄南州应加快形成财政优先保障、金融重点倾斜、社会资本积极参与的多元投入格局。州县各级财政应不断加大对文化的投入量,特别是文化遗产保护经费尽快落实,对州级非遗传承人给予相应的资金支持,更好调动传承人及年轻艺人的积极性。鼓励和引导金融机构继续加强对非遗的金融服务,在文化企业信贷方面给予支持和利率优惠,设立专项产业基金,减少企业的融资成本。利用财政政策,继续推进税收扶持政策,在重点文化企业和传承中心发展等方面给予扶持,减少它们的经营成本。

3.引导社会力量参与非遗保护工作

充分发挥行业组织作用,鼓励企事业单位合法合理利用非遗资源,鼓励社会力量兴办传承体验设施,逐步形成包括热贡艺术博物馆、传承体验中心(所、点)等在内,集传承、体验、教育、培训、旅游等功能于一体的传承体验设施体系。

着力加强黄南州民族文化人才队伍建设

党的二十大报告指出："培养造就大批德才兼备的高素质人才，是国家和民族长远发展大计。"①功以才成，业由才广。黄南州是一个民族文化交融汇集的地方，尤其以热贡文化为核心的民族文化资源非常丰富，进一步挖掘当地民族文化的宝贵资源，使之不断发扬光大，迫切需要有一支高素质的人才队伍作为强有力的支撑，一大批专业文化人才去挖掘、整理、保护和传承。黄南州又是一个经济欠发达地区，制约文化事业和文化产业发展的主要瓶颈，除发展基础薄弱之外，人才总量规模小、层次明显偏低、结构不尽合理等问题日益凸显。现阶段，如何贯彻落实党的二十大精神和黄南州文化强州战略部署，切实加强民族文化人才队伍建设，已成为当前必须面对和着力解决的一大现实问题。

一、加强黄南州民族文化人才队伍建设的重大意义

（一）加强民族文化人才队伍建设，是学习领会和深入贯彻习近平文化思想的内在要求

黄南地区各民族在长期历史发展中创造了灿烂的民族文化，这不仅是当地各民族和谐发展、共同进步的基础，而且是民族文化产业发展的重要资源。人才是先进生产力中最活跃的因素，是先进文化的创造者和传

---

① 《党的二十大文件汇编》，党建读物出版社，2022年，第14页。

播者。挖掘民族文化资源,大力发展文化产业,必须加强民族文化人才队伍建设,开发文化人才资源,最广泛最充分地把全体文化工作者的积极性创造性调动起来,把各类文化人才的智慧和力量凝聚起来,这对于推动黄南政治、经济、文化、社会、生态全面发展,具有决定性的意义。

(二)加强民族文化人才队伍建设,是促进民族团结和社会稳定的客观要求

黄南州各民族共生共荣,携手并肩创造了绚丽多姿的民族文化,逐步形成了乐观、豁达、朴实、包容、坦然和坚韧的高原民族精神。这些绵延不绝的民族精神和情感品格,不断化作民族凝聚力与亲和力,成为维系民族团结和发展的重要纽带。民族文化人才作为文化产品的创造者、生产者和传播者,既须具备扎实的业务功底和较强的创新能力,更须具有坚定的理想信念、较好的道德操守。基于当前国内外形势的复杂性和黄南地域的特殊性,尊重和保护民族文化,提升黄南民族文化人才知识和专业素养,突出思想道德教育,引导他们广泛践行社会主义核心价值观,坚持以人民为中心的创作导向,努力创作生产积极向上、富有价值的精神文化产品,对凝聚社会共识、促进民族团结、维护社会稳定具有重要意义。

(三)加强民族文化人才队伍建设,是铸就社会主义文化新辉煌的必然要求

推进社会主义文化繁荣兴盛,从根本上说取决于提高文化人才队伍的数量、结构和素质。黄南州是多民族聚居、多元文化共融的地方,自古以来,就有很多享有盛誉的历史文化名人,其中有学术大师及高僧大德端智仁青、夏日仓·噶丹坚措、喜饶扎西等,藏族文学家隆多云丹嘉措、罗桑华旦、根敦群培,热贡艺术大师番曲热赛日、云旦、尖措、夏吾才让等。只有加强民族文化人才队伍建设,下大力气做好各类文化人才的培养、吸引和使用工作,培养一批民族文化理论的研究者、阐释者,一批推进民族文

化的组织者、带头人，一批积极投身文化建设的实行者，使各层次人才特别是高层次人才不断涌现，才能为全面建设社会主义先进文化提供强有力的人才保障，使文化事业不断满足人民群众日益增长的精神文化需求，积极推进黄南地区的文化繁荣发展。

（四）加强民族文化人才队伍建设，是推动黄南州文化产业快速发展的现实要求

民族文化人才是文化产业发展的支撑，而文化产业是民族文化人才成长、成功的平台。不能否认的是，黄南州的文化产业尚处在起步阶段，民族文化人才增长远远低于当地文化产业增长的速度，以致民族文化产业人才普遍短缺。黄南要做大做强以热贡艺术为重点的文化产业，迫切需要解决民族文化人才与文化产业之间的匹配度问题，力求使加快文化产业发展和加强民族文化人才队伍建设相互支撑，相互促进，进而产生较高的契合度，形成以才兴业、以业聚才的良好循环，实现民族文化人才建设与文化产业发展的"双赢"。

二、黄南州民族文化人才队伍建设成就

（一）全州民族文化人才总量逐年大幅增加

党的十八大以来，随着文化体制改革的不断深入和稳步推进，黄南州委、州政府高度重视民族文化人才队伍建设，在人才的培养选用、引进、激励等方面做了大量卓有成效的工作，不断扩大民族文化人才整体规模，有力促进了全州民族文化人才队伍的发展与壮大。据不完全统计，目前黄南州有各类人才7390余人。应该说，人才规模在逐年增长，对文化产业发展的贡献率持续提高。

（二）民族文化产业发展促进各级各类文化人才不断涌现

近年来，黄南州在加快公共文化服务体系建设的同时，积极构建以热

贡文化为主的产业体系,并加快经营性文化产业发展。初步形成以唐卡、雕塑、堆绣、藏戏、石刻技艺、民间歌舞为主的文化产业群体,文化的经济效益日益显现。截至2021年底,黄南州有文化企业(生产单位)594家,从业人员达到21630人,文化产业营业收入达13.03亿元。现在拥有中国工艺美术大师6名,青海省工艺美术大师276名,国家级代表性传承人15名,省级代表性传承人43名。黄南州成为西北地区拥有艺术大师、非遗传承人最多,全省世界级和国家级非遗项目最为富集的地区。

(三)民族文化人才培养渠道不断拓宽、人才培训效果明显

黄南州不断深化人才体制机制改革,激发人才干事创业活力。制定下发《黄南州优秀人才培养行动计划》《关于开展黄南州优秀人才培养候选人推荐申报工作的通知》等多个文件,初步构建起常态化的人才政策体系,为"引育用管"人才、激励人才干事创业、充分整合用好人才资源提供政策保障。实施"热贡文化人才培育工程"省级重点党建(人才)项目,重点打造了6个州级热贡文化人才培育示范基地、12家热贡文化人才培育示范企业、32户热贡文化人才培育示范户,14名热贡文化领军人才。实施"人才+产业+脱贫"行动省级人才项目,培训新型职业农牧民1758人,培养热贡艺人1000余人,累计完成短期技能培训和致富带头人培训1.5万人次。实施重点引才育才工程,统筹推进各类人才队伍建设。积极开展黄南州优秀人才培养候选人推荐申报工作,3年共有200人。18个优秀团队进入了优秀人才库,有针对性地做好了本土优秀人才的培养。大力培养民俗民间文化人才,先后选送了105名黄南藏戏文化艺人到外地高校进行深造,建立了493人的民俗民间文化人才库,基层文化队伍建设得到加强。

三、黄南州民族文化人才队伍建设中存在的突出问题及原因分析

（一）突出问题

1.全州各层次的民族文化人才总量不大

尽管文化行业从业人员日益增长,但民族文化人才队伍规模还是偏小,集聚力明显不足。①高层次专业人才严重缺乏,有些专业领域出现人才断层现象,"复合型"人才极度匮乏。据调查,目前州广播电视从业人员60人,懂新闻又懂媒介经营管理的复合型人才少之又少;群众艺术、图书、藏戏等方面的人才出现断层和老化的窘境。②创意型人才奇缺,尤其是热贡文化创意人才匮乏,严重制约着热贡文化原创能力的提升。热贡传媒影视、动漫、音乐制作、广告设计等现代意义上的文化创意产业的从业人员与产业发展要求差距甚大。③文化产业人才紧缺,民族民间文化传承发展后继乏人。比如热贡艺术中的立堆、砖雕等技术面临失传;同时,那些市场需求萎缩的遗产项目出现了无人愿学或学艺无法持续的问题,无法满足黄南州文化大发展大繁荣对人才、智力的需要。

2.民族文化人才队伍整体质量不高

从实际情况看,黄南州民族文化人才队伍整体素质相对低下,人才队伍质量情况不容乐观。①人才学历构成偏低。据统计,目前全州文体人才队伍中,研究生学历占总人数的5%,大学本科占比45%,大专学历占比35%,中专学历占比15%。此外,基层文化队伍学历较低,广大民间艺人群体文化程度为初中、小学水平,缺乏正规系统的专业培训。②人才创新能力不强。目前,黄南州大部分人才创新能力缺乏或发散效应低下,优秀文化精品创作能力不强,文化产品创新研发能力不足。③人才继续教育乏力。文化产业人才知识结构较单一、强化在职继续教育,加快知识更新方面不尽如人意。

3.民族文化人才结构布局不尽合理

主要表现在：①专业分布不均衡,图书、群众文化、博物（文管）、文化市场管理工作人员多为兼职,专业知识缺乏。②职称结构不合理。黄南州民族文化人才队伍中具有高级职称的25人,中级职称的38人,初级职称的26人。高、中、初级职称的人员分别占总数的19%、29%、20%。职称结构明显不合理。③年龄结构不健全。文化行业在编职工人才队伍的年轻化程度较低,40岁至50岁及以上人员占总人数的19%以上,年轻后备人才储备较少。④人才分布不均衡。从地域分布来看,同仁地区文化从业人员保有量相对较大,但泽库县、河南蒙古族自治县相对缺乏,呈现不均衡态势。另外,80%~90%的高学历、高职称人才集中在州一级,而绝大部分民间艺人集中分布在农牧区,即处于零星分散状态,不利于基层文化人才队伍建设。

（二）原因分析

1.民族文化人才培养体系不完善

黄南州委州政府在民族文化人才的培育方面,制定了《关于做好现有人才稳定、培养、使用工作的若干意见》等规划和办法,但在实施过程中由于指导监督等工作还不到位,导致民族文化人才培养工作滞后于民族文化产业发展的需求。省高等院校及州职业学校文化专业课程设置欠合理,培养的人才不能与市场需求挂钩。文化企事业单位由于诸多原因,很难投入大量财力、精力建设文化人才队伍,人才培养的主体作用发挥有限。

2.民族文化人才管理制度改革相对滞后

其一,人才选拔任用制度欠完善,人才选拔任用过程中往往受到级别、年龄、学历的限制,难以做到不拘一格选人才。其二,文化人才评估考核制度不够规范,存在评估标准不够科学等突出问题。其三,文化人才竞争激励机制不够完善,知识、技术、管理等要素参与分配的权利得不到很好的体现。其四,人才配置方面存在着政策机制不活、制度保障不力、人才资源市场化配置程度不高等问题,导致人才区域分布不均衡、行业分布不合理,供求矛盾与结构性失衡。

3.民族文化人才合理流动存在体制性障碍

一方面系统内部相当一部分人因单位性质、个人身份等因素限制,不能调整到适合自己的技术与管理岗位;另一方面在人才引进方面,黄南州虽然抓住对口支援地区和省直单位各类人才来州锻炼服务工作的有利条件,加大人才引进力度。但这与推动州文化事业和文化产业繁荣发展所需的人才相比,还有较大差距。

4.民族文化人才队伍建设资金投入不够

由于地方财政困难,州县图书馆、群众文化、博物(文管)馆、歌舞演艺、群众体育、竞技体育等业务单位培训再教育资金不足。另外,热贡文化产业人才队伍大多数是以封闭的家庭式传承技艺为主,少数个体工艺美术公司在销售产品的同时,自筹资金举办培训班,但仍未形成大规模的办学氛围。

四、黄南州加快民族文化人才队伍建设的基本对策

(一)提高思想认识,把民族文化人才队伍建设摆在更加突出的位置

一是各级党委、政府及文化部门应从战略和全局的高度深刻认识人才在推动文化繁荣发展中的特殊地位和重要作用,切实把民族文化人才队伍建设置于黄南人才战略的重中之重,从培养、引进、使用、激励等各个方面制定特殊政策和措施,以期取得突破性进展。

二是坚持党管人才的原则,形成党委统一领导,有关部门各司其职、密切配合,社会力量广泛参与的文化人才工作格局。同时建立人才工作目标责任制,把人才工作列入各级党政班子的考核内容,增强各地落实人才规划,服务人才工作的水平,为加强文化人才建设提供政治保证。

三是坚持把社会主义核心价值观融入培养民族文化人才全过程。育

人为本、德育为先,增强民族文化人才对社会主义核心价值观的认知、认同,内化于心、外化于行,使社会主义核心价值观成为民族文化人才的基本遵循。

四是制定具有前瞻性、科学性的符合黄南州实际的民族文化人才建设规划,造就一支德才兼备、锐意创新、结构合理、规模宏大的民族文化人才队伍,切实为加快黄南文化繁荣发展提供有力的人才支撑。

(二)坚持文化可持续发展的原则,有步骤有重点地培养民族文化人才

一是依据黄南未来文化产业发展趋势,争取在青海民大等高等院校和州职业学校的专业学科设置上,增设民族文化产业管理、文化产品开发、文化艺术、文化创意等专业和学科,同时整合各种教育资源,为黄南文化建设培养各类专业人才。

二是支持发展各类专业培训机构和远程教育,有计划地选送文化管理、新闻传媒、文化策划等专业人才到国内有关高校研修深造,加速在职人员的知识更新。

三是培养民族民间文化传承人。民间文化传承人特别是非物质文化遗产项目代表性传承人,不仅是黄南地区民间文化的载体,也是发展基层文化事业的支撑点。要将民族民间传统技艺的持有者和传播者纳入政府保护和扶持的视野,由政府主导制定科学规划,给民间艺人以政策、资金的帮助,鼓励和扶持民间艺人对民族民间文化的传承发展;对于濒临失传的民族民间文化形式,及时培养其文化传承人;加强对民族民间文化保护工程项目的管理,切实保障民间文化传承人的合法权益。通过非遗传习所、热贡艺术学院等,培养和造就一批民族文化保护与文化产业发展急需的各类专业技术人才。

(三)积极推进体制创新,进一步完善民族文化人才管理体系

建立健全民族文化人才脱颖而出的体制机制,为最广泛地凝聚文化

人才提供制度保障。一是建立动态管理的选人用人机制。健全文化企事业单位领导人员委派、选任、聘任等方式,促进人岗相适、用其所长。按照各类人才成长规律和不同特点去识别和使用人才,注重从基层和工作实践中发现和举荐民族文化人才。

二是完善尊重人才价值的激励机制。充分调动文化工作者的积极性,促使他们向社会提供更多既有社会效益又有经济效益的优秀文化产品。实施对人才的待遇倾斜政策,在工资晋升、专业职务晋升、职称评定等方面给予倾斜,加快建立优秀人才、特殊人才激励机制,实行高薪聘请特殊人才政策;对在科研、创作、管理上取得重大成绩或为文化事业做出突出贡献的民族文化人才给予重奖;州政府每两年评选对热贡文化做出特殊贡献的人才,予以重奖;各县(市)建立文化创新奖励基金,每年评选奖励对文化创新做出突出贡献的人员。

三是健全民族文化人才考核评价机制。在民族文化人才评价方面,首先突出品德要素,要求文化人才坚定理想信念,维护文化安全,促进民族团结。其次体现重水平、重能力、重工作业绩和创新成果的导向,打破专业技术职务终身制,真正做到职务能上能下。

四是建立完善灵活的人才流动配置机制。打破人才流动的体制性障碍,从根本上消除人才流动中城乡、区域、部门、行业、身份和所有制等限制,促使人才在公平、合理、有序的环境流动,在相对完善的社会保障条件下流动。

(四)加大专项资金投入,切实有效促进民族文化人才队伍建设

对于黄南州来说,民族文化人才建设是一项涉及领域广、投入大、周期长的系统工程,只有加大资金投入才会有预期的产出。

一是各级政府要加大对文化系统人才队伍建设工作的政策扶持和经费投入。

二是要设立民族文化人才基金,如建立"文化人才引进专项基金""高

级文化人才突出贡献奖励基金"等,专款专用。

三是要继续加大资金扶持力度,比如黄南州州级非遗传承人,他们是非遗文化传承发展必须依赖的中坚力量,给他们一定的资金补助,鼓励他们潜心授徒传艺和创新发展。

四是要逐步建立起政府、用人单位、个人和社会合理分担的多元化人才资金投入机制,有效促进民族文化人才总量的增长和人才素质的提高。

(五)优化引才聚才用才的政策环境,充分发挥民族文化人才队伍的支撑作用

一是要在全州范围内营造一种尊重文化、尊重艺术的良好氛围,全面贯彻"二为"方向和"双百"方针,倡导生动、活泼、民主、团结、创新的学术风气,为民族文化人才创造良好的工作环境。

二是要以事业发展激发人才的创新欲望,激活人才的创新潜能,真正让各类人才创业有机会、干事有平台、发展有前途,为其继续展示才华创造有利条件。

三是要通过多种方式宣传、推介优秀文化人才及其成果和作品,积极组织民间艺人参加国内乃至国际唐卡艺术节等活动,努力扩大黄南州民族文化人才的社会影响力和知名度。

四是要建立和完善适合人才特点的柔性引进机制,积极引进当前急需的文艺创作、文化科技、文化管理、文化运营等优秀人才,营造良好的人才生态环境、人才发展环境和人才创业环境。

开创黄南州中藏医药事业发展的崭新篇章

中藏医药是几千年来高原儿女同疾病斗争的实践经验和智慧结晶，在预防保健、疾病诊疗、调理康复中形成了独特的技术，是中华传统医学宝库中的一颗明珠。黄南州作为中藏医药重要的发源地和传播地之一，中藏医药使用和传承历史悠久，文化底蕴厚重，群众基础坚实，在省内外享有较高的知名度，在推进医疗水平提升、保障群众健康方面发挥着极其重要的作用。习近平总书记强调，要遵循中医药发展规律，传承精华，守正创新，推动中医药事业和产业高质量发展，助力健康中国建设。为落实好习近平总书记指示和黄南州委、州政府工作要求，推进黄南州中藏医药事业高质量发展，笔者先后到黄南州一市三县深入开展调研。

一、发展现状

黄南州委、州政府高度重视中藏医药发展，坚持把推进民族医药事业发展作为推动民族团结进步、促进经济发展和社会和谐的一项重要任务，进行传承优化、政策扶持，高标准、全方位、深层次推进"四名"①建设。制定印发《黄南州促进中藏医药事业发展的实施意见》《关于促进中藏医药传承创新发展的实施意见》《黄南州扶持和促进中藏医药发展重点工作任务分工方案》，编制完成《黄南藏族自治州藏医药产业融合发展规划（2019—2030）》《黄南藏族自治州藏医药产业融合发展三年行动计划

---

① "四名"建设指"树名医、建名科、制名药、创名院"。

（2019—2022）》等，为中藏医药标准化、规模化、品牌化发展保驾护航。目前全州有公立藏医院4所，均为"二级甲等"民族医院，全州92%的乡镇卫生院、96%的村卫生室和52%的寺院、个体藏医诊所等均能提供中藏医药服务，构建起了以州县藏蒙医院为基地、乡镇卫生院为枢纽、村卫生室为网底的州、县、乡、村中藏医药四级服务体系，形成了南部两县中藏医药发展为主，北部两县中藏、西医齐头并进的全州中藏医药发展格局。中藏医药事业发展呈现如下态势。

（一）名医传承基础好

作为全省中藏医药发展的重要地区，黄南州中藏医药人才济济、名医辈出。长期以来，黄南州通过"师带徒+学校+医院"的传授模式，不断加大中藏医药人才队伍建设，挖掘和培养了一大批中藏医药人才。尤其香扎尕布藏先生为中藏医药事业发展做出了突出贡献，并培养了久美多杰、才布扎等优秀中藏医药人才，他们又以师带徒形式培养了多名学术经验继承人，成为黄南州中藏医药事业发展的中坚力量。目前全州有名老中藏医专家29名，其中青海省名中藏医5名。创建全国名老中医药传承工作室3个，全省名医工作室2个。河南蒙古族自治县蒙藏医院久美多杰被确定为全国名医、硕士研究生导师和藏医药仁青佐太的非遗传承人。

（二）名科建设质量高

各藏医院突出特色优势相继建成了心血管专病专科、消化专科、肝胆专病专科、风湿和类风湿专科等国家级重点专科2个，青海省名科1个，省级中藏医重点专科5个，开展藏药浴、药蒸、放血、针灸、外治、按摩、火灸、拔罐等特色疗法，为该地区常见病、多发病、消化疾病、妇科疾病患者解除病痛做出了突出贡献。河南蒙古族自治县蒙藏医院"凯占病（腰椎间盘突出）临床诊疗方案"被国家中医药管理局列入国家临床路径目录进行推广。

（三）名药制剂品类多

全州各级藏蒙医院均对中藏医药的发展前景充满信心,按照"自采、自制、自用"的原则,不断加大药物炮制的研发力度,熔中、藏、蒙医学及生物学、物理学和化学于一炉,博采众长,形成了系统性和科学性兼具的民族药学体系,中藏医药的生产配制方兴未艾。目前全州各级藏蒙医院自主研发并取得制剂备案的藏药制剂达729种,获得省级制剂批准文号的达636种,年制剂药品生产量达到200余吨,不仅解决了当地农牧民群众的需求,也满足了全国各地前来求医问药的患者需求,藏蒙药已成为全州健康医药产业的重要支柱。州藏医院研制的藏药"三十一味松石丸"获得了国家专利。

（四）名院创建有成效

自1983年州藏医院成立后,河南蒙古族自治县蒙藏医院、泽库县藏医院、尖扎县藏医院也相继建立。近年来,在黄南州委、州政府的大力支持下,州内4所藏医院均进行了整体搬迁和改扩建,并争取到了州藏医院中医特色重点医院、同仁市中医院门诊楼等建设项目。依托黄南州藏蒙医院名科、名医、名药辐射带动,名院创建取得积极成效。河南蒙古族自治县、泽库县成功创建全国基层中医药示范县,河南蒙古族自治县被青海省人民政府确定为全省蒙藏医重点县,河南蒙古族自治县蒙藏医院被确定为"全省名院"。州藏医院、河南蒙古族自治县蒙藏医院建成了蒙藏医院名老专家传承工作室,成为藏蒙医学术交流、临床知识传授的重要平台。

二、优势和短板

（一）优势

从全州层面来看,黄南州中藏医药在中藏医药历史、药材资源、产业发展、服务体系、人才培养等方面都具有优势。

1.历史文化优势

黄南州是我国藏医药的重要发源地之一,广大农牧民群众都普遍认可和接受藏医疗法,拥有较为坚实的群众基础,在发掘和研究藏医药科学技术、培养传统文化人才等方面在国内外拥有较高的知名度。青海省首家藏医门诊在同仁市隆务镇成立,以州藏医院为代表的藏医药医疗服务体系和机构,为全省藏医药人才的培养和藏医药产业发展做出了突出的贡献。

2.资源富集优势

全州药材资源分植物、动物、矿物三大类共710种,其中,植物药82科579种,动物药52科105种,矿物药26种。尤其拥有党参、秦艽、当归、大黄、黄芪等药材生长的良好自然条件,被誉为"中藏药材生产的天堂"和"中藏药材富集的天然博物馆",是名副其实的"药王谷"。

3.产业发展优势

州内四大藏医院均有院内制剂室,全州各中藏医院研发的自主加工藏药制剂857种,获得省级备案制剂批准文号的584种,是目前全省藏医制剂备案最多的地区。中藏药已成为全州健康医药产业的重要支柱。泽库县工业园区建有集科研、制剂、研学、种植于一体的综合型藏医药园区,为打造藏医药品牌化发展奠定了基础。河南蒙古族自治县蒙藏医药研究所立足蒙藏医药临床工作实践,绘制出河南蒙古族自治县境内中藏药材资源分布图,基本掌握了县境内的中藏药材资源现状,为进一步研究中藏药材资源保护和开发利用提供了宝贵的资料。

4.服务体系优势

全州各县(市)配有4家"二级甲等"级别的藏医院,管理结构清晰,医院科室部门层次分明。全州36家乡镇卫生院,其中31家设有中藏医药窗口和中藏医专科医生,基本形成了覆盖州县乡三级的中藏医药服务体系。

5.人才队伍优势

作为全省中藏医药发展的重要地区,黄南州可以说中藏医药人才济济、名医辈出,20世纪80年代以来原黄南州卫生学校代理培训省卫校藏医班、藏医护理班、乡村藏医班等共80期,培养藏医人才达4200人,学员遍布全省各地。近年来,通过"师带徒+学校+医院"的传授模式,不断加大中藏医药人才队伍建设,挖掘和培养了一大批中藏医人才。

(二)短板

虽然黄南州在中藏医药事业发展方面具有明显优势,但也存在一些突出的问题和短板。

1.政策衔接不畅

在推动中藏医药发展中,黄南州委、州政府连续出台关于中藏医药事业发展的规划、政策等文件,但督促落实不够,且部门之间政策衔接沟通不畅,人社、医保、财政、农牧、发改、工信等各部门共谋中藏医药事业发展的合力不强,在人才引进、职称待遇、财力投入、药品报销、药材种植等方面配套政策不多,支持力度不够,与中藏医药事业高质量发展的要求尚有差距。如各藏医院调剂的藏药制剂,在本县范围外医保不予报销,不仅阻碍了中藏药制剂的应用,也增加了群众的负担。再如,黄南州中藏药材种植产业受土地流转、耕地红线、栽培技术、市场风险及中藏药材种植加工等因素影响,尚未形成整体连片、基地发展格局。

2.人才流失严重

一些医术高明、威望高的老中藏医药专家退休、离世后,权威中藏医药专家日渐匮乏。而州内对本地名老中藏医的学术传承后备人才培养缺乏整体规划,学术传承人成长缓慢,特别是中青年业务骨干、学科带头人和领军人才出现断档。同时,在稳住人才、留住人才、培养人才方面政策倾斜少,本地中藏医疗机构在收入、专业提升、职业前景方面对优秀人才的吸引力弱,外地的中藏医人才鲜有被吸引,而且有不少本地人才流失。一些本地的名老中藏医退休后选择在州外乃至省外开诊所。同时,中藏医院中高级职称数量比例过低,更影响了医疗人才队伍的稳定。

3.工资支出过重

受服务半径、人口基数等因素制约,黄南州藏医院收益有限,但随着中藏医药服务能力的提升,群众对中藏医药的需求不断加大,加之医院专业化、精细化程度提升,各类事务与日俱增,编内人员已远远不能满足工作所需,只得临时聘用大量医疗技术人员维持正常运转,医院成为名副其实的"就业大户",绝大多数医疗收入都用来支付临聘人员工资,工资支出过重成为藏医院面临的共性问题。如黄南州藏医院编制总量55个,编外聘用人员达182人,2021年编外聘用人员工资性支出高达858万元。目前,州藏医院整体搬迁项目已建设完成,即将正式启用并进行三级乙等民族医院评审达标,需要配备更多医疗技术人员、医疗设备等,各类费用支出亦将大幅增加,但医院在创新高质量发展、智慧医院信息化建设等方面力不从心。

4.信息建设滞后

随着医改的深入和医疗保障体制的健全,构建以电子病历、居民健康档案为基础的区域医疗信息系统,实现医院、公共卫生机构和行政管理部门之间的信息共享,成为公立医院改革、医共体建设的当务之急。但受资金、技术、项目扶持影响,业务协同应用、信息互联共享、标准统一规范的智慧医疗健康信息服务系统和覆盖全州区域互联互通的大数据医疗卫生信息平台尚未建立,各类相关医疗数据普遍呈现"信息孤岛",成为制约全州医药卫生体制改革和中藏医药发展的瓶颈。就全省而言,果洛、海北、海西等州都相继建成医疗信息化平台,黄南州成为全省唯一没有建立智慧医疗信息平台的地区,需从资金、项目、技术上加大支持、强力推进。

5.创新意识不强

目前,全州中藏医药服务能力基本满足常见病诊疗服务,但在地方财力投入有限、外援不强的情况下,部分中藏医院自身传承创新发展、培养人才、学科建设、科学研究、打造品牌等方面动力不足,处于"吃老本"的状态。就整体而言,全州各级中藏医药机构在对中藏医药的深层次学术研究、挖掘整理、藏西融合、临床研究、实践创新方面仍显薄弱,与中藏医药事业高质量发展和现代化需求还有较大差距。部分地区坐等上级安排部署,内生发展动力不足,在推进中藏医药事业创新发展、政策落地及联动发展、氛围营造方面思路不宽、办法不多，引导和推动作用发挥不够。

6.产业发展不足

长期以来，全州中藏医药特色诊疗方法研究和建设较为滞后，从原材料到产品缺少可控的质量标准，在藏药作用机理等方面的研究不深入，科研手段单调，研究成果限于文献与著作，能转化为现实生产力的成果少，藏药制剂生产缺乏统一规模，营销工作缺乏统一规划，特别是单个产品和同类产品的低水平重复严重，而一些质量真正过硬的品种难以形成规模。从传统的医院制剂室转向现代医药生产企业转型升级方面规模小、布局散、科技含量低，市场开拓能力不足，对专利、商标等知识产权的保护观念淡薄。

三、几点思考

（一）在环境营造上多方入手，着力打通发展梗阻

1.明确发展思路

找准定位，始终以提升人民群众的健康保障水平为宗旨，以传承创新发展为理念，以特色专科为支撑，以制剂研发为引擎，以培养学科带头人为动力，以培育壮大黄南州中藏医药品牌为导向，畅通体制机制，激发动能潜力，协调推进"四名"建设，带动全州中藏医药水平整体提升。

2.理顺体制机制

借鉴省卫健委机构设置及西藏、四川等地市做法，成立州中藏医药管理局（二级局），明确职责范围，去除冗余事务，提高专业性，集中精力推进中藏医药工作。强化黄南州藏医学会牵头主导作用，进一步扩大参与面，发挥职能作用。组建黄南州区域中藏医药联盟，整合优势资源、实行专科联盟等。

3.放宽准入壁垒

鼓励和支持有中藏医药资质的个人、集体和社会力量举办藏医诊所、民营医院、连锁藏医疗机构。改革传统医学师承和确有专长人员执业资格准入制度，允许取得乡村执业医师资格证的中藏医药一技之长人员

在乡镇或村社开办藏医诊所或藏医馆。改革现有藏医职称考试制度,探索建立中藏医人才职称州聘州用制度,统筹调剂增加州域内、县域内中藏医中高级职称职数比例。成立全州中藏医学专业考评组,对医术过硬、群众口碑好而未取得中藏医执业医师资格证的人员,在培训考核合格后,发放州内认可和聘用的适宜技术证书。

4.扩大报销范围

用好用足藏医药的相关政策,争取将州内更多藏药制剂纳入省级医保报销目录,取消或适当降低中藏医适宜技术等非药物治疗门诊报销起付线,充分发挥中藏医"简、便、廉、效"的优势,促进中藏医特色诊疗方法的推广应用。创新举措,建立州级中藏医院院内制剂统筹调度平台,加快推进医联体建设,积极将中藏医特色诊疗项目和院内制剂州域范围内调剂纳入医保报销政策范围,增强各族群众就医获得感。

5.加大资金投入

在土地利用总体规划和城乡规划中统筹考虑中藏医药发展需要,扩大中藏医药健康服务用地供给,为中藏医药发展提供必要的物质条件。州、市、县财政部门要不断加大对中藏医药事业的专项投入力度,加强中藏医医院特色重点专科建设、人才培养、制剂研发、信息化建设等投入。设立全州中藏医药科研专项基金,鼓励科研项目申报,推进中藏医药临床研究和技术论证,推动传统中藏医药走向现代化。

(二)在名医培养上拓展渠道,着力建设人才梯队

1.加强名医引育

借助与省内外三甲民族医院合作契机,积极引进培育州急需紧缺中藏医人才。"十四五"期间,引育中藏医领军人才和学科带头人10名、后备学科带头人和学科骨干10名、医学硕博研究生5名,柔性引进省内外中藏医学专家30名。

2.开展专项培训

遵循中藏医人才培养周期长、成本高的特点,进一步完善政策,通过

编制倾斜、待遇提高、绩效考核等手段,营造中藏医人才成长的宽松环境,吸引和鼓励医学院毕业生、离退休老中藏医药专家等投身于黄南州中藏医事业的发展。选派中藏医院骨干、中藏医药管理人员到省内外中藏医药院校、藏医院等进行专项进修培训。积极与西藏藏医药大学等机构签订人才培养协议,订单式培养藏医药人才。建立常态化天津援青中藏医药专项培训机制,每年培训100名县乡村中藏医药人员,逐年提高基层中藏医适宜技术技能。

3. 重视传承培养

加强中藏医药专家队伍建设,持续实施中藏医药传承与创新"百千万"人才工程(岐黄工程),培养中藏医药领军人才、优秀人才和基层人才。通过名老中藏医专家传承工作室项目持续培养黄南中藏名医,为培养省级、国家级中藏医药大师奠定基础。"十四五"期间建成2~3个名医工作室,争创2个省级中藏医传承专家工作室,在全州进行示范引领。落实名中藏医培养计划、基层中藏医药专家师承带徒项目,设立基层名老中藏医传承工作室,不断培养年轻中藏医药骨干人才。

4. 夯实基层力量

卫生健康、教育等相关部门要继续争取面向基层的中藏医类医学生定向委培政策,解决基层中藏医药人员紧缺的问题。强化以全科医生为重点的基层中藏医药人才队伍建设,推进中藏医类别全科医生培养。实施农村订单定向医学院学生免费培养和全科医生特设岗位计划等人才培养、聘用工作,培养基层中藏医技术骨干。实施上挂下派,选派优秀专家深入基层卫生机构开展业务指导和临床带教,为基层培养合格人才,同时,基层卫生机构医务人员轮流上挂,在州、县藏医院进行临床实践学习,提升专业技能。

(三)在名药研发上积极作为,着力提升藏药品质

1. 挖掘传统智慧

继承和整理经典名方和验方,挖掘中藏医古籍中防治当代疾病的有

效方药、方法和诊疗技术手段,进行改造和创新,形成一批具有自主知识产权、安全有效、临床价值高的创新藏药产品。

2.开展临床研究

围绕中藏医药治疗有优势或特色的病种,开展医疗、保健、康复特色诊疗技术的临床应用研究,不断提高其有效性和安全性,制定相关技术规范和评价标准,形成一批疗效确切、规范实用、便于推广的诊疗方案,促进中藏医药特色诊疗技术推广应用。

3.增强研发能力

积极扶持培育河南蒙古族自治县蒙藏医药研究所发展,同时加强与省内外医药学院校和科研单位的技术协作,力争创建独立的,有相应科研人员、科研场所和科研设备及科研经费的黄南州藏医研究所,负责全州藏医药的品种筛选、研发、注册申报及注册工艺转换等工作,提升藏医药现代化研发能力,推进产业化发展。争取"十四五"期间申报1~2个国药准字号,带动实现制剂能力新突破。

4.提升药剂质量

开展中藏药质量标准、炮制、制剂工艺等关键技术研究,制定中藏药质量标准,保障质量稳定可控,促进中藏医药开发利用。立足河南蒙古族自治县蒙藏医院藏药制剂检验中心的资源和技术优势,挂牌成立全州藏药制剂检验中心,统一检测全州的藏药制剂,提高配制质量管理水平,力争达到省级中藏药制剂药品检测水准。

(四)在名科名院上提标升级,着力增强服务能力

1.打造品牌专科

建立覆盖州、县中藏医重点专科体系,大力扶持风湿病、脾胃病、心脑血管病等藏医优势重点专科,打造在全省乃至全国有影响力的品牌藏医专科。实施创建国家级重点专科、省级重点专科、省县共建临床重点专科、潜力专科等"四个一批"特色专科计划。"十四五"期间,争创国家级重点特色专科1个、省级重点特色专科5个、省县共建临床重点专科5个、黄

南州潜力专科5个,补足薄弱和空白学科。

2.积极争创名院

在巩固河南蒙古族自治县蒙藏医院"青海省名院"基础上,州藏医院通过中医特色重点医院建设,强化制剂、特色专科、信息化等各方面能力,推动提档升级,并争创为青海省名院。"十四五"期间,力争使州藏医院达到三级乙等医院评审要求,同仁市中医院通过二级乙等中医院评审,创建基层示范中藏馆10个,带动提升全州中藏医院(馆)的整体建设水平和服务能力。

3.加快信息化建设

积极争取项目、资金支持,加快全州智慧医疗信息平台建设,建立和形成具有统一版本、统一标准、统一系统、统一规范,具有中藏医药特色、方便实用的医院信息系统,积极开展中藏医远程会诊、远程教育、适宜技术推广等服务,为基层医疗机构提供中藏医药技术指导和帮扶。

4.强化区域合作

建立西藏、云南、甘肃、四川、青海涉藏地区中藏医药传承发展联席制度,搭建中藏医药技术合作联盟平台,加强区域间中藏医药技术合作交流,全力提高中藏医传统诊疗水平和制剂研发炮制技艺,在培育发展壮大藏药制剂上打造黄南名片。加强河南蒙古族自治县蒙藏医院制剂中心与青海大学高原医学研究中心合作,实施好"高原医学博士研究生工作站"建设项目,并积极申请"国家二级微生物实验室"和"青海大学藏医学院示教点",带动提升河南蒙古族自治县蒙藏医院整体水平。

(五)在传承保护上持续发力,着力开展宣传交流

1.全面挖掘整理

深入开展藏医药典籍、技术和方药名录抢救性挖掘整理与系统研究,加强名老藏医学术思想、临床经验、特色医技的传承保护,将传统藏医药剂炮制、藏医药储存和加工技术、藏医药康养养生方法(藏药浴、藏式按摩)等纳入非物质文化遗产名录,加大对已列入非物质文化遗产名录传统

医药类项目的宣传推广和传承保护。

2.广泛宣传普及

加强藏医药宣传与推广,向全社会宣传藏医药独特的理论与诊疗方法、药理药效,提高中藏医药的知名度和信任度,营造全社会尊重、保护、关心支持中藏医药事业发展的良好氛围。建立藏医药文化科普专家队伍,遴选医德高、临床好、业务精、擅表达的藏医药专业技术人员为藏医药文化科普专家队伍,开展藏医药文化科普活动。

3.开展交流互鉴

发挥黄南州藏医学会的作用,加强州内外中藏医药领域的交流、互鉴、合作,通过举办全省性藏医药学术会议、论坛和产品展销会等,打造黄南藏医药品牌。继续办好每季度一期的"玛洛中藏药大讲堂",邀请兄弟市州及至省内外中藏医专家授课,提升影响力,扩大受众面。利用对口援青平台,开展与援青省市中医药机构之间的学术文化交流。加强与省外名医名院的对口协作,及时借鉴先进经验,推动中藏医药事业发展。积极制作微视频、动漫,利用抖音、快手、微信公众平台等新兴媒体广泛宣传,提高知名度,扩大影响力。

(六)在产业提升上夯实基础,着力推进融合发展

1.扩大药材种植

加强对中藏药材种植养殖的科学指导,进一步加大中藏药材产业化扶持力度,培育和壮大中藏药材各类市场经营主体,促进乡村振兴和农牧民增收致富,并为制药企业和中藏医院提供原材料保障,推进中藏医药业规模化发展。加强罗汉果、沙棘、黄芪等原料下游产品开发,逐步将黄南州的原料基地优势转化为产业优势。

2.扶持产业发展

优化中藏药材产业布局,争取引进一批有实力的制药企业、研发机构,或通过依托、挂靠知名药厂,开展特色中藏药新产品研发,积极培育天然药用植物提取物产业发展,深度开发黄南中藏药材品种,拓展中藏药材

产业发展空间。

3.促进产业融合

梳理州域内丰富的中藏医药旅游资源,探索中藏医药文化、康复、养生及旅游一体推进的"旅游+健康+文化"产业融合发展模式,发挥其生态资源优势,建立中藏医保健等滋补养生基地。将中藏医诊疗、中藏医治未病、中藏医养生保健、中藏医药康复医疗融入健康养老全工程,积极开展中藏医医疗机构与养老机构合作,创新健康养老服务模式,建立一批具有中藏医药特色的医养结合机构。

四、延伸阅读

(一)藏医药浴

藏医药浴,藏语称"沈沐",是藏族人民以土、水、火、风、空"五源"生命观和隆、赤巴、培根"三因"健康观及疾病观为指导,通过沐浴天然温泉或药物煮熬的医疗方法。

藏医药浴流传于黄南地区的同仁市、尖扎县、泽库县、河南蒙古族自治县等地,由藏族同胞传承。传承人代表有杨忠先、吉先才让。藏医药浴具体是指将人体全身或腿、足局部浸泡于藏药液中,在水的热能和药物的药力作用下,打开人体的毛孔、打通经络,药物的有效成分通过皮肤毛孔透皮渗透,被毛细血管吸收进体内,迅速直达病所,起效快。它是相关民众通过沐浴防病、疗疾而得的民间经验,也是以《四部医典》为代表的传统藏医理论在当代健康实践中的继承和发展。它具有藏族天文历算、自然博物、仪式信仰、行为规范、起居饮食等传统知识的特点。水汽或蒸汽可以调节身心平衡,它是实现生命健康和疾病防治的传统知识和实践。它是藏族先民几千年智慧的结晶,它的存在和发展具有很强的生命力,充分反映出藏族人民的聪明才智以及藏医的博大精深,也为藏医药的发展和人们的健康幸福生活做出了巨大贡献,因此值得我们对其进行研究和传承,并使其在社会中发挥其应有的作用。

藏医药浴于2020年7月列入州级非物质文化遗产代表性项目名录。

(二)藏医诊断方法(尿诊)

藏医诊断方法(尿诊)是指通过尿液对人身体状况进行诊断的医学方法。尿液均可通过"三时九诊法"来判断,"三时九诊法"的"三时"是热时、温时、凉时,"九诊法"则是要分别观察尿液的颜色、蒸汽、气味、泡沫、沉淀物、浮皮、变化时间、变化情况、搅后回旋。

藏医诊断方法(尿诊)主要流传于黄南地区的同仁市、尖扎县、泽库县、河南蒙古族自治县等地,由藏族同胞传承。传承谱系依次为:拉卜楞寺拉阔仁波切、叶尔雄堪布仓、阿克沃赛尖措、阿克阿旺桑布、罗桑旦巴。《月王药诊》对尿诊和脉诊作了专章论述,讲述了尿诊的起源早于脉诊。此后在8世纪下半叶产生的藏医典籍《四部医典》中更完善了藏医诊断学,记录了正常尿液及非正常尿液的区别和检查,以及非正常尿液的具体分析等内容。尿诊是藏医望诊中的重要内容之一,也是藏医学奥妙所在之处,在诊断方法中堪称独树一帜。它既能直接判断疾病,又能直接指导临床用药,也能做到在病人到不了医院或医生跟前的情况下,通过送来的尿液判断疾病。因此,尿诊历来是藏医必不可少的简便、易行、有效的诊断方式。它和藏医药浴一样,值得我们对其进行研究和传承,并使其在社会中发挥其积极的作用。

藏医诊断方法(尿诊)于2008年4月列入州级非物质文化遗产代表性项目名录。

加强黄南州同仁市宣传思想文化工作的对策思考

习近平总书记在2018年8月全国宣传思想工作会议上强调,完成新形势下宣传思想工作的使命任务,必须以新时代中国特色社会主义思想和党的十九大精神为指导,增强"四个意识"、坚定"四个自信",自觉承担起举旗帜、聚民心、育新人、兴文化、展形象的使命任务。①基层是宣传思想文化工作的关键阵地,党的十八大以来,青海省黄南州同仁市紧紧围绕宣传思想文化工作总要求,聚焦铸魂育人,坚持守正创新,整合资源力量,积极探索阵地、机制、活动融合模式,宣传思想文化工作取得新成效。

一、同仁市宣传思想文化工作取得新成效

一是理论学习工作不断强化。加强理论武装是思想建党、凝聚民心的首要任务,同仁市狠抓集中学习和专题辅导,开展"同仁市级干部讲堂""同仁讲坛""同仁读书会"等活动,开展理论学习中心组集中学习25次,举办新时代干部大讲堂8次。

二是意识形态工作主动权不断增强。牢牢掌握意识形态工作领导权,严格落实意识形态工作责任制。引导广大干部群众坚定对社会主义和共产主义的信念,不断增强"四个意识"、坚定"四个自信"。

三是舆论引导工作不断创新做实。组织市委红旗宣讲团和各基层

---

① 《举旗帜聚民心育新人兴文化展形象 更好完成新形势下宣传思想工作使命任务》,中华人民共和国国家互联网信息办公室,2018年12月24日,https://www.cac.gov.cn/2018-12/24/c_1123896790.htm。

宣讲队,深入乡镇、村(社区)、寺院、学校先后开展了民族团结进步、基层社会治理等大宣讲活动,各类集中宣讲356场次。采用走家串户、面对面、谈心交心等方式,深入农牧户和僧舍进行入户宣讲2.79万次,受众18.6万人次。"感党恩、听党话、跟党走"已成为广大党员干部、人民群众的共识。

四是精神文明建设成效显著增强。实施新时代新人铸魂工程,让县处级领导干部进学校讲思政课成为常态。打造同仁市保安镇城内村、同仁市双朋西乡宁他村2个乡风文明示范点。积极开展文明创评活动,对54个县级文明村镇、35个文明单位、5个文明校园进行命名。12个村镇、20家单位、4个校园分别被评为州级文明村镇、单位、校园。创建全市"五星级文明户"13486户。发挥新时代文明中心(所、站)作用,常态化开展政策宣讲、生态环保、关心关爱等志愿服务1000余场次,社会主义核心价值观深入人心。

五是公共文化事业稳步发展。相继举办"歌唱新时代·奋进七十载·筑梦新征程"等24个主题系列活动。"最大规模的龙鼓舞""最大的黄果梨种植基地""最大泥塑千手千眼观音像"3项世界纪录落户同仁。与省内外300余家旅行社签订合作协议。2023年热贡六月会期间,实现旅游收入2.3亿元。启动热贡历史文化名城5A级景区创建,热贡文化产业园区成功入选省级文化产业园区;扎毛村、在那东山顶上、仁俊画院被评为国家级3A旅游景区。全市文化事业迈上新台阶,文化产业实现新发展,群众增收致富渠道不断拓宽,群众生活水平显著提高。

二、存在的问题和困难

一是基层宣讲难度大,宣传队伍不稳定。虽然成立了市委红旗宣讲团和基层宣讲队,但双语人才匮乏,很难满足藏族人口占72%的市情需求。理论宣讲、对外宣传、文艺创作等工作低层次徘徊。

二是意识形态工作抓得不实。有些乡镇、部门对牢牢掌握意识形态工作领导权的重要性认识不够,意识形态领域工作重点不突出、措施不到位。

三是网络监管任务重、难度大。同仁市网信工作人才短缺，掌握的舆情不全面、信息滞后，这与青海省宣传思想工作会议所强调的"要建好用好各类阵地"的精神要求有较大差距。

四是文化事业底子薄、基础差、发展不平衡的问题不容忽视。文化阵地硬件、软件配套不够，公共文化投入占财政支出比例偏低，基础设施建设经费不足，基层文化阵地作用发挥不明显。

五是农牧区精神文明建设任务依然艰巨。宣传思想文化工作更要关注农牧区偏远地区群众、新经济组织、新社会组织人员的思想教育。当前精神文明建设重牌子轻创建的现象依然存在。如何结合乡村振兴战略，推进乡风文明建设，深化"五星级文明户"创建；如何广泛开展"推进移风易俗、树立文明乡风"行动；如何围绕建设新农村、培育新农民，推动"四德"建设方面，思路不宽、宣传面不广、针对性不强的问题依然存在。

三、对策措施

（一）高举旗帜，着力推动党的创新理论落地生根

一要加强理论学习的常态化、制度化、规范化建设。要抓住党员领导干部这一"关键少数"，不断创新学习形式，拓宽学习载体，丰富学习内容，在各级基层党组织中持续强化理论武装，始终坚持用习近平新时代中国特色社会主义思想武装头脑、指导实践、推动工作。二要发挥县（市）级党校力量和资源优势，深入基层调研，撰写调研报告，为党委决策提供理论依据。组织编写藏汉双语通俗读本和政策宣传手册，扩大理论政策宣传覆盖面。三要把理论宣讲"大众化"，根据受众的年龄、民族、职业、文化水平、地域特点，精准施策，突出藏汉"双语"宣讲，使理论宣讲更加接地气、聚人气，让党的创新理论"飞入寻常百姓家"。

(二)担当尽责,抓实落细意识形态工作责任制

一要落实意识形态工作责任制,督促各级党组织书记切实肩负起"第一责任人"职责,带头把方向、抓导向、管阵地、强队伍,推动意识形态工作责任制落到实处。二要增强意识形态领域领导权、话语权、主动权。切实加强网络内容建设,广泛开展网络正面宣传和公益活动,形成向上向善的网络强音;广泛开展"清朗""清网"专项行动,筑牢网络安全屏障。三要管好守好意识形态阵地,坚持正确的舆论导向,加大文化市场清理整顿,营造良好文化环境。

(三)凝聚民心,巩固壮大主流思想舆论

一要做大做强正面宣传。充分整合县(市)乡村宣传资源,聚焦中心工作,大力开展重大主题宣传报道,生动展示基层工作中涌现出来的先进典型和特色亮点,着力强信心、聚民心、暖民生、筑同心。二要以国家推动县(市)级融媒体中心建设为契机,主动适应媒体传播发展趋势,加强顶层设计,推动传统媒体和新兴媒体向更广领域、更深层次融合发展,着力打造新型传播矩阵,占领信息传播制高点。三要牢牢把握舆论导向,建立健全新闻例会、通气会制度,保证宣传报道更加精准、更有感染力;严肃新闻纪律;在重点工作、重要节点上,适时作出新闻报道安排,充分保证宣传报道的时、度、效。

(四)培育新人,广泛践行社会主义核心价值观

一要深入推进实施文明提升工程,紧紧围绕社会主义核心价值观,着力强化教育引导、实践养成和制度安排,依托道德讲堂,深入挖掘、精心策划典型宣传,充分发挥道德模范的典型示范效应,将社会主义核心价值观融入百姓身边。组织开展学雷锋示范点、岗位学雷锋标兵评选表彰活动,推动志愿服务制度化。二要深入推进"文明同仁"建设,广泛开展文明城市、文明村镇、文明单位、文明家庭、文明校园和"五星级文明户"创建活

动,深化实施文明餐桌、文明交通、文明旅游、文明网络"四大工程",不断提高人们的文明素质。三要着力加强公民思想道德建设上实现新突破。广泛开展理想信念教育,深化中国特色社会主义和中国梦宣传教育。深入实施公民道德建设工程,推进社会公德、职业道德、家庭美德、个人品德建设,激励人们向上向善、尊老爱幼、忠于祖国、忠于人民。

(五)振兴文化,始终坚持用优秀文化滋养人民

一要加强县(市)级文化馆、图书馆、广播电视台(站)及乡镇综合文化站、村级文化室、农(牧)家书屋等基层宣传思想文化阵地和文化设施建设,开展综合文化场所达标活动,打造基层文化活动示范点,继续实施广播电视"村村通""户户通"工程。抓好文化阵地的管理使用,举办群众喜闻乐见的各种文化活动,发挥好其在宣传教育群众方面的积极作用。二要做好优秀传统文化传承发展和非物质文化遗产的保护、传承工作。实施非物质文化遗产振兴计划,培养一批新型民族艺术传承者。推动热贡艺术、黄南藏戏等藏文化产业提档升级。三要坚持以人民为中心的创作导向,组织文艺工作者深入基层,激发文化创新创造活力,抓好爱国主义、民族团结进步和现实题材的文艺创作,创作出更多有筋骨、有道德、有温度的精品力作,推动文艺创作生产实现新突破、迈上新台阶。

(六)展示形象,不断提升同仁知名度

一要坚持"请进来",加强与省级以上主流媒体的交流合作,利用重大主题活动,邀请主流媒体记者到同仁采访采风,借力主流媒体的传播力、影响力,对同仁历史文化、产业发展、特色产品和发展成果进行立体式对外宣传,更好地讲好同仁故事,传递同仁声音,展示同仁形象。二要坚持"走出去",依托热贡文化资源优势,扩大对外交流,到省外、国外举办热贡文化艺术展、旅游宣传推介会和对外文化交流活动等,让社会各界更好地了解同仁,走进同仁,不断提升同仁的知名度和美誉度。三要运用媒体传播、图书出版、影视制作、文艺演出等载体,采取研讨会、摄影展等方式,利

用黄南新闻网、同仁政府部门网站、云端黄南等"两微一端"新媒体,加强"神韵黄南"和"热贡名城"的宣传推介。

(七)强基固本,切实加强机构队伍建设

一要统筹优化地方宣传思想文化机构设置和职能配置。建立健全网信工作机构,增加县(市)乡宣传人员编制,完善坚持党管宣传、党管意识形态工作的全面领导制度,加强党对宣传思想文化各领域各方面工作的领导,构建从中央到地方宣传系统运行顺畅、充满活力、令行禁止的工作体系。二要建立健全新闻发言人、理论宣讲员、意识形态网格员、网上舆论评论员、新闻报道通讯员、文明单位联络员、宣传思想文化干部等工作队伍,制定动态管理措施及培训规划。三要建立奖惩激励机制,对有思路、有干劲、引领工作创新发展的干部,落实评先创优、表彰奖励、晋升提拔优先等激励措施,对慵懒浮散、不思进取、素质能力确实不适应岗位要求的干部,要敢动真格、予以诫勉或调岗,形成浓厚的干事创业氛围。

着力推动黄南州村集体经济高质量发展

党的十九大报告指出要"深化农村集体产权制度改革,保障农民财产权益,壮大集体经济"①。农村集体经济是社会主义市场经济的重要组成部分,深入推动村集体经济高质量发展,事关巩固党在农村的执政基础,事关乡村振兴战略目标的实现。自2018年6月青海省启动实施全省村集体经济"破零复壮"工程以后,黄南州紧紧围绕村集体经济发展目标任务,积极探索村集体经济多种发展途径,形成了村集体经济整村推进、整县提升的新格局,村党组织有钱办事的能力、服务群众的能力、引领乡村治理的能力不断增强。截至2023年底,全州262个村集体经济年收益超5600万元,63%的村年收益达10万元以上。

发展村集体经济是一项系统工程。从黄南州村集体经济发展的实际情况看,既有优势,也存在诸多困难和问题。因此,如何牢牢把握发展规律,充分运用成功经验,竭尽全力破解村集体经济发展瓶颈,深入推动村集体经济高质量发展,是当前必须认真研究和解决的一个重大课题。

一、深入推动村集体经济高质量发展的优势条件

(一)发展基础不断夯实

一是持续推进农牧区集体产权制度改革。目前,黄南州一市三县

---

① 习近平:《决胜全面建成小康社会 夺取新时代中国特色社会主义伟大胜利——在中国共产党第十九次全国代表大会上的报告》,人民出版社,2017年,第32页。

261个行政村全部完成清产核资、村集体成员身份确认、股权设置和折股量化、发放股权证、村集体经济组织成立工作,完成清产核资总额9.32亿元(其中经营性资产4.33亿元,非经营性资产4.99亿元),夯实了村集体经济产业发展的制度基础。二是建强基层组织,提升堡垒功能。持续抓好软弱涣散村党组织整顿转化,整顿软弱涣散村党组织27个,稳步推进167名村党组书记担任村集体经济组织负责人,从种植养殖大户、复转军人、返乡创业人员等能人中,选调100名创业骨干进入村"两委"班子及村集体经济组织,夯实了发展壮大集体经济的组织基础。三是稳步推进规划编制工作。制定出台了《黄南州村集体经济发展规划(2018—2022)》《黄南州乡村振兴战略规划(2018—2022)》《黄南州生态有机畜牧业示范区建设(2018—2022)》,进一步明晰了村集体经济产业发展的思路举措。

(二)发展模式不断创新

坚持从实际出发,因村制宜,分类指导,一村多策,积极探索村集体经济多种发展途径,构建了村企合作型、产业带动型、租赁收益型、入股分红型、盘活资产型、特色实体型、旅游服务型、资源升值型、联合共建型等增收模式,持续培育发展农牧业新型经营主体,村集体经济发展成果不断巩固提升。截至目前,全州共培育专业合作社648家,发展涉农龙头企业17家,在省内外开设特色农畜产品营销窗口和直销门店172家。

(三)发展政策持续完善

结合乡村振兴、脱贫攻坚、农村牧区集体产权制度改革等重点工作,在资金整合、项目审批、税费减免、金融扶持方面出台配套扶持政策,从帮扶带动、政策扶持、监督管理、挖掘资产资源潜力等方面提出了推进重大基础设施建设带动、特色产业带动、优化农牧业布局,鼓励村集体领办发展农林草产业、扶持发展休闲农业和乡村旅游、发展物业经济等30条相关措施,将村集体经济发展有效融入脱贫攻坚、乡村旅游和农林牧业发展当中,指导各村因地制宜发展各类产业。

（四）发展成效不断显现

在农牧业方面,大力发展"一村一品"特色产业,白藏羊、牦牛等草地畜牧业,胡羊、西门塔尔牛等农区养殖业,青稞、油菜、饲草、食用菌、蕨麻、药材等绿色种植业,农畜产品加工业等各种产业蓬勃发展。建设农作物良种繁育、示范、展示基地4200亩,优质春小麦生产基地2万亩,优质青稞生产基地1万亩。挖掘"尕玛顿丹""加佳哇娄"地方藏羊良种,全州37个合作社推广"三增三适"和藏羊高效养殖技术。"山水黄南·绿色农牧"区域公用品牌参加"青农优品"系列评选活动,西北弘、清青海、叶堂等涉农企业年产绿色优质农产品规模占比突破12%。突出牦牛、藏羊两大主导产业,打造"国字号"产业园2个、省级产业园3个,累计培育省级重点龙头企业4家,新培育州级产业化龙头企业6家。扶持3家(涉农企业)合作社壮大荷兰豆、草莓育苗、黑青稞种植规模,鼓励7家合作社进行农机装备提档升级。完成基层供销社提升改造,建立基层社25个、村级综合服务社(中心)117个,打造各类专业合作社27个,组建17家社属企业。全州农产品网络零售额大幅提升,农产品线上直销势头强劲。建成全州电子商务进农村综合示范县4个、乡(镇)、村级服务站点181个,全年线上销售额2300万元,同比增长10%。

（五）发展愿望非常强烈

村集体经济的发展,不仅意味着农牧民负担的减轻、收入的增加,在更大程度上意味着农牧民福利的改善。从当前农村集体经济发展状况看,表现出的是集体富、村民富,集体穷、村民穷,集体空、民心散。这一点无论是集体经济实力雄厚的村,还是集体经济脆弱的村,都能得到印证。因此,通过多种形式使村集体经济不断发展壮大,已成为广大农牧民的强烈愿望。

（六）发展能力不断提升

农牧区改革三十多年来,一方面,随着农牧区商品经济的发展,广大农牧民逐步改变了原有的自给自足为主的小农经济意识,在市场经济中锻炼和提升了商品经济意识和市场竞争能力。另一方面,随着农牧区教育和农牧民培训的发展,广大农民的科学文化素质也有了很大提高。依托"热贡艺术""泽优牧品"全省劳务品牌,培训各类技能型人员3000余人。此外,国家还采取了农牧民专业技术培训、加强农牧业行政管理人才队伍建设、派遣大学生村官等有效措施,为农村集体经济的发展壮大储备了人力资源和智力支持。分级分类抓好村"两委"班子和后备干部、村级致富带头人培训,州级在西宁市村集体经济孵化基地等举办了2期村党支部书记抓村集体经济素质能力提升示范培训班,各县(市)分别举办各类专题培训班45期,累计培训达2500余人次,有效提升了各村发展壮大村集体经济的本领。

二、深入推动村集体经济高质量发展的制约因素

深入推动黄南州村集体经济高质量发展,既有有利条件,又存在制约因素。从制约因素看,既受地理区位差、资源禀赋少、发展基础薄、交通运输线长、人才资源缺等客观因素的制约,也有动力不足、思路不清、质量不高、机制不畅、要素保障不全、基金运行困难等工作层面的问题。

（一）村集体经济发展产业选择难度较大

从黄南州牧区村集体经济发展情况看,其主导产业是草地畜牧业,是涉藏地区传统支柱产业,结构单一,且生产周期长、见效慢,产业链条短、产品附加值低,加之农畜产品价格不稳定,村集体收入增幅趋缓。从黄南州农业区村集体经济发展情况看,产业链条短,发展基础不牢,市场竞争力弱,经济效益不高,普遍缺乏龙头企业带动,新型经营主体培育难,发展产业选择难度较大。同时,部分村受地理边远、交通不便和气候条件差等

因素影响,导致资源开发利用价值不大,很难找到好的发展项目。

(二)村集体经济发展的可持续性较差

从清产核资结果看,绝大部分村集体经营性资产远远小于非经营性资产,全州缺少村集体统一经营的州级以上农牧业龙头企业,集体经济收入主要依靠出租集体资产、资源来获取一定的租金、承包金,不能有效地将集体资产、资源转化为资本,发展后期收入渠道狭窄、起点低、数量小,发展的可持续性较差。

(三)村集体经济股份制合作社运行还不规范

从当前黄南州村集体经济发展的状况来看,全州636个农牧业合作社中,由村集体运营的合作社95个。这些合作社个别尚未实体运行,已实体运行的有些尚无实体产业,且有相当数量的合作社尚未实现盈利和社员分红,所有合作社截至目前都未成立联合社和下属分社。

(四)村集体经济整体发展不平衡

一方面,各地区、各合作社以及农村牧区之间,城镇郊区和偏远乡村之间,各村集体经济产业发展不平衡;另一方面,组织部门、农牧部门之间统计口径不一致,统计数据存在一定差异;同时,各行业部门虽然做了大量支持村集体经济发展的工作,但在政策落实当中工作不细、底数不清、情况不明的现象还是普遍存在。

(五)村集体经济发展资金相对不足

黄南州大部分村把资金收益用于公益事业建设和缴纳村民"新农合、新农保"等福利补助,扩大规模资金计提较少,资本积累相对缺乏,部分经济薄弱村仅能维持运转。同时,大多数村集体缺少有效抵押担保物,村集体经济组织从金融机构融资相对困难。

(六)村集体经济发展人才紧缺

大部分村由于缺少懂业务、会经营的管理人才和懂市场的专家，缺乏市场运作能力，无法把有用的资源利用起来。相关部门也缺少懂基层、懂经济、会管理的专门人才，在统筹指导产业发展方面的作用发挥得不够充分，发展村集体经济的难度还是很大。

三、深入推动村集体经济高质量发展的对策建议

(一)编制科学规划，引领规范发展

一是各级农业农村部门要加强调研、科学谋划，着力抓好《"十四五"农牧业发展规划》"村集体经济产业发展"实施工作，建立县为主体、动态调整的村集体经济产业发展项目库，增强发展后劲。二是巩固产权制度改革成果，推进经营性资产股份合作制改革。总结凝练农牧区集体产权制度改革中的好经验、好做法，在尊重农牧民意愿的前提下，积极探索适宜各村发展的经营性资产股权设置、折股量化和收益分配制度，支持村集体经济发展壮大。三是规范管理运营，促进良性发展。积极组建村级股份制合作社、服务经营性合作社，加强对村集体资产的有效监管和经营性运作，确保村集体经济收入稳定和农牧民群众增收。

(二)找准优势产业，避免产品同质化

指导村集体经济组织自觉融入区域经济发展总体布局，立足自身发展基础、资源禀赋，以产业发展目录为指导，积极发展适合农村牧区现状的多种经济。在推进发展中，既可探索"合作社+"、产业联盟、村村联合等模式抱团取暖、加强合作，又要坚决避免产品同质化和恶性竞争。

(三)壮大地区经济总量，夯实发展基础

要围绕"做优一产、做活二产、做强三产"的总体思路，把村集体经济

产业发展融入全州经济转型升级总体部署,紧紧依托高原现代生态畜牧业发展、全域旅游示范区创建和新型城镇化建设等中心工作,统筹各方力量合力推进农牧区第一、二、三产业融合发展,加快推进地区经济转型和产业升级,在巩固脱贫攻坚成效的基础上,高标准、全方位实施乡村振兴战略,助推村集体经济向高质量发展。

(四)用足用活扶持政策,加快发展进程

各级政府部门要及时承接、清理、完善支持村集体经济发展的各项政策,从项目规划、政策支持、资金扶持、技术支持等方面持续加大帮扶带动力度,推动支持村集体经济发展各项配套优惠政策落实落地。一是持续落实好各项财政贴息政策,积极采取贴息、补助或奖励等方式方法,加大州级产业扶持资金、乡村振兴战略资金投入力度,全力扶持村集体大力发展藏羊、牦牛、冷水鱼、草原牧鸡、藏香猪等特色农牧业,刺绣、唐卡画、玛尼石刻等特色手工艺品加工业,休闲、观光乡村旅游业,物流、加工等现代服务业,推动村集体经济产业化发展。二是用活税费优惠政策,围绕农林牧渔项目和促进农产品流通、支持农业资源综合利用等方面实施的一系列税费减免和优惠政策,强化举措落实,增强村集体经济的内生发展动力。

(五)强化担保体系建设,拓宽发展融资渠道

一是积极扩大农村有效担保物范围,开展生产设施、集体山林权、村级股权等抵质押贷款业务,抓好农村集体建设用地使用权、土地承包经营权、村集体资产、农房等抵押贷款试点,进一步解决好村集体经济组织"融资难""融资贵"问题,有效地促进村集体经济的发展。二是创新金融产品和服务,逐步实现行政村金融服务全覆盖,探索设立发展村集体经济专项信贷资金,对符合条件的村集体经济项目在信贷支持上实行贷款优先、利

率优惠。

（六）加强集体资金监管，确保扶持资金保值增值

一是落实严格的财务管理制度，强化资金的规范使用，进一步落实公告公示制度，明确各级管理责任，做好相关资金公示公开；建立完善的资金防控体系，尽快出台《黄南州村集体经济资产管理办法（试行）》，从机制上规范村集体经济的管理，有效防范各类风险，防止资金流失和资产损失，确保集体经济扶持资金保值增值。二是加强资金的统筹整合，将使用方向相同的乡村振兴、扶贫专项资金、涉农支农、山东援建资金等加大统筹力度，全力向村集体经济倾斜，形成资金使用合力，发挥资金的规模效益。三是健全资金绩效评价的指标体系、评价标准、评价方法，通过绩效检查分析评价资金使用效益，对资金发挥效益显著的给予奖励，使用效益低下的予以通报，进一步提升资金管理使用水平。

参考文献

一、著作

1.《毛泽东选集》(第一、二、三卷),人民出版社,1991年。

2.习近平:《决胜全面建成小康社会 夺取新时代中国特色社会主义伟大胜利——在中国共产党第十九次全国代表大会上的报告》,人民出版社,2017年。

3.《习近平谈治国理政》(第三卷),外文出版社,2020年。

4.《习近平新时代中国特色社会主义思想学习纲要》(2023年版),学习出版社、人民出版社,2023年。

5.《党的十九届六中全会〈决议〉学习辅导百问》,党建读物出版社、学习出版社,2021年。

6.《党的二十大文件汇编》,党建读物出版社,2022年。

7.[英]爱德华·泰勒:《原始文化》,连树生译,上海文艺出版社,1992年。

8.白渔:《黄南秘境》,中国青年出版社,2006年。

9.曹娅丽:《青海黄南藏戏》,文化艺术出版社,2007年。

10.曹娅丽:《热贡藏戏》,青海人民出版社,2010年。

11.察仓·尕藏才旦:《热贡唐卡》,青海人民出版社,2011年。

12.崔永红、张得祖、杜常顺主编:《青海通史》,青海人民出版社,1999年。

13.(清)龚景瀚编,(清)李本源校,崔永红校注:《循化厅志》,青海人民出版社,2016年。

14.黄南州政府:《黄南州志》,甘肃人民出版社,1999年。

15.吉狄马加主编:《青海文化知识读本》,青海民族出版社,2015年。

16.(清)梁份著,赵盛世、王子贞、陈希夷、姚继荣校注:《秦边纪略》,青海人民出版社,2015年。

17.楼宇烈:《中国文化的根本精神》,中华书局,2016年。

18.陆扬等:《马克思主义文化理论发展史》(上下册),百花洲文艺出版社,2018年。

19.吕霞、贾一心:《热贡六月会》,青海人民出版社,2010年。

20.马成俊:《神秘的热贡文化》,文化艺术出版社,2003年。

21.(清)那彦成著,宋挺生缉注:《那彦成青海奏议》,青海人民出版社,2020年。

22.青海省志编纂委员会编:《青海历史纪要》,青海人民出版社,1987年。

23.唐仲山:《热贡艺术》,青海人民出版社,2010年。

24.王文章:《非物质文化遗产概论》,文化艺术出版社,2006年。

25.王昱:《青海历史文化与旅游开发》,青海人民出版社,2008年。

26.轩西明主编:《贵德县文史资料》第一辑,贵德县政协文史资料编辑委员会内部印刷资料,2000年。

27.(清)杨应琚撰,崔永红校注:《西宁府新志》,青海人民出版社,2016年。

二、文章

28.毕茜、顾立盟、张济建:《传统文化、环境制度与企业环境信息披露》,《会计研究》2015年第3期。

29.方李莉:《走向田野的艺术人类学研究》,《民间文化论坛》2006年第5期。

30.吉狄马加:《对热贡文化产业发展的思考》,《热贡文化》2009年第

2 期。

31.李国新:《现代公共文化服务体系建设与公共图书馆发展——〈关于加快构建现代公共文化服务体系的意见〉解析》,《中国图书馆学报》2015 年第 3 期。

32.李光胜:《"乡村振兴战略"提出的理论、实践与现实依据》,《黎明职业大学学报》2019 年第 3 期。

33.李清源:《加强文化人才队伍建设为青海文化繁荣发展提供人才支撑》,吉狄马加主编:《青海建设文化名省的理论思考》,青海人民出版社,2012 年。

34.刘彦武:《以文化助推乡村振兴战略》,《学习时报》2018 年 1 月 8 日。

35.吕霞:《热贡文化资源的保护与开发》,《热贡文化》2009 年第 2 期。

36.南宇、杨永春:《西北丝绸之路的非遗保护》,《新华文摘》2012 年第 5 期。

37.孙喜红、贾乐耀、陆卫明:《乡村振兴的文化困境及路径选择》,《山东大学学报(哲学社会科学版)》2019 年第 5 期。

38.王华平:《黄南州文化产业发展及其借鉴意义》,《攀登》2010 年第 1 期。

39.俞鹏、管新华:《乡村振兴战略的现实逻辑》,《西部学刊》2019 年 5 月下半月刊。

40.张喜萍、陈坚良:《民族地区文化人才队伍建设探新》,《湖南省社会主义学院学报》2010 年第 3 期。

41.赵德利:《主导·主脑·主体——非物质文化遗产保护中的角色定位》,《宝鸡文理学院学报(社会科学版)》2006 年第 1 期。

42.赵向阳、李海、孙川:《中国区域文化地图:"大一统"抑或"多元化"?》,《管理世界》2015 年第 2 期。

后 记

青海省黄南州是多民族聚居、多元文化共融、多种宗教并存的地区，做好宣传思想文化工作关乎全局、关乎长远、关乎根本。近年来，黄南州深入贯彻落实习近平文化思想，不断推进新时代黄南州宣传思想文化工作高质量发展，开辟了文化强州工作新境界。全州经济实力明显提升，群众生活水平不断提高，文化事业繁荣发展，各民族和睦相处、美美与共的良好局面进一步巩固，为铸就社会主义文化新辉煌做出了积极贡献。

"为党育才，为党献策"是每一位党校人的初心和使命，作为一名党校教师，我自参加工作以来，每年都会下基层调研，每一次都被当地独具特色的民族文化深深吸引，靠着一份热忱、进取，也靠着一份坚持、耕耘，我曾先后主持完成了"青海热贡地区非物质文化遗产保护和传承问题研究""城镇化视阈下热贡地区古村落古城堡保护问题研究""青海涉藏地区特色文化助推乡村振兴研究""乡村振兴视阈下青海涉藏地区文化遗产保护和创新发展研究"等省级课题，撰写了《保护传统村落 助力乡村文化繁荣发展》《黄南州非物质文化遗产保护和传承》《热贡文化资源保护与开发》等多篇文章。这本书的出版，既是对以往部分成果的总结，也是对自己从事党校教学科研工作的一种总结和交代。

在本书的写作过程中，除了自己前期的研究成果外，还增加了"延伸阅读"板块，这部分内容参考和借鉴了《黄南州志》(甘肃人民出版社，1989年)、《黄南藏族自治州州志》(中华书局，2020年)，书中的部分图表如"黄南州世界级国家级非遗项目名录""黄南州省级非遗项目名录"等资料是由黄南州热贡文化生态保护区管理委员会和黄南州文体旅游广电局提供，对此我尽可能地在本书的参考文献中全面反映，在此谨向黄南州热贡文化生态保护区管理委员会、州文体旅游广电局的领导及工作人员、文献的作者表示诚挚的感谢！

本书即将付梓之际，诚挚感谢我的大学老师罗川山先生在百忙之中为我的拙作写序，真诚地向关心我成长的黄南州及州委党校各级领导，给予我各种形式帮助的过去和现在的同事们，以及我的家人，表示最诚挚地感谢！我乃书生一介，无以回报，唯有更加努力地工作，方是最好的感恩方式。

虽然本书最初编写定位为理论性、实践性和普及性的有机统一，但由于受自身专业、知识面、实践经验等局限，加之写作时间仓促，缺点错误恐所难免，诚望专家、学者、同仁们批评指正。